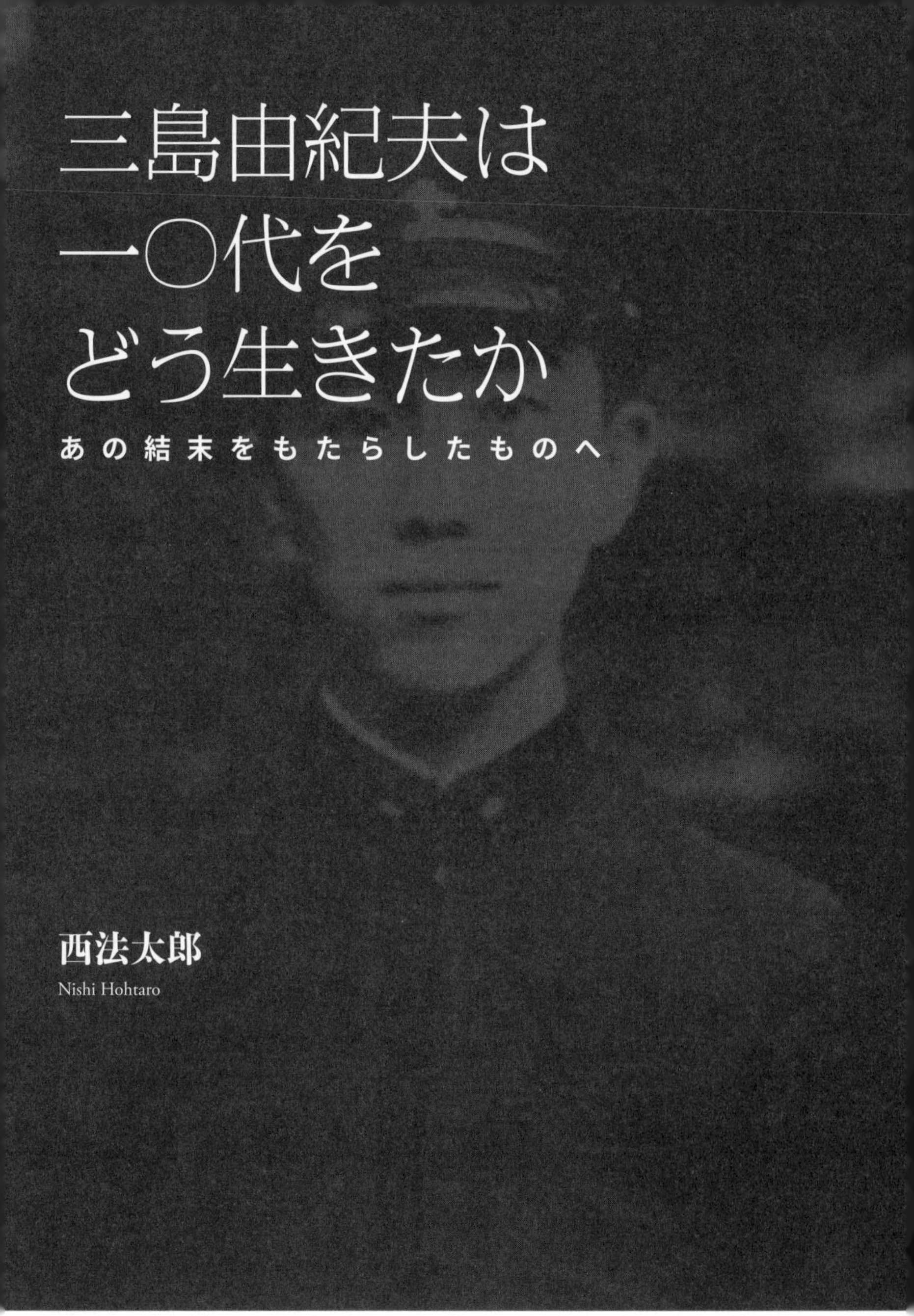

三島由紀夫は一〇代をどう生きたか

あの結末をもたらしたものへ

西法太郎

Nishi Hohtaro

図書出版
文学通信

芳賀徹先生に

【目次】

第三章　黙契《もっけい》――蓮田善明〈はすだぜんめい〉　207

【凡例】

＊文中、対話の箇所をのぞき敬称は略した。又、語句に適宜ふり仮名を付し、旧仮名遣いの引用文は詩句などをのぞき現代仮名遣いに改めた。

＊年号については、大正一四（一九二五）年一月一四日生れの三島由紀夫の年齢が昭和の年号と一致することにかんがみ、和暦を主とした。

プロローグ――三島由紀夫がさだめた自分だけの墓所

本書は、三島由紀夫にあの生涯、あの結末をもたらした文学と思想の淵源《えんげん》を探ろうとしたものである。それにはその一〇代に光を当てるべきと考えた。三島は自決一週間前のインタビューで、「どうしても一〇代にハイムケール（帰郷）する」と告白している。この〝三島由紀夫〟の決定的なものが一〇代に形づくられたことを立論しようとした。

三島に、戦前の学習院というかなり特異な環境が及ぼした影響について、まだ十分に解明されていないとおもう。三島はその一〇代に学習院の他ではなかっただろう師、思想家、国文学者、諸先輩との清冽《せいれつ》な交流を得た。そのなかで、内外の古典文学、哲学書、近代小説、詩、浄瑠璃・謡曲などを耽読濫読《たんどくらんどく》し、鏡花、馬琴、近松、ラディゲ、リルケ、リラダン、ワイルド、ヘルダーリン、ニーチェ、サド、セバスチァン、それらをとおして、美、エロス、そしてタナトスに親しんだ。実生活を通じて、神風連《しんぷうれん》、二・二六事件、特攻隊、天皇、恋、さまざまな死とも出あっていた。人生の軌跡の秘鑰《ひやく》はその一〇代の学習院時代にあるとおもう。そこで私はつぎの四者にフォーカスした。

第一章で、学習院の先輩東文彦《あずまふみひこ》との短くとも豊饒な文学的交流を描いた。

第二章で、三島自身が否定したために、これまでほとんど注目されてこなかった保田與重郎《やすだよじゅうろう》（昭和一〇年代のイデオローグ）との関連性を徹底して掘り起こした。

第三章で、蓮田善明《はすだぜんめい》（三島が処女作「花ざかりの森」を発表した同人誌の編集長、国文学者）との関係をつぶさにたどった。

神風連《しんぷうれん》は、これら三者とさまざまにつながっており、序章でその実の姿をかれらの決起とともに解明しようとした。そしてこれを横糸にし、それにつづく三つの章を縦糸にして、一〇代の三島が彼らとどう渡りあったかを論究し、〝三島由紀夫〟を形成した文学と思想の源泉をつまびらかにしようとした。そして晩年の三島の〈日本への回帰〉（国学、神道、武士道、国体、天皇など）をもたらしたさまを探り出そうとした評伝である。

＊

さて、前作『死の貌　三島由紀夫の真実』のなかで、私が突きとめた一〇代の三島に発する、秘められた晩年の美学的重要事を初公開した。三島文学とその〝死の貌〟をとらえるうえで欠かせない三島の企てだった。三島は目的を明かさず親族の協力を得て進め、死後におおやけになることだった。しかし親族は三島の遺志にしたがわず、それを知る近しい関係者も秘してしまった。本文に入るまえに、まず、それをさらってみたい。

「秘められた晩年の美学的重要事」とは、自身の等身大の裸体ブロンズ像の制作だった。像のポーズは一〇代から魅入られつづけた聖セバスチァン、それを描いたある画と同一のものだった。三島は死を見さだめたとほぼ同時期に、みずからの〝生の貌〟を彫像にして死後も永くこの世にとどめようと決意し、余人に知られないよう秘かにすすめていたのだ。

セバスチァンは紀元三世紀のローマ軍近衛兵の隊長で、当時禁じられていたキリスト教徒であることが露見したため矢で射殺され、その後蘇生したという伝説上の人物である。後世聖人として殉教者に列せられた。いまではセクシャリティのアイコンにもなっている。三島は出世作『仮面の告白』のなかで、作者である一〇代前半の主人公が、グイド・レーニの描くセバスチァンの殉教画を見て気持ちを昂《たか》ぶらせ、思わず射精してしまうシーンを描いた。あわせてそこに、セバスチァンをたたえる散文詩（一〇代で書いたもの）をかかげた。

三島は自死の四年前、官能性と豊麗なイメージに富んだガブリエレ・ダヌンツィオの戯曲『聖セバスチァンの殉教』を共訳出版した。そこに殉教画や彫刻像の写真を五〇余枚も載せたが、レーニの他にマンテーニャのセバスチァン画も入れた。戯曲のセバスチァンは、ギリシャ神話の美神アフロディーテに愛された美少年アドニスや、ローマ皇帝ハドリアヌスに寵愛《ちょうあい》された美青年アンティノウスにおとらぬ美丈夫である。美しい若者セバスチァンは、皇帝の哀願とも言うべき棄教の命令をこばみ、兵士たちの生き永らえてほしいという懇願も聞かず、死への道をえらんだ。

三島は自決の二年前、自らセバスチァンに扮《ふん》して写真におさまった。ポーズはレーニの殉教画を模していた。両腕を頭上に挙げ、手首を交差して括《くく》られ、樹の刑架に縛《いまし》められていた。上半身に射込まれた三本の矢もそのままだった。レーニ画のセバスチァンは、うつくしい顔立ちの薔薇色に輝く肌の幼い天使のようだが、三島の顔はうつくしいとはいえず、肌は薔薇《ばら》色に輝くわけもなく、苦《く》悶《もん》のうちに喜悦をともなった表情をうかべていた。

ブロンズ像を制作しているとき、それと同時並行して書いていた『天人五衰』で、「イタリア美術では何が好きかね」と問われた主人公の少年に、「マンテーニャです」と答えさせていた。自作のなかにひそかにセバスチァンを塗りこめたのだ。

マンテーニャのセバスチァンは、レーニ他の画家のものと異なり、鍛えられた腹筋が割れ、筋骨隆々で、いかつい顔の持ち主だ。そして射られた矢が無数に突き刺さった陰鬱《いんうつ》な画だ。三島が像のためにとったポーズは、マンテーニャがアトリエに秘蔵していた画のものと瓜《うり》二つだった。そのセバスチァンは斜面に立ち、苦悶にゆがむ顔面を右によじっている。完成した三島像と原画との違いは、像は真っ裸で腰布も射られた矢もないことだ。数々の殉教画中の聖人の身体に突き刺さった矢の数は、時代が降るにつれて少なくなるのだが、二〇世紀の三島像でそれはゼロになった。セバスチァンが絶命するとともに身体に刺さった矢はことごとく消え失せ、そして彼は蘇生したという。三島はその奇蹟《きせき》を像にこめようとしたのだろうか。

三島はブロンズ像をどうするつもりだったのだろう。なんと多磨霊園の一族の墓とはべつに確保した自分だけの墓所に建てようとしていたのだ。それを親族あての遺書に分骨とともに指示をした。しかしこのことを遺族や近しい関係者は世間に知られないようにしてしまった。私はこの秘事をつかんだ。ブロンズ像のゆくえは不明だが、ブロンズにするまえの同形の石膏《せっこう》像の在り処はつきとめた。

三島がブロンズ像のためにポーズを真似たと思われるマンテーニャの聖セバスチァン画

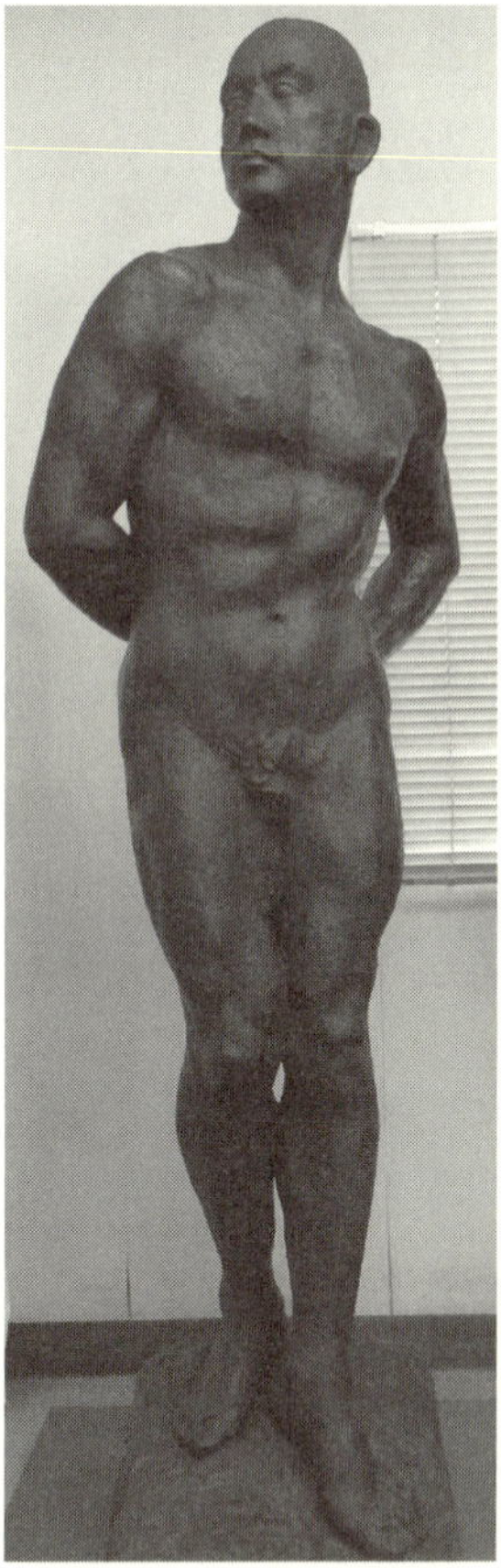

ブロンズ風に鉄粉入り漆で着色された石膏像（所有者・群馬県の許可のもと筆者撮影）

制作の委細をふくめ以上のことは昨年、前作（『死の貌　三島由紀夫の真実』）に書いた。しかし三島が墓所をさだめた場所は記さなかった。それをここで明かすことにしよう。

三島はブロンズ像を富士山、そして大好きな海も望めるかその近くの地にすえるつもりだった。「三島由紀夫」というペンネームが、静岡県の三島あたりから見えた富士とその山肌の雪から案出されたことがあったのだろう。それだけでなく富士の山裾を、それを眺めながら、一〇代には学習院の軍事教練で学友たちと、若すぎる晩年には「楯の会」の隊員たちとなんども長靴で駆ったからだろう。『暁の寺』を読むと分かるが、三島はおおいに富士に魅せられていた。その富士を望める地でセバスチャンになりたかったのだろう。

ある旧い資料が私に、墓所の在り処を示唆してくれた。「三島事件」裁判で禁固刑になり仮釈放された元「楯の会」の隊員たちについて書かれたものだ。それによると報道機関が彼らに接触できないよう、三島家が関係のある禅寺にかくまったという。そこの住職がつぎのように述べていた。

　四十日ほど三人をお預かりしたことについては、なにも申し上げられません。というのは三島由紀夫さんの霊的なものにかかわっているからです。

（『週刊現代』昭和四六年一一月二五日号）

龍澤《りゅうたく》寺の中川宋淵老師の言葉だ。私には、ふつうなら読み過ごしてしまう〝三島由紀夫さんの霊的なもの〟が引っかかった。この寺は富士を望める静岡県三島市にある。そして三島家と関係がある。ならばそれは三島の遺骨のことだろう！とおもいいたった。私がこの寺を訪れたのは平成二九年の七月だった。三島駅から四キロほどの丘陵地に広壮な境内をもつ古刹《こさつ》だった。ちょうどお盆の時期で、住職をふくめ主だった者は不在だった。魚板を叩《たた》いて来訪を告げると、若い僧侶があらわれた。私は秘された三島の家族あての遺言に、富士のみえるところに墓所を確保してあること、そこにブロンズ像を建てるようにとあったことを伝え、当時の住職の発言を載せた記事を見せた。若い僧侶の父もこの寺につとめていたそうで、五〇年ちかく前のことを知っていた。

「たしかに中川老師は三島家と交流がありました。その縁で三島さんのお骨をあずかったそうです」

やはり三島はこの寺に自分だけの墓を置こうとしたのだ。私は、「三島さんのお骨に手を合わせてください」と頼んだ。すると返ってきた返事は、「お骨が今もここにあるか分かりません。あるとしても遺族の方のご了解なしに手を合わせていただくことはかないません」だった。三島の遺骨をあずかり、いまも菩提を弔っていることは口外できないのだろう。

境内は鬱蒼《うっそう》とした木々に覆《おお》われていたが、中川老師の時代に植林したもので、それまでは山裏に富士が見えたという。この寺には三島の墓も裸体像も見当たらなかった。僧侶は、「はっきり申して、ここにブロンズ像はありません」と言い切った。そうだろう。局部をくっきりさせた裸像の墓石は前代未聞である。外国にだって一つとしてないだろう。檀家《だんか》は承知しないだろうし、禅道場としての静謐《せいひつ》がたもてなくなるから寺も迷惑千万である。三島の遺族もそんなハレンチな墓はご免だろう。よって墓はもうけられず、自決の翌年に完成したブロンズ像の存在も闇に葬られた。

龍澤寺はかつて荒れはてていたが大正時代に再興され、以降はおおくの名士が出入りするようになった。鈴木貫太郎、岡田啓介、吉田茂、岩波重雄、そして枢密顧問官の伊沢多喜男も参禅していた（『田中清玄自伝』文芸春秋、平成五年）。多喜男の実兄で教育者だった伊沢修二の孫に伊沢甲子麿《きねまろ》がいる。甲子麿（第二章に詳述）は三島と同年で、戦後まもなくからその死までの二十有余年間ずっと親友だった。都内の目白に居宅があるとの情報を入手したが、すでに引き払われていた。よって消息（生没所在）不明で確かめようがないのだが、おそらく彼を介して、三島はこの寺に自分だけの墓所をさだめたのだろう。一〇代から三島が焦がれていたセバスチャン、それになりきって富士を見つめていたい夢は叶えられないのだろうか。

＊

さて序章は予告したとおり、一〇代の三島を横糸としてつらぬく神風連の話である。四一歳の三島は取材でおとずれた熊本で深い感動につつまれる。そして喪《うしな》った〝故郷〟を発見することになる。

序章

結縁《けちえん》――神風連〈しんぷうれん〉

❖「約百名の元サムライ」の叛乱《はんらん》

それにしても三島氏はいつこの書を手にいれたのであろうか。昭和四十一年八月、熊本に来た時は、私は自分の秘蔵する大田黒《おおたぐろ》（伴雄《ともお》）、加屋《かや》（霽堅《はるかた》）らの遺墨を見せたことはある。ちかごろ神風連関係の遺墨などほとんど売りに出ることはない。

それにしてもこのような現代ばなれの、くすんだような、特殊な史家や漢詩人、骨董屋でもない限り何の魅力も関心もありそうにない、このような地味なカバーをえらんだところに三島氏の心がしのばれた。

（『初霜の記 三島由紀夫と神風連』日本談義社、昭和四六年）

三島由紀夫は四一歳の夏、『豊饒の海』第二巻『奔馬』で取り上げる神風連《しんぷうれん》の取材のため、熊本を四泊五日訪れていた。その三島から現地の案内を依頼された荒木精之《せいし》は右のように記している。

いわゆる神風連の乱は、明治九（一八七六）年に熊本で起こった、明治維新政府の諸政策に不満を爆発させた旧士族の武力反乱である。その中心者が、「大田黒、加屋ら」であった。武力といっても刀と槍《やり》だけで、鉄砲や大砲を備えた軍事基地・熊本鎮台に斬り込んだのだ。三島がこれを、刀剣だけで自衛隊基地で決起する祖型にしたといわれる。

三島は神風連の乱について、『THE TIMES（1969・9・24）』に「A problem of culture（文化の問題）」と題して寄稿した。掲載されたのは英訳だが、元の和文原稿には、「元サムライの頑固な保守派のショービニストが起こした叛乱」と書いていた。

約百名の元サムライの頑固な保守派のショービニストが起こした叛乱《はんらん》であるが、彼らはあらゆる西洋的なものを憎み、明治の新政府を西欧化の見本として敵視した。電線の下を通るときは、西洋の魔法で頭がけがれると云って、頭上に白扇をかざして通り、あらゆる西欧化に反抗した末、新政府が廃刀令を施行して、武士の魂である刀をとりあげるに及び、すでにその地方に配置された西欧化された近代的日本軍隊の兵営を、百名が日本刀と槍のみで襲い、結果は西洋製の小銃で撃ち倒され、敗残の同志は悉《ことごと》く切腹して果てたのである。

❖日本の火山の地底

「約百名の元サムライ」とあるが、ただしくは〝一七〇名ほどの神官〟である。自分が楯の会の〝百人隊長〟になっていたから「百名」にしたのだろうか。「サムライ」と表現したのは、「外国人の理解の便のため」（三島の荒木精之あて手紙）だった。「ショービニスト（狂信的愛国主義者）」という語彙《ごい》を使ったのは欧米人に対しての文だったからだろう。

日本は西欧化近代化を自ら進んで受け入れることによって、近代的統一国家を作ったが、その際起ったもっとも目ざましい純粋な反抗はこの神風連の乱のみであった。他の叛乱は、もっと政治的色彩が濃厚であり、このように純思想的文化的叛乱ではない。

一民族の文化のもっとも精妙なものは、おそらくもっともおぞましいものと固く結びついているのである。日本の近代ほど、光と影を等分に包含した文化の全体性をいつも犠牲に供してきた時代はなかった。

私の四十年の歴史の中でも、前半の二十年は、軍国主義の下で、不自然なピューリタニズムが文化を統制し、戦後の二十年は、平和主義の下で、あらゆる武士的なもの、激し易い日本のスペイン風な魂が抑圧されて来たのである。そして、失われた文化の全体性が、均衡をとりもどそうとするときには、必ず非合理な、ほとんど狂的な事件が起るのであった。

これを人々は、火山のマグマが、割れ目から噴火するように、日本のナショナリズムの底流が、間歇《かんけつ》的に奔出《ほんしゅつ》するのだと見ている。ところが、あらゆる国際主義的仮面の下に、ナショナリズムが左右両翼から利用され、引張り凧《たこ》になっていることに、気づかない。ナショナリズムがかくも盛大に政治的に利用されている結果、人々は、それが根本的には文化の問題であることに気づかない。

九十年前、近代的武器を装備した近代的兵営へ、日本刀だけで斬り込んだ百人のサムライたちは、そのような無謀な行動と、当然の敗北が、或る固有の精神の存在証明として必要だ、ということを知っていたのである。これはきわめて難解な思想であるが、文化の全体性が犯されるという日本の近代化の中にひそむ危険の、最初の過激な預言になった。われわれが現在感じている日本文化の危機的状況は、当時の日本人の漠とした予感の中にあったものの、みごとな開花であり結実なのであった。

(同)

この乱について欧米人に、「近代的統一国家を作ったが、その際起ったもっとも目ざましい純粋な反抗」、「純思想的文化的叛乱《はんらん》」、「失われた文化の全体性が、均衡をとりもどそうとするときには、必ず非合理な、ほとんど狂的な事件が起る」、「火山のマグマが、割れ目から噴火するように、日本のナショナリズムの底流が、間歇《かんけつ》的に奔出《ほんしゅつ》するのだ」、「それが根本的には文化の問題であることに（人々は）気づかない」と説いた。はからずも、みずから一年余りのちに起こす決起の性格もここで説いていると見てよいだろう。

三島が原稿の余白に付した英語タイトル案は、「Underneath of Japanese volcano（日本の火山の地底）」だった。三島たちの市ヶ谷での決起も、〝日本の火山の地底〟から沸《わ》き起こったものだったのだろう。それはどんな地底なのだろう。神風連の「連」とは熊本で郷党を謂《い》う。士風をやしなう団体をいう。地元熊本では神風党、敬神党とも呼ばれていた。「神風連」と呼ばれたのは明治政府の神職の試験で、この連の者たちが、おしなべて答案に次のように書いたからだった。

人心が正され、皇道が興隆すれば、弘安元寇《げんこう》のごとく、たちまち神風吹き起って、夷狄《いてき》を掃攘《そうじょう》するであろう。
（『奔馬』）

いずれにしてもどの呼称も他称で、彼ら自身は互いをただ〝御同志〟と呼んでいた。尊攘の大義を奉ずる勤王の志士としての自覚を持つ同志たちだった。古神道を奉じる〝御同志〟たちは日常のふるまいも徹底していた。

志士のうちにも、若い富永喜雄《つぐお》、野口知雄、飯田和平、富永三郎、鹿島甕雄《みかお》のごときは、この派の精神をそのまま日常の行動にあらわして、穢《けが》れを忌《い》み、新を憎んだ。

野口知雄は、電信線は西洋渡来のものだというので、決してその下をくぐらなかった。日々清正公《せいしょうこう》（註・初代熊本藩主の加藤清正のこと。福島正則他とともに「賤《しず》ヶ岳の七本槍」の一人）の廟《びょう》に詣でるにも、ことさらに電信線のない道を求めて迂回《うかい》し、やむをえずその下をくぐるときは、白扇《はくせん》をひらいて頭上をおおうてくぐった。

常に塩を袖中《しゅうちゅう》にいれ、僧侶に逢《あ》ったり、洋服を着た者に逢ったり、葬式に逢ったりすると、これを撒《ま》いて身を清めた。

又、富永三郎は、かつて兄守国の賞典録を売却し、白川県庁へ赴《おもむ》いて受け取ったその代金が紙幣であったために、かねて西洋風の穢《けが》れた模倣である紙幣に指を触れたことのない三郎は、箸に挾《はさ》んでこれを持ち帰った。

（同）

❖志士の遺墨《いぼく》

本章の冒頭に置いた『初霜の記』で荒木の言う「この書」とは、加屋霽堅《かやはるかた》の詠んだ漢詩のことである。

致力中原　自習労此生
何惜附鴻毛　破除雲霧豈
無日磨励霜　深偃月刀

この詩句が『奔馬』のカバーにデザインをほどこされて使われた。「デザインをほどこされ」というのは、元は和紙に書かれたものだからだ。それがカバーではあたかも遺影のように、黒い桟《さん》と縁の、古寂《ふるさ》びた襖《ふすま》の薄墨色の地の唐紙の上に書かれているのだ。行の字数が不揃いだが、加屋が紙に書きつけたままをカバーに転写している。

意味をとると、盛唐《せいとう》以降流行した七言詩《しちごんし》であることが分かる。

力を中原に致し、自ら習労す
此生、何ぞ惜しまん、鴻毛《こうもう》に附するを
雲霧を破除する、豈《あに》、日無からんや
磨励、霜は深し、偃月刀《えんげつとう》

詩の内容は、それから四年後に自決する三島の心情にまっすぐつながっている。三島の辞世の句に、「益荒男《ますらお》がたばさむ太刀の鞘鳴《さやな》りに幾《いく》とせ耐へて今日の初霜」がある。加屋のこの詩の情趣そのままだ。加屋の遺墨とともに神風連の行動そのものが三島の自決への道標《どうひょう》となっていったとみてとれる。加屋にはまた次の和歌がある。

あだなりと人などがめそもみぢ葉の散るこそ赤き心なりけれ

三島のもう一つの辞世の句、「散るをいとふ世にも人にもさきがけて散るこそ花と吹く小夜嵐《さよあらし》」がこれに響いていると感じられ、加屋の心情に強く情動していたさまがうかがえる。熊本を訪れたときの三島は、ちょうど加屋の享年に達していた。この漢詩は紙に書かれたものだ、と先に述べた。その写真図版が『血史 熊本敬神党』(小早川秀雄、隆文館、明治四三年)に載っていることから、私はそれを知ったのだ。

三島の蔵書目録が収められた『定本三島由紀夫書誌』(島崎博・三島瑤子共編、薔薇十字社、昭和四七年)に同書の名がある。加屋の詩は三島が熊本で入手した『神風連烈士遺文集』に入っているが、おそらく三島はすでに東京で目を通していた同書に収載された加屋の筆墨に打たれていたのだろう。そしてどうにかしてそのオリジナルを入手したに違いない。同書の写真図版は小さく不明瞭で、これを拡大しても『奔馬』のカバーの筆跡にはならないのだ。が、どうやって入手したのかは分からない。荒木のような地元の郷土史家がいぶかるように、三島はなぜ神風連の数多《あまた》の遺墨《いぼく》から加屋のものをえらび、それを『奔馬』のカバーに使ったのだろう。『新潮』に『豊饒の海』が連載されていた時の担当者の小島喜久江(筆名千加子)は加屋の墨書についての三島の言をつづっている。

のちに『暁の寺』が本になってからのことだが、「君（註・小島）は三巻までの装幀のうちでどれが一番好きかい？　どれもいいね。だけど僕は二巻が好きだねえ」。その装幀も、自分で見出した、神風連加屋霽堅の書を基としたものである。（『三島由紀夫と檀一雄』構想社、昭和五五年）

小島は三島が自決した日の朝、『豊饒の海』の最終稿を三島邸で受け取っていた。小島にコンタクトをとり、『奔馬』のカバーについて問い合わせたところ、つぎのような回答を得た。

私は『新潮』編集部に在籍し、三島さんから原稿はいただいていた。しかし、単行本になった際の経緯は出版部の担当者でないとわからない。

出版部では新田敞《ひろし》（註・新潮社元常務取締役。平成一五年没）が三島さんの担当だった。おそらく、神風連の乱を調べるため九州を飛び回っていた三島さんがどこかで加屋の書を手に入れ、新田に「これを使ったらどうか」と手渡したのではないかと思う。

三島さんはおそらく九州取材をひとりでなさっていた。編集者は同行していないはずだ。新田が書を入手した経緯について三島さんから聞かされていたかどうか、新田が他界している今となっては知るよしもない。経緯を知る人がいるとすれば、九州の関係者だろうか――。

小島の言う「九州の関係者」とは熊本で三島に同行した旧知ともいわれるがすでに没した。私は熊本を訪れ、神風連資料館で調べてみたが、この謎は解けなかった。いっぽう、三島が入手したのは墨跡のオリジナルではなく写真で、それを見つけ出したのは荒木だともいう。

三島氏の指示により新潮社の編集者が荒木精一《ママ》に依頼し入手したものであった。

（犬塚潔「『豊饒の海』の装幀の秘密」『三島由紀夫研究⑮』鼎書房、平成二七年）

同書によると装幀を担当した村上芳正は、三島から墨跡の写真を渡され使うよう言われたという。村上が三島からこの写真を渡されたのは昭和四三年二月頃（『奔馬』出版のちょうど二年も前）で、「これをふすま絵にはめ込むのだからね」と渡されたという。それまで三島は装幀に注文をつけることはほとんどなかった。しかし『豊饒の海』外函の共通した図柄も各巻のカバー絵もその文字の色遣いまで細かく指示をし、つぎのようなダメ出しまでしていたという。

最初村上氏はふすまの取っ手を丸型に描いたが、三島氏はこれを刀の鍔《つば》の型に描きなおさせている。

（同）

加屋の墨跡の写真図版を載せた『血史 熊本敬神党』の著者小早川秀雄は熊本の人だった。小早川は荒木の主宰する月刊文芸誌『日本談義』（昭和一三年の創刊で、戦後五年間休刊したのち復刊し、昭和五六年に荒木の死をもって終刊）に寄稿しているからふたりのあいだに交流はあった。しかし小早川はすでに亡くなっていたから、それを荒木が同郷の誼《よしみ》もあって遺族から入手したのだろうか。もしそうなら荒木は三島の望みをかなえた労を秘し、写真入手の功を韜晦《とうかい》したことになる。

❖ 〝櫻園《おうえん》の大人《うし》〟

熊本を訪れた三島を迎えた荒木は、日大史学科を出てから故郷にもどり、郷土史、なかんずく神風連研究の最前線にいた。その荒木のもとに三島の恩師清水文雄と親友の伊沢甲子麿《きねまろ》から三島の紹介状が届いた。学習院在学中の三島の国文の教師であった清水からは、「今後一層三島文学に期待するところ大きいし、ことにこんどは神風連を書かれるのでぜひ協力してほしい」とあった。終戦後まもなく三島と知り合い、昵懇《じっこん》の間柄となった伊沢からは、「当代日本人のなかで最も尊敬している人物です、きっと荒木さんとは心情が通ずる方だと思います」とあった。荒木は、「この二人からの紹介状である以上、三島氏の来態《らいゆう》については、私もとくに念入りに相対し、取材についても全面的に協力してあげようと思っていた」（『初霜の記』）。しかしその時点で荒木は、三島の来態を単なる取材としか考えていなかった。

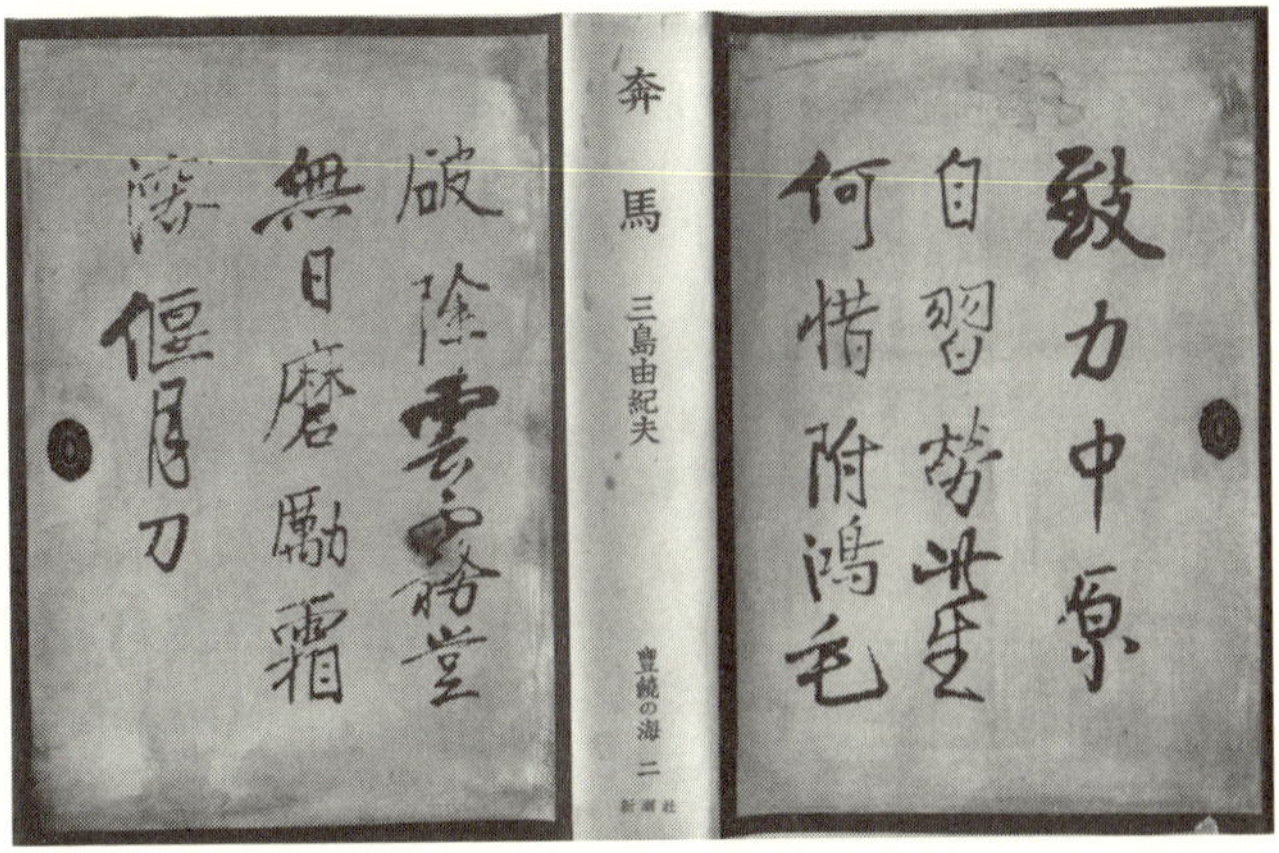

『奔馬』のカバーデザイン

三島が急行列車「有明」で熊本駅頭に降り立ったのは、昭和四一（一九六六）年八月二七日の夕方であった。満面笑顔の快活な三島を、おっとりとしたふくみ笑みで出迎えた荒木は、初対面の挨拶を交わした。そこから宿泊先のホテルに入ったが、ロビーでの三島の閑談は荒木を驚倒させた。神風連への打ち込み方が、荒木が接遇したそれまでの来訪者たちとおおいに異なっていたからだ。

私を驚かせたのは、神風連に対する三島氏の打ち込み方である。話しているうちに判ったことだが、すでに三島氏は東京で、熊本に来るについて、神風連に関する著書はほとんど全部目を通していた。木村邦舟の「神風連・血史」や小早川秀雄の「血史熊本敬神党」や、また石原醜男《しこお》の「神風連血涙史」などである。（『初霜の記』）

三島は、「神風連の変そのものについてばかりでなく、そのよってきたる歴史的諸条件も、支柱となった思想的内容も、乃至《ないし》はかれらが信条とした〝神事は本〟ということについても、そのおおよそを学びとって」（同）いたのである。荒木をことに感動させたのは三島が熊本に入る前に三日間、奈良の大神《おおみわ》神社に参籠し、滝に打たれ、宮司から古神道の秘奥《ひおう》について話を聞いていたことだ。神風連の精神は古神道から発している。三島はそれを当たり前のように淡々と話した。翌二八日午後、荒木邸に現れた三島は、荒木が市内の舒文堂河島書店《じょぶんどうかわしま》に手配させていた『櫻園《おうえん》先生遺稿』（児玉亀太郎編、河島書店、昭和一八年）を、到着した前夜のうちに書店に赴き購入し読み終えていた。書店に教えられたのだろう、三島はそればかりでなく荒木が編纂《へんさん》した『神風連烈士遺文集』を手に入れ、そこにある加屋の「禁刀ノ令ヲ布キ玉ヘルニ付奏議」、いわゆる『廃刀奏議書』にも目を通していた。これらのほかに『殉難十六志士略伝』（桜山同志会編、河島書店、昭和七年）が三島の蔵書目録『定本三島由紀夫書誌』に見える。

『櫻園先生遺稿』の櫻園先生とは林櫻園のことである。私塾「原道館」を開き、維新前は宮部鼎蔵《ていぞう》（池田屋事件で新撰組に討たれた勤王家）、河上彦斎《げんさい》（佐久間象山を斬った尊攘派）らを、そして維新後は神風連と呼び馴らされた志士たちを門人に抱えた教育者・思想家、そしてなによりも熱心な神道家であった。周囲からは〝櫻園の大人《うし》〟と尊称され、門人たちの敬慕の念は、「この翁《おきな》あれば御国安く、この翁なければ御代危うし」という切実で真摯《しんし》なものだった。

先生のひととなりは内剛外柔、きわめて気が強いわりには意固地でなく、絶倫の頭脳力をもちながら、やたらと智にはたらいて角がたつようなこともなかった。その眼はぎょろりとして眼光鋭く、鼻すじは通って高く巨大で、下唇はだらりと垂《た》れ下がり、下あごをおおうほどであった。容貌怪異、その独特の迫力にうたれ、人は一見して先生が只者《ただもの》ではないことを知るのであった。

（木村邦舟『神風連・血史』大東塾出版部、昭和五一年）

終生女色を近づけなかったが若衆はいた。その若者は神風連の乱で果てたという。

櫻園先生は若者の武骨を愛した。彼らは多く文雅《ぶんが》になじまず、白川原頭に月を愛でれば、今年の名月こそこの世で見る最後の名月であろうと考え、桜を賞しては、今年の桜こそ最後の桜であろうと考えた。そして相共に水戸の志士蓮田市五郎の歌、「鉾《ほこ》とりて月見るたびに思ふかないつか骸《むくろ》の上に照るやと」を吟詠したりした。（『奔馬』）

櫻園のすぐれたところは、宋学（朱子学）一辺倒の藩風に異を唱え、藩校を辞して私塾「原道館」を開き、そこに有志の若者を集めて独自の教学を広めたことである。藩校の雰囲気は重圧的で、その学問内容は、「大全に白髪、語類に死す」、つまり四書大全を読み終わる頃には白髪頭の耄碌《もうろく》となり、朱子語類を読むうちに死んでしまい、けっきょく、一生役立たずに終わると揶揄《やゆ》されたほど非創造的、非実用なものであった。櫻園の机上には儒書のほか、仏典、兵学書、歌書、医書、天文、地理、歴史など、ありとあらゆる分野の書籍が積まれていた。その目は外にも向いていた。将来の外国との交渉のため、防御のために、まず外国の事情を知ろうと自ら蘭学《らんがく》を積極的に摂取し、門生に講じ、その習得を督励《とくれい》した。神風連の乱で戦死した高弟の一人、齊藤求三郎は幾冊もの蘭字のノートを残している。研究・探求の本領である神の道については、縣居《あがたい》（賀茂真淵）、鈴屋《すずのや》（本居宣長）を精密に考証し、明確に論定していた。そして学問の究極的な目的は、〝古学の実行〟にあった（『神風連・血史』）。維新の二大先覚者の一人に横井小楠《しょうなん》が挙げられるが（もう一人は佐久間象山）、地元熊本で第一等の人物は誰かというと、それは林櫻園であった（荒木精之『神風連実記』新人物往来社、昭和四六年）。

❖宇気比《うけひ》のこと

三島は熊本での二日目の晩、市内の老舗料亭に荒木と蓮田善明《はすだぜんめい》の未亡人を招待した。三島は〝熊本〟を、清水文雄の生地として、そして学習院中学・高等科時代に交流を持った成城高校の教師で日本文学研究者の蓮田善明の故郷として刻印していた。恩師の清水文雄を通じて知遇を得た蓮田は『文藝文化』の主要な同人であった。わずか一六歳の三島を、「われわれ自身の年少者」にして、「悠久な日本の歴史の請《もう》し子」と絶賛し、〝三島由紀夫〟のペンネームを案出した一人だった。蓮田については第三章で詳述する。この夜、料亭にはほかに地元の研究者森本忠（『神風連のこころ』の著者。櫻園の思想をもとに神風連を研究）、三島の知り合いもいた。森本は荒木の主宰する『日本談義』の同人的存在で、神道の神事である宇気比《うけひ》について一家言を持っていた。荒木は三島に直接それを聞かせたかったのだ。蓮田とその一歳上の森本は地元熊本の中学校済々黌《せいせいこう》で、『神風連血涙史』の著者石原醜男に学んだ。醜男の父石原運四郎は神風連の乱で自刃し、母は殉死して果てていた。蓮田は終戦直後、南方のジョホールバルで上官を射殺し、自らも命を絶った。三島にとり忘れ得ぬ蓮田善明、その未亡人との初対面であった。三島は一〇代のときに蓮田から得た恩顧を話し、未亡人から近況を聞き、寛語《かんご》した。森本とは宇気比について質疑した。三島は奈良の大神《おおみわ》神社で古神道について宮司からよく聞いてきていたので、話は機微にわたった。当日はゲーテの誕生日でその話題もでた。三島は全作品中『親和力』を愛好していると語った。

翌日森本は藤崎宮で偶会した三島に、「宇気比とは行動そのことがそのまま一つの祈りであること、つまり祈りをこめた試行錯誤である」と説明した。三島は、「ああ、トライアンドエラーですね」とうなずいた。しかし森本は宇気比は頭でなく心で受けとめるものだと思った（「三島由紀夫のロゴス」『日本談義』昭和四六年三月号）。三島は荒木あての礼状に、「森本氏の宇気比考も、お話を伺ったときより一そう鮮明に、御趣旨がわかりました」と記している。自ら買い求めたのだろう、没後の三島の蔵書の中に森本の『神風連のこころ』（国民評論社、昭和一七年）があった。森本の『僕の詩と真実』（日本談義社、昭和四三年）もあった。これは荒木か森本から贈られたのだろう。日本談義社は荒木の主宰する出版社である。

来熊三日目の朝、三島は新開大神宮へ出かけた。市内から一〇キロ弱の郊外まで、一人徒歩で往復した、と言われている。前夜、そうしたいと言い出された荒木は、案内すると申し出た。しかし三島は、「神風連の人が通った道を歩き、神風連の人が見た肥後の自然を見た」いと言ったのだ。私は平成一八年現地を訪れた。田野の中の道をたどっていたら目の前に、鬱蒼《うっそう》とした喬木の区劃があらわれた。至るとうちに深閑と神社が鎮まっていた。それは、「青田の只中の杜にそびえる茅葺《かやぶき》屋根の簡素なお社」（『奔馬』）だった。太田黒国義宮司によると、三島はじっさいにはタクシーで行き来したという。残念ながら宮司は平成二七年心不全で逝った。享年五六。その翌年の熊本地震で石造りの大鳥居が倒壊した。私が同年九月現地を再訪したとき、これは神宮の顔だからだろう、すでに再建されていた。しかし崩れた石塔などはまだ手つかずのままだった。新開大神宮は櫻園の尊崇するところ篤《あつ》く、祠官太田黒家の養子となった伴雄は神風連の実質的な首領であった。境内には伴雄がみそぎをした区画が昔のままに残り、苔《こけ》むした自然石の墓があった。

一党の師林櫻園はこの宮で没した。その経緯はこうである。明治二（一八六九）年、朝廷からのお召しで上京し、有栖川宮《ありすがわのみや》、岩倉具視《ともみ》の下問に答え、それは天聴《てんちょう》に達した。老齢での長旅だったせいで、帰郷すると疲労から寝込んだ。伴雄がその身を心配して養家の神宮に迎えて看護し、神に平癒《いへゆ》を祈ったが逝ってしまった。享年七二。著書に『昇天秘説』『答或問書』、そして五三歳で著した『宇気比考』がある。櫻園の国学はその根本を、神意を占う宇気比という秘義に置いた。「神事は本也、現事は末也」、「世を治め、人を政《まつり》ごつ者、神事を本とし、現事を末とし、本と末とを一つにして、世を治め人を政ごつときは、天の下は治るに足らず」と説いた。

或る人が熊本の藩学である宋学の治国平天下を引いて、宇気比の神秘を蔑《なみ》したときに、櫻園はこう言った。

この世は、治むる人も凡人、治めらるる人も凡人である。凡人の凡人を治めんとするは、溺《おぼ》れる人を、舟なくして大海原に救うようなものである。宇気比こそは、すなわち溺《でき》者を救うに要する舟なのだ、と。

（『奔馬』）

❖宣長の思想と櫻園《おうえん》

本居宣長は『古事記伝』で、『古事記』冒頭の国生み神話の箇所を取りあげ、神話の世界では神も占いをし、己《おのれ》のさかしらな判断を用いず上の神の教えを受けると述べている。

卜《うらえ》はたゞ神事《かみわざ》にのみ用いることになれれど、上つ代には、萬《よろず》の政《みわざ》にも、己がさかしらを用いず、定めがたきことをば皆卜て、神の御教えを受て、行い賜《たまい》しこと、記中書紀其の外にも多く見えたり、今天つ神すら如此《かくのごと》くなるをや

櫻園はこの宣長の思想をよく受け継いでいたのだ。優るといってもたいしたことのない凡なる者しかいない人間にあっては、「古《いにしえ》の神の習いを効《なら》いなば、などかなし得ざらん」ということなのだ。神風連の決起の日はこの宇気比で決っせられた。神事のなかでも宇気比は最も奇霊《くすび》である。これをよく窺知《きち》して行えば、天下のことに不可為のことはないと信ぜられた。

宇気比は神道の最も奇霊《くすび》なる神事《かみわざ》にして、その始まりはかけまくも畏《かしこ》くも、天照大神、須佐之男命《スサノオノミコト》の、高天原にして、宇気比たまいしより起りて、顕国《あきつくに》（日本）に伝われり。（『宇気比考』）

「宇気比」の文字が最初に見られるのは『古事記』の天照大神と須佐之男命の高天原での宇気比である。『日本書紀』には誓約、誓と記されている。櫻園は、「神の御世より伝われる神事の中に、いともいとも尊《とおと》くかしこき神の道なれ」と述べた。そしてこう説いた。

この古典どもを照らし見て、宇気比の意を悟るべし。己れ誠ならば吉《よ》からむ、偽ならば凶《わろ》から

んとのたまうが、ちかい事《ごと》に似たれば誓の字を塡《てん》して、天地の神吾を扶《たす》けばかくかくあらんと神に請《い》いたまえるがいのるに近ければ祈という文字を書けるなり。（同）

宇気比はただ神占で神意をうかがうだけのものではない。その先の行動そのものを神意でうかがう占法《うらわざ》なのだ。とするとこれには人の自由意思と神の存在との関係、人と神の対峙《たいじ》という側面もあるといえる。太田黒は新開大神宮で宇気比により何度も神慮《しんりょ》を諮《はか》った。私意をおさえ、進退左右すべて神慮に仰《あお》いで事を決しようとした。神の許しが降りるまで隠忍自重した。宇気比の詳細は不出で書かれたものはないという。しかし三島はつぎのように述した。

「死諫《しかん》を当路に納《い》れ、批政《ひせい》を釐革《りかく》せしむる事、可也」というのを一枚、「不可也」というのを三枚書き、それぞれの紙を丸めてまぜ、どれが可か不可かわからぬようにしたのを三宝《さんぼう》（白木の台）に載せ、拝殿から階段を下りて、本殿へ階段を昇り、恭《うやうや》しく御扉をひらいて、本殿の昼の闇へ膝《しっ》行《こう》する。

太田黒伴雄は浄衣《じょうえ》を身に着けて神前にひれ伏している。首筋も細く衰え、面色は病人のように蒼《あお》い。神に祈願をこめるたびごとに、七日・十日の辟穀《へきこく》（穀類を摂らず）・断食、五十日・百日の火の物断ちを常としているからである。

神鏡は闇の奥に黒光を放っている。この熱した闇の裡《うち》に神が在《いま》し、見そなわすのを太田黒は、額から顳顬《こめかみ》へ伝わる汗の、耳もとを這《は》う感覚のたしかなように、たしかに感じている。自分の胸に打つ鼓動がそのままに、神の鼓動になって本殿の四壁に、轟《とどろ》くような心地がしている。この暑さに萎《な》えた五体が、心をこめてあこがれている目前の闇の一部に、見えざる清らかなもの、泉のようにすがすがしいものが、漲《みなぎ》ってくる気配がしている。

太田黒が御幣《みてぐら》（二本の紙垂を竹または木の幣串《へいぐし》に挟んだもの、これには桃の枝と美濃紙で作った）をふりあげたとき、鳩の羽搏《はばた》きのような音が御幣から起った。はじめ三宝の上を左右左《さゆさ》に打振って潔《きよ》め、ついで、心を平かにして、三宝をゆっくりと静かに撫《ぶ》した。

（『奔馬』）

夏が過ぎ秋となった何度目かの宇気比で、引き上げられた御幣にかかって三宝を離れた紙玉を開くと、ようやく「可也」とあった。明治九（一八七六）年一〇月二四日（陰暦九月初八日）決行と定まった。部隊の人選も宇気比で決められた。加屋は別途、熊本城郭内にある自身が神官をつとめる錦山加藤神社に人を遣《つか》わせ奉伺した。これも進戦許可と出た。神風連は火器・砲を備えた熊本鎮台に、古来の刀と槍で向かうのみであった。彼らにことの成果・成否の求めはなく、ただ死ぬことより外はなかった。神慮があればそれだけでよかった。だが、こと敗れる一挙を可とした神慮とは何か。至純の志と信仰を持った同志のほとんどが死なねばならなかったのは、どうしてだろう。この疑問を抱いて神慮をあれこれ推《お》しはかる者もいた。森本はこれに対して、太田黒は、「この一挙で成敗を決するのではなく、この一挙を最終の成敗を占う宇気比の戦いと観じていたように思われる」と考えた。三島は宇気比で決したわけではないが、自らの決起をそう観じていたのかもしれない。

❖神風連の遺跡を巡る

来熊三日目の午後、荒木は遠慮する三島を、市内の神風連の遺跡巡りに連れ出し、まず桜山神社に案内した。三島は、「桜山神社に参拝をすますと、それらの墓地の中を感慨ぶかくふみしめるように歩いていった」（『初霜の記』）。そこには櫻園の真墓があり、その手前に左右二列に整然と六二基ずつ神風連烈士の石の霊標《れいひょう》が配され、その御霊《みたま》が合祀《ごうし》されていた。最奥の鉄柵で囲まれた櫻園の墓は不定形な濃灰色の石ででき、表に「櫻園大人」と彫ってある。残念なことに平成二八年四月の熊本地震で、墓石が割腹したように割れてしまった。その右後ろに「誠忠碑」と書かれた木柱が立ち、柵外手前左に「立義献吾身」、右に「儘忠報君国」と書かれた対の石柱が立つ。その手前に宮部鼎蔵ら肥後勤王党の石墓が並ぶ。さらにその手前に神風連殉死者の石墓がある。これらには遺骸、遺留品などはおさめられていない。幕末の長州藩を中心に、戦死者の霊を招魂場という敷地に神として神式に祀《まつ》る慣行が広まった。これは一種の新しい神道信仰だった。遺骸は埋葬されず霊標とも呼ばれる墓碑だけの素朴な祭祀《さいし》で、碑には神となった死者の霊が招魂され宿るとされた。これに倣《なら》ったのだろ

熊本地震で割腹したように割れ、修復された林櫻園の墓石（筆者撮影）

う。別格に大きな石柱の左に戦死した加屋のものが、右に自刃した太田黒のものが対に配されている。その手前左側に自刃した者の墓六一基が、右側に自刃と戦死その他の者の墓六一基が並ぶ。自刃は八六名にのぼる。それぞれの墓石の表に俗名、裏に享年と死因が彫られている。上は六九歳、下は一六歳で、過半の六四名が二〇代である。一〇代は八名である。右列の六一基のなかに獄死と処刑が三基ずつ、憤死が一基ある。乱で生き残り西南の役で果てた者が二名いる。

三島が訪れてから一〇余年後に荒木が中心となり桜山神社の敷地内に、「神風連資料館」が設けられた。決起から百周年を記念する事業だった。三島は熊本で荒木に、「行動」と書いた色紙をのこした。それはいまここに蔵されている。資料館の係の女性は訪れた私に、「憤死とは、絶食して果てた、ということです」と説明してくれた。追っ手を逃れ神社境内に潜《ひそ》んだ志士が、表に出て捕縛されることをいさぎよしとせず、そのまま死をえらんだというのだ。資料館には、神風連と戦った官軍側から事変を捉えた一冊の厚手の資料集があった。タイトルは、『史実を探る　神風党の変　M9・10・24――そのとき警察は』で、平成一一（一九九九）年に、地元警察学校OBが中心となって、そこでの授業の副読本として作成したものだ。巡査報告書、口述書、県・軍関係記録、電文記録、新聞記事などが収められ、鎮台・警察側から見た戦況・被害・検死結果、中央政府への事変の報告、報道の模様などが詳細に記されていた。敵方の神風連を貶《おとし》める記述はなく、崛起《くっき》の志に配慮した内容だった。鎮台・警察側の死者の明細や追悼場所の所在地の記載があるいっぽう、神風連の真墓について一つ一つその写真、町名地番、地図が載っていて、全墓所巡りができる詳細さだ。敵味方に分かれて戦っても、同郷人として志士たちを顕彰しようという心根が感じられた。

荒木は桜山神社から三島を誘って加屋霽堅の真墓がある小峯《こみね》墓地に回った。一〇代の三島の文学の友だった東《あずま》文彦の祖父石光真清《まきよ》が遺稿集『城下の人』のなかで、加屋と会ったときのことに触れている箇所がある。石光については第一章で詳しく述べるが、彼が八歳の頃、熊本城近くで従兄たちと水遊びをしていたら、「紋付の羽織袴に大刀を差した、高髷《まげ》の堂々たる武士」と遭遇し、それが従兄によると加屋であった。加屋から冗談っぽく立会いをしかけられ、花岡山の上に連れられて話をしてもらったと印象深く述懐している。石光は神風連の決起に遭遇したときのことを、「胸の鼓動が激しく打って納まらない」とつづっている。

半鐘がじゃんじゃん寒空に鳴り響いて、森の中から空高く噴火のように火の粉が吹き上がって、火事場のほうから騒々しい車の音と一緒に大勢の人が何か叫びながら雪崩《なだ》れて来る足音が聞こえ、胴を着た者や烏帽子《えぼし》直垂《ひたたれ》を着た者が、抜刀を閃《ひらめ》かし或《あるい》いは長槍を小脇に抱えて、火の粉を浴びながら走り回っている。

火焔の中から胴を着た人が大刀《たち》を閃かせながら出て来て、また闇に消える。少なくとも五、六ヶ所から火の手が上がって、城下の闇空を赫々《かくかく》と彩《いろど》り、火におびえる犬の遠吠えがしきりに聞こえる。胸の鼓動が激しく打って納まらない。

（『城下の人』二松堂、昭和一八年）

三島たちは小峯墓地から小篠《こしの》四兄弟（いずれも自刃）と義犬の墓がある本妙寺、決起の夜結集地となった藤崎八幡宮の跡地、干戈《かんか》の交えられた主戦場である熊本城内の太田黒伴雄の果てた地点、歩兵営跡、砲兵営跡、乱の後遷《うつ》された藤崎宮にも参拝した。藤崎宮は熊本を代表する郷土史家となっていた荒木が、若い血を燃え滾《たぎ》らせた場所だ。終戦時、荒木は占領軍を迎え撃つべく同志を募《つの》り、尊皇義勇軍を結成した。遺書を書き、日本刀を落し差しにして熊本城内を闊歩《かっぽ》し、徹底抗戦を叫んで藤崎宮に立てこもった。そして荒木は太田黒伴雄と同様、神意にはかった。抗戦は神意に反し、宸襟《しんきん》（天皇）を悩まし奉ることだから控えるようにとの託宣がおり、未遂に終わった。荒木たちが決起していたら、楯の会よりさきに〝昭和の神風連〟になっていただろう。

❖「恐ろしき一夜」

神風連の変に九歳で遭遇し、後に高名になった作家がいる。徳富蘆花《ろか》である。蘆花の兄蘇峰《そほう》は京都の同志社英学校に通っていて戦闘を実見していないが、蘆花は変の起きた熊本市内に母や姉たちと一緒に住んでいた。住んでいた家からわずか七〇メートルのところに熊本鎮台司令長官邸があった。蘆花は母から、「おまえも男ではないか、来てご覧」と言われ、二階にあがって雨戸を開け、長官邸の襲撃を目撃した。蘆花は一九年後、そのときを思い起こして、「恐ろしき一夜」という短編にした。蘆花は明治時代のプロテスタントの一派、熊本（花岡山）バンドの一員で、櫻園門下の神道信徒とは異なる実学党の流れを汲《く》んでいた。少年時代に直《じか》に感受した騒乱を、長じて物した筆力で活写し、神風連が何ものかをよく描いている。

「夜は寒くなりまさるなり唐衣《からごろも》、うつに心の急がるゝかな」

嗚呼是《あ》《あ》《こ》れ今をさる十九年、明治九年霜冴《さ》ゆる十月廿四日の夜、肥後銀杏城《ひごぎんなんじょう》（註・熊本城）下の雨を降らせし神風党の巨魁《きょかい》大野鉄平（註・太田黒伴雄）が歌にあらずや。惜しむべし好漢、彼は支うべからざる時勢に抗せんとして、自ら倒れぬ。

彼らは実に封建武士の好所短所を代表せる者なり。敬神は彼らの宗教なり。忠君は彼らの主義なり。攘夷は彼らの素志なり。武芸は彼らの日課なり。

節操清粛は彼らが婦人の生命なり。

滔滔《とうとう》たる維新大革新の風潮は、片端より旧習故俗を掃蕩《そうとう》し行けり。

彼らは次第に孤島の間に閉じ込めらるるを見出しぬ。反抗の精神は次第に燃え来たれり。

廃刀の令下れり、彼らは常に袋刀を提げて往来せり。

断髪の令下れり。彼らは依然髻《もとどり》を結んで往来せり。

電信架せられたり。彼らは扇をかざしてその下を過ぎれり。

城下の民は日に日に洋風に染み、軽薄になり行けり。

彼らは悲憤の目をもって時勢の非なるを見、身は孤岩のごとく滔滔《とうとう》たる風潮の中に立つを見、憤りは胸に煮えたり。

ああ夜は寒くなりまさるなり、唐衣、ああ唐衣うつに心の急がるゝかな。

吾家は熊本の東郊にあり。十月廿四日の夜、吾らは晩くまで眠らでありき。姉上病重く、危なかりしければ、母上をはじめ多くは枕辺にあり、医師も通夜し居たり。

川向こうの方にあたりて怪しき物音、姉君のうめきの声に交じりて聞こえぬ。二階に上がりて、北の雨戸を一枚がらり引きあけたまえば、此はいかに、真黒き背戸の竹藪越しに空は一面朱のごとく焦がれたり。

城の方を見れば彼処に火あり、此方にも火あり、火は一時に五ヶ所に燃え、焔は五ヶ所より別れて紅く空をあぶり、風なきにざわつく笹の葉の数も鮮やかに数え読まるるばかり。

耳を澄ませば、何とも知れぬ物音騒がしう火焔の間に聞ゆ。

神風連！　神風連！　大戦争！　大戦争！

声は熊本の一端より一端を蔽《おお》うれり。

一夜火光に驚き、剣影に驚き、銃声に驚き、叫声に驚き、血に驚き、一夜戸を閉じて戦《おのの》きたる熊本は、夜明け戸開くるとともに蜂の巣の打ち散らされたる如く騒ぎ立ちぬ。

神風連は一夜に消えたり。

「一ツトセ、人々驚く大筒の、音に燃え立つ五ヶ所の火、よく手がまわる。二ツトセ、不意をうたれし人々が、褌《ふんどし》かかずに逃げてゆく、その御容態。三ツトセ、皆さんその夜のいでたちは、具《ぐ》足直垂《そくひたたれ》立て烏帽子《えぼし》、その華やかさ。四ツトセ、横によこばる役人が、思わぬ最期をとげられしのも天の罰」

流行唄は彼らも歌いしも、彼らはやがて過去のものとなれり。

熊本の一名物と称《たた》えられし神風連も、此時においておおむね精華を殺し尽くされ、十年の戦争（註・西南戦争）において更にその残余を殺し尽くされ、果ては星の数よりも少なくなれり。

かの恐ろしく頑固なる恐ろしく真摯《しんし》なる恐ろしく熱心なる神風連なるものは、旧時代の昔語りとなりぬ。
（「恐ろしき一夜」）

蘆花の一文冒頭の太田黒の歌、「夜は寒くなりまさるなり唐衣、うつに心の急がるゝかな」の哀調もまた、先に引いた三島の辞世の心情につうじていると感じられる。

❖「〝日本人の神髄〟を考えたい」

荒木は来熊三日目の三島との市内巡りを、二人とも、「じりじりと焼きつける夏の日は流るる汗をふく手をやすめ得ない有様であった」（『初霜の記』）と述懐している。しかし三島はすこぶる元気で、荒木の家に落ち着いてから、「ふと思い出したように、せっかく熊本にきたので、町道場を紹介してくださいませんかと笑いながら」頼んだ。これは入熊《にゅうゆう》前からの三島の宿望だった。荒木は知り合いの範士に連絡をとり、水前寺の剣道場龍驤《りゅうじょう》館に誘った。三島はそこでさらに汗を流した。

私は一〇年ほど前の訪問の際、熊本市郊外沼津山の横井小楠《しょうなん》記念館で地元の市会議員と知り会った。その市議は東京の大学生時代、剣道部に属し、皇宮警察の道場に通っていた。そこでしばしば三島を見かけたという。三島のスタイルは、竹刀を脇から相手に向かって横に払う独特のものだった。市議は、せっかくここまで来たならと、私を車で記念館近くにある小楠の髪塚に案内してくれた。そして小楠が渡米する二人の甥、佐平太《さへいた》と太平《たいへい》に贈った詩書のレプリカを記念にと頒けてくれた。

堯舜《ぎょうしゅん》孔子の道を明らかにして
西洋器械の術を尽さば
何ぞ富國に止まらん
何ぞ強兵に止まらん
大義を四海に布《し》かんのみ

東洋の思想と西洋の技術をあわせれば日本の富国強兵だけでなく、世界へ大義を恢弘《かいこう》できるのだぞ、との檄《げき》である。私は小楠記念館に行く前に寄った市の博物館でその真書を見たばかりだった。そのとなりには神風連烈士の血染めの半纏が陳列されていた。レプリカを見て、その半纏《はんてん》が私の瞼《まぶた》の裏に迫った。三島が水前寺の道場で竹刀を振るっていると、それを聞きつけた地元の新聞記者が取材に現れた。インタビューは「〝日本人の神髄〟を考えたい」と題した記事となった。

僕はもともと南の方が好きなんです。夏の熊本は最も熊本らしいと聞いていたが、初めてきてみて、全くその通りだね。緑は多いし、いいところですよ。

いま「新潮」に『豊饒の海』を書いているが、その第二巻『奔馬』に昭和の神風連ともいうべき青年が登場する。そこで荒木精之さんをたよって調べにきたのです。

『豊饒の海』の背景に神風連を出そうと考えたのは一年ぐらい前からです。ここで日本人の神髄は何かを考えてみたいのです。いま日本に帰れとか、明治の日本人に帰れとかよく言われる。しかしどこに帰るか非常にあいまいだと思う。

日本にはガンジーの糸車に象徴される抵抗の精神はなぜなかったのか、いろいろ考えているうち、神風連がガンジーの糸車にあたることに思い至ったわけです。

「英霊の聲《こえ》」や二・二六事件の精神の純粋なものは神風連のそれに通じているとみてもらってよいでしょう。

『豊饒の海』の第一巻は僕の以前の傾向と同じ作品だ。貴族のみやびやかな恋愛、そういうものが主題だが、第二巻では昭和七年の神風連ともいうべき青年が登場し、昭和七年と明治を行ったり戻ったりする。筋はつぶれてもこれだけは入れたいと思う。とにかくこの作品でいままでのものを集大成したいと考えています。

八年くらい前、剣道を始めてから、いやそうだったから剣道をはじめたのかもしれないが、ますらおぶりの文学に志すようになったようだ。「剣」（註・昭和三八年）などもその一つと思う。それが広がってきたものだ。

（『熊本日日新聞』昭和四一年八月三一日）

どうしても神風連をとり上げ日本を見つめ直したいと語っている。二年後の昭和四三年が明治百年にあたっていた当時、明治時代を〝懐思〟し、維新の頃へ〝懐帰〟する風潮があった。それを織り込んだ巧みなレトリックで神風連を語っている。そしてその心はすでに次巻『暁の寺』の取材で翌年訪れるインドに向かっていた。

❖手段＝目的、目的＝手段

三島はこの入熊《にゅうゆう》直前、林房雄と対談し、熱を入れて神風連を語っている。

神風連の変は、秕政《ひせい》を釐革《りかく》する（悪政を改革する）ものだった。

実際行動にあらわれた一つの芸術理念で、もし芸術理念が実際行動にあらわれれば、ここまでいくのがほんとうだ。

神風連というものは目的のために手段を選ばないのではなくて、手段＝目的、目的＝手段だった。みんな神意のままだから、あらゆる政治運動における目的と手段のあいだの乖離《かいり》というものはあり得ない。

それは芸術における内容と形式と同じだ。僕は日本精神というもののいちばん原質的な、ある意味でファナティックな純粋実験はここだと思う。もう二度とこういう純粋実験はできない。

（『対話・日本人論』番町書房、昭和四一年）

神風連についてさまざまなことを語り、書き残し、自らも、「二度とできない純粋実験」を敢行し、完行し遂げた〝三島由紀夫〟。しかし彼と〝神風連〟をつないだものはそういう理念的、思想的なものだけではなかっただろう。水前寺の道場で汗を流したあと、その板の間で範士や門人に囲まれての酒盛りとなった。三島は出されたビールをうまそうに飲んだ。ホテルに戻ると書店の主人が、加屋霽堅の『廃刀奏議書』を持参して待っていた。神風連の副大将格、加屋の『廃刀奏議書』は『奔馬』のなかに組み込まれたかたちの一書『神風連史話』に全文引かれた。三島はそこで、「これは日本刀を讃える千古の名詩文であり、言々句々心血をそそいだ大文章である」と絶賛している。加屋の存念は、太田黒らの主張する義挙ではなく、「あくまで言挙げによって、刀に血をぬらずして敵をまつろわせ、建白書を差し出すと同時に忽《たちま》ち自刃して、死諫《しかん》の実を挙げようと」するところにあった。しかし建白書は熊本県令から却下され、戻されてしまった。そこで加屋はあらためて中央政府にこれを上呈し、自刃して果てる覚悟をかためた。もともと太田黒らの挙兵に加わる心境になかったのだ。挙に同じる決意をかためたのは、決行日九月初八日直前だった。先述したように、別箇に神慮にはかったところ「進め」と出たのだ。それほど神慮は絶対なのだ。神慮に従容《しょうよう》としたがう加屋に、三島は惚《ほ》れ、強く情動したのだろう。敵方二千と対するに味方二百名弱の義挙であった。大田黒が背負った藤崎宮の軍神の御霊代《みたましろ》が一同の将師であった。そこには亡き櫻園の遺志がこめられていた。緒戦から頽《たい》勢《せい》をとどめ得ず、討たれず散り残った四六名の同志は、熊本城の西にある蔵王権現を祀《まつ》った金峯山《きんぽうざん》に逃れた。三島はその山に登った。私も路線バスで登山道の入り口まで行き、そこから歩いてのぼった。過半の同志が斃《たお》れた、すでに古戦場のように思えた熊本城下の彼方には、静かに噴煙を湧き昇らせる阿蘇の外輪がうかがえた。西方の眼下には有明海と天草灘の間の海峡が、そして対岸の島原半島が雲仙を央《なか》によく望まれた。これを見た一同の心に櫻園先生の『昇天秘説』の訓《おし》えがありありと蘇《よみがえ》り、そして響いたことだろう。高天原に至る秘奥をつかみ、そこに到達したと感得したことだろう。

❖天皇は「一般意志」の象徴

橋川文三は、三島において特異なのは、「多様な人間の生の諸様式に一定の意味体系を与えるものが、日本においては天皇以外にはないとするところにあろう」という。

三島はここ（註・「文化防衛論」）で一般に文化を文化たらしめる究極の根拠というべきもの、いわば文化の「一般意志」を象徴するものとして天皇を考えているといってよいであろう。三島が日本人のありとあらゆる行動（創作を含めて）に統一的な意味を与えるものを天皇であるとみていることは間違いないであろう。日本文化における美的一般意志というべきものを天皇に見出している。（略）テロールについていえば、それは国民の一部による他の国民に対する暴行などではなく、ちょうど神のように必然的に実在し、必然的に真・善・美であるような一般意志の自己実現過程にほかならない。（略）

一般意志という概念に立って考えるとき、そうしたテロールには、本質的に責任という問題が生じないことも了解されるはずである。あたかも、神にとってその責任ということが無意味であるのと同じことであるが、そのことをすなわち「みやび」というと考えてもよいであろう。神意の代行者の行為は何人によっても責任は追及されないはずであるから、これほど優雅なことがらはない。

（「『美の論理と政治の論理』――三島由紀夫『文化防衛論』に触れて」『中央公論』昭和四三年九月号）

三島は日本の文化を天皇に象徴させ、そこに美的一般意志を見出しており、その自己実現につながる行為なら、テロ（クウデタ）を起こしても、神意の代行者のものだから、違法性はなく責任を生ぜず、むしろ「みやび」ある優雅なこととなる。こう橋川は言っている。三島の情動をしかと感受し、二年後の決起を予兆し、まえもって擁護までしている。「みやび」については第三章でくわしくふれる。

❖無償の行動

三島は昭和四一年四月、熊本に行く前の日本外国特派員協会での講演で、二・二六事件について、「軍人たちはただ彼ら自身の」、「日本への純正な愛情を信じていた」と語っている。

二・二六事件は、厳密な意味でのクウデタではない。特殊日本的な理念にもとづいている。決起した軍人たちは、政治権力を、そして政府を掌握しようなどとは決して望んでいなかった。クウデタの後、もしそれが成功しても、その後どうするかという計画はなかった。軍人たちはただ彼ら自身の純粋さを、自身の純正な信念を、天皇への純正な眷恋《けんれん》を、日本への純正な愛情を信じていた。まさにこれこそ私が日本の古い道義と呼んだものである。とても独自な道義である。

（『新潮』平成二年一二月号）

三島は、「ひとたび武を志した以上、自分の身の安全は保証されない」と覚悟のほどを述べている。

ひとたび武を志した以上、自分の身の安全は保証されない。もはや、卑怯《ひきょう》未練な行動は、自分に対してもゆるされず、一か八かというときには戦って死ぬか、自刃するしか道はないからである。しかし、そのとき、はじめて人間は美しく死ぬことができ、りっぱに人生を完成することができるのであるから、つくづく人間というものは皮肉にできている。

（「美しい死」『平和を守るもの』田中書店、昭和四二年）

三島は『豊饒の海』のなかで描いた決起をみずからなぞって現実とした。

本計画の目的は、帝都の治安を撹《かく》乱し、戒厳令を施行せしめて、以《もっ》て維新政府の樹立を扶《たす》くるにあり、われらは維新の捨石にして、最小限の人員をもって最大限の効果を発揮し、これに呼応して全国一せいに起《た》つ同志あるを信じ、檄文を飛行機より散布して、洞院宮殿下への大命降下の事実ありたるを宣伝し、宣伝をしてやがて事実たらしめんとするものなり。

戒厳令施行を以てわれらの任務は終り、成否に拘《かかわ》らず、翌払暁にいたるまでにいさぎよく一同割腹自決するを本旨とす。

明治維新の大目標は、政治及び兵馬の大権を、天皇に奉還せしむるにありき。

わが昭和維新の大目標は、金融産業の大権を、天皇に直属せしめ、西欧的唯物的なる資本主義及び共産主義を攘伐《じょうばつ》して、民を塗炭《とたん》の苦しみより救い、炳乎《へいこ》たる天日の下、皇道恢弘《かいこう》の御新政を冀求《ききゅう》し奉《たてまつ》るにあり。

（『奔馬』）

蓮田善明のつぎの叙述の「神風連」「彼等」を、「三島由紀夫」「楯の会」に置き換えて読んでほしい。

神風連は実際は敵らしい敵を与えられていないともいえる、に拘らず彼等は何が敵であるかをはっきり知っていた、

ここに神風連独自の行動が現われている。彼等は完全に敵の形を取ったものを討《う》てと命ぜられたのでないために、客観的に批評すれば、わけもなしに歩兵連隊に切り込み、又当然武器から言っても数から言っても時勢から言っても不利無謀な事を挙げたのである。言わば空な討ち方であった。

そしてその刃は又彼等自ら討つべきものを討ったことに殉じて死なければならないことも、彼等は知っていた。

（蓮田善明「神風連のこころ」『文藝文化』昭和一七年一一月号）

神風連と同様に三島たちのあの決起は、「空な討ち方」だった。「自ら討つべきものを討ったことに殉じて死なければならないことも」「知っていた」のだ。欧米では三島の自死の無償性を肯定し難いようだ。三島は外国の作家の言を引いて、無償の行為はないとも述べている。しかし三島と四

人の若者の決起は、神風連、一九三〇年代のクウデタ同様、邪心や私心のない、純粋な、完全に無償の行動だった。こうして薫《くん》じられた種子《しゅうじ》は事件以降の日本にどう蔵されているのだろう。

❖喪《うしな》った〝故郷〟の発見

昭和四一年八月二七日、熊本に入った三島は精力的に神風連ゆかりの新開大神宮、桜山神社、小峯墓地、藤崎宮、熊本城周辺を巡り、金峯山に登り、剣道場で存分に竹刀をふるって汗も流した。熊本滞在中に買い集めた神風連関係の書籍のほか、旅の記念に古道具屋で購《もと》めた刀をたずさえ、八月三一日、荒木、蓮田夫人、地元の旧知に見送られて東京への帰路についた。帰宅するとすぐ荒木に礼状を書き送った。

短い滞在のあいだに、神風連の核心に触れ、神風連の事蹟《じせき》を肌に感じるように感じることができたのはまったく荒木様のお陰であると存じ、しみじみ身の幸運を感じます。連れて行っていただいた烈しい夏の日の下の墓参の感銘も、龍驤館の清爽なる印象も、永く心を去らぬことと思います。

熊本を訪れ、神風連を調べる、ということ以上に、小生にとって予期せぬ効果は、日本人としての小生の故郷を発見したという思いでした。一族に熊本出身の人間がいないにもかかわらず、今度、ひたすら、神風連の遺風を慕って訪れた熊本の地は、小生の心の故郷になりました。日本及び日本人が、まだ生きている土地として感じられました。小生も久しくheimatlos（故郷喪失）の人間であった、と痛感しました。

神風連は小生の精神史にひとつの変革を齎《もた》らしたようであります。

（昭和四一年九月三日付）

この取材行は三島に、「日本人としての小生の故郷を発見したという思い」と言わしめる感懐をのこした。三島にとってつねにその一〇代が帰郷（ハイムケール）する文学上の故郷だった。熊本行で、「日本人として」ハイムケールする、長らく喪失していた思想上の〝故郷〟も発見したのだ。三島と神風連の結縁《けちえん》には蓮田善明も関わっていた。蓮田は「神風連のこころ」と題した一文を昭和一七（一九四二）年、清水文雄らとの同人誌『文藝文化』に寄せた。これは森本忠著『神風連のこころ』を評したものだった。一七歳の三島は蓮田の「神風連のこころ」を読み、この文章からも〝神風連〟が何ものかを心の裡《うち》に刻んでいたのだろう。『奔馬』の連載は、三島の渾身《こんしん》の想いをこめて、翌年『新潮』二月号でスタートを切った。

第一章

邂逅《かいこう》——東文彦〈あずまふみひこ〉

❖先輩からの賛嘆の手紙

徳富蘆花と小学校で同級だった石光真清は、序章で記したように少年のころの加屋霽堅《はるかた》との偶会をつづっている。それは昭和一八年に遺稿集として上梓《じょうし》された『城下の人』にある。真清は長じて軍人となったが、その後軍籍を離れ、民間人として満洲・シベリア地方で諜報《ちょうほう》活動に従事するという特異なキャリアの持ち主だった。『城下の人』を編集したのは真清の子真人だった。真人の一歳上の姉菊枝は学者・実業家の東季彦《あずますえひこ》に嫁いだ。その唯一の嫡子が東文彦（本名・健《たかし》）だった。つまり文彦は真清の外孫になる。筆名の「文彦」は、父季彦が本名にしようとしたものだった。

三島が学習院中等科に進学したとき、文彦は五年生で文芸部の委員長だった。中等科四年生のときに三島は、「彩絵硝子《だみえがらす》」を院内誌の『輔仁会雑誌』に投稿した。これを高く評価した高等科三年生の文彦は三島にはじめて手紙を書き、「僕は君に恐れを抱いた。僕のほうが少しぐらい年長だからと云って大きな顔は出来ない。少くとも、君の独特な感性の世界（少し変な言葉）は真似出来ない」と賛嘆の言葉を送った。

突然手紙を出すのは変だけれど、今日、輔仁会雑誌を受取り、君の作品を読んだので、何か感想を書いて送りたくなった。僕が病気でずっと学校を休んでいることは恐らく君も承知だろう。この頃は大変良いのだけれど、退屈な病床生活にあって、こんな手紙を書くことは退屈紛れにもなる。それで尚のことこの手紙を書く気になった。（略）

徳川義恭画

前置きはそのくらいにして、君の作品の読後感を書く。正直なところ、同じ雑誌に作品を並べているものとして（註・文彦の「魔縁」も掲載された）、僕は君に恐れを抱いた。僕のほうが少しぐらい年長だからと云って大きな顔は出来ない。少くとも、君の独特な感性の世界（少し変な言葉）は真似出来ない。君が褒《ほ》められながら伸びて来たことには感心する。褒められて躓《つまず》かない作家は大成する。君が今度の作品で扱った題材は実に危険性がある。下手に書（註・途中は不明）しい美しさを何かで読んだことがある。君の題の彩絵《だみえ》硝子《がらす》は何かそんなものの名前なのだろうけれど、よく君の世界をあらわしている。君の世界には何か立ち入り難いものがある。心ない批評が君を不必要に駆り立てることを恐れる。だから、僕も批評などしないつもりだった。僕の云うことは読み過《すご》して呉《く》れていい。ただ、成可《なるべ》く文章を晦渋《かいじゅう》にしないように。余計なことだけれど、それがとんだ錯《さっ》覚《かく》のもとになる。以上、勝手なことを書いて大変失礼。一読者の感想として受取って呉れたまえ。僕はひどく退屈しているので、君の方からも良かったら手紙を呉れたまえ。（略）東健

（昭和一五年一一月三〇日付、阿部誠編『東文彦　選集』三恵社、平成二二年）

三島はこうして四学年先輩の文彦から注目され、二人の間で昭和一五年一一月から一八年一〇月まで百通以上の手紙を交わすことになった。三島が出したそのほとんどはのちに見いだされて、『三島由紀夫十代書簡集』（富岡幸一郎編、新潮社、平成一一年）に収められた。ただしそこには文彦が三島にあてたものはない。

❖至福の拠《よ》り処《どころ》

文彦は三島と同じく自家中毒に苦しむ蒲柳《ほりゅう》の質で、高校二年生のときに結核を発症し、高校三年以降はずっと自宅で療養していた。三島は東邸を頻繁に訪れたが、感染の恐れから会えたのは一度だけだった。その一度の面会について文彦は三島に、「寝て話をするのは、どうしてもひけ目を感じ易い」、しかし、「君が明るい顔をしていたのでこちらまで気が楽になり愉しい気持ちで話しが出来た」と書き送った。これを受けとった三島はうれしかったろう。

一昨日は訪ねて来てくれて有難う。大変愉快だった。何だか随分《ずいぶん》責任のない雑談ばかりしてしまったような気もするけれど、寝て話をするのは、どうしてもひけ目を感じ易いので窮屈《きゅうくつ》な話が出来難《できがた》かった。けれども、君が明るい顔をしていたのでこちらまで気が楽になり愉しい気持ちで話しが出来た。またいつでも気が向いたときに来てくれたまえ。話し忘れたこともあるような気がする。（略）又是非《ぜひ》来たまえ。

（昭和一六年二月二一日付、同）

ほぼ三年間のやり取りは書きもののみで、訪れた三島に文彦の母菊枝を介して授受された。

僕の父のことをお訊ねですが、一寸《ちょっと》お話し申し上げたとおり、凡《およ》そ僕が文学をする上に不利な点を百パアセント兼備しています。
（昭和一六年二月二四日付）

文学活動をよろこばない父梓に自分ひとりで抗することが難《かた》かった三島にとり、文彦や文彦の執筆を支えている東家は格好の避難所となった。一〇代の三島には、文彦とのやり取りが至福の拠《よ》り処《どころ》となった。

貴方はどんな装釘の本がお好きでしょうか。私の装釘偏執狂にお耳をお貸しください。表紙は雁皮《がんぴ》紙か局紙《きょくし》（註・上質の鳥の子厚紙）か、エナメルか革か、そんなものに限ります。箱は厳丈《がんじょう》で、その模様はなるたけあるかなきかゞよく、帙《ちつ》（註・厚紙の芯に布をはった文包み）はもっともよろしい。表紙の題字は特別の場合のほか活字の方がいやみがなくて好きです。清朝活字は、二、三字なら表紙にうってつけです。用紙は、和紙かアクト紙か上質洋紙、天より地をなるたけ明けたのがよく、印刷インクは藍色が洒落《しゃれ》ています。見返しは、豪華な模様かあるいは無地。扉は簡素。本文は行間をあけ、漢字の少ないのが美しいと思います。奥付に意を用いること。末尾の広告はつゝましく並べること。著者の名は小さかるべきこと。目次は飾らぬこと。（略）こんな風な書物を見つけると（今はたいてい古本屋へ行かねばありませんが）きいたことのない人の本をパッと買って了《しま》います。
（昭和一六年一月一四日付）

「花ざかりの森」の「その三」には異稿（三島由紀夫文学館蔵）が残っていて、その一枚に「昭和十六年七月十九日擱筆《かくひつ》」とあるものがふくまれている。この「擱筆」は作品全体に対してのもので、清水文雄や蓮田善明たちが修善寺での同人誌『文藝文化』の編集会議で廻し読みしたものの一部なのだろう。

三島は東文彦にあてた七月二〇日付のハガキで、「小説出来上りました故早速お送り申し上げます」と書いている。原稿の文字のインクが乾くか乾かないかという状態で送ったのだろう。詳しくは第三章に記す。

二、三年前、ラディゲに熱中していた頃は、あの櫛《くし》のように端麗な首尾一貫さに心をうばわれ、自分の以後進んでゆく道はこの外にない。又これが最も自分に適したものである、と自認していたのが、この頃は麻のように乱れた美しさに心をうばわれ始めました。「マルテの手記」がそれです。あの小説のなかで（成程《なるほど》作者の詩精神は一貫していますけれども）かぞえきれぬエピソオドの集成が醸《かも》し出す、あのふしぎな平静と惑乱《わくらん》との調和、そういうものが、ただの平静よりも美しく思われてきました。岡本かの子なぞが本当に好きになってきたのもこの頃からです。猫の目のように移りかわる浮薄さは実際おはずかしいことで、敢《あ》えてそれをばジグザグ形の進歩などゝ誇称することも決して出来ませんが、流行を追うスノビズムから発しているのでないことだけは確かで、それだけは後暗くない唯一の言いわけだと思っております。

「和泉式部日記」をよみ古典の美しさに再び心をうばわれはじめました。古典のうつくしさはやっぱり仮名のうつくしさで、日本の活字は、漢字にくらべて仮名の方がずっとよくできていると思います。

（昭和一六年八月五日付）

このごろ古典をよみすぎて小説の文章がヘンに書きにくゝなりました。よしあしですね。近ごろ、お宅へ徳大寺さんはいらっしゃいませんか。大分前、私が万葉がよいと思いこんでいましたところ、結局定家や古今集におちつくよとおっしゃったのが、ほんとうになりました。だれでもとる経路かもしれませんが。

（昭和一七年一〇月一三日付）

「古今集におちつく」ことについてはあとの章でふれる、年の離れた文学者たちとの出会いもあったからだ。この徳大寺とは四年先輩の徳大寺公英《きんひで》のことで、徳大寺は後年、美術評論家になった。三島は自決のほぼ一年前、徳大寺と戦中の学習院時代を回想する対談を行っている。それについてもあとの章でふれる。

文藝文化の池田勉氏からも「お慶びのつもり」とて、お手紙を「みのもの月」について頂きました。こういうお言葉は自分の志すところを知っていたゞけてうれしく存じました。すなわち、「王朝の人々が見出して生きすがる精神としていたものをあなたは今それを今日に新しくしようと試みておられるのではないか、それは生きる決意の誘いともなり行動の生れる源ともなるあらゆる心の支え柱のようなもの、心を支えるというよりも心を誘うてゆく憧れのようなもの、それをあなたは今日に新しくしようとされている。それまで私はあなたの仕事を、ヘルダリン（註・ヘルダーリン。

ドイツの詩人）の試みたような人間の純一な憧れそのもの（何ものかへの憧れではなく）のはたらきを書こうとしているものと思っていました。あるいは間違っているかもしれませんが、今でもまだそんな気がしています」云々。（昭和一七年一一月一五日付）

三島はヘルダーリンの詩を終生愛した。「（まだ一〇代だった）戦争中、ヘルダーリンに夢中になっていて」（「ニーチェと現代」昭和四一年）と、手塚富雄との対談で述べている。戦後まもなく書いた戯曲『魔神礼拝』（昭和二五年）に、ヘルダーリンの「ゲルマーニャ」の詩句のエピグラフを引いた。昭和三〇年代前半、ヘルダーリンの詩のいくつかをみずから訳していた。『絹と明察』（昭和三九年）には、ヘルダーリンの詩やそれを分析したハイデガーの書を入れこんだ。手塚との対談と同時期に刊行された『ヘルダーリン全集』に、「ヘルダーリン。そのギリシャ狂。その清澄。その悲傷。その英雄主義。その明るい陶画のような風景。（略）青春の高貴なイメージのすべてがここにある」（昭和四一年）との一文を寄せた。自決直前の対談でもヘルダーリンに言及した。これについては後述する。『文藝文化』については第二章で詳述する。

❖永福門院と「三熊野詣《みくまのもうで》」

「さがしていた本」と申せば、古本屋でやっと「近松半二戯曲集」をみつけ親の仇《かたき》のようにむしゃぶりついてよんでいます。「のぞけば又も白狐の形、水にありあり有明月、不思議に胸も濁り江の、池の汀《みぎわ》にすっくりと、眺め入りて立ったりしが……」とか「思いにや、焦《こが》れて燃ゆる、野辺の狐火小夜更《さよふ》けて、狐火や、狐火野辺の、野辺の狐火小夜更けて、幾重漏れくる爪音は、君を儲けの奥御殿」とか、そういうつまらないような文句が、ふしぎに懐かしくて娯《たの》しい。こういうところは一寸《ちょっと》理屈では申せません。

（昭和一八年三月一七日付）

「西洋」へ、気持の惹《ひ》かされることは、決して無理に否定さるべきものではないと思います。真の芸術は芸術家の「おのずからなる姿勢」のみから生まれるものでしょう。近頃近代の超克とい い、東洋へかえれ、日本へかえれといわれる。その主唱者は立派な方々ですが、なまじっかの便乗者や尻馬にのった連中の、そこゝにかもし出している雰囲気の汚らしさは、一寸想像のつかぬものがあると思います。我々は日本人である。我々のなかに「日本」がすんでいないはずがない。この信頼によって「おのずから」なる姿勢をお互に大事にしてまいろうではございませんか。

（昭和一八年三月二四日付）

富岡幸一郎は右のくだりに関連して、「晩年の三島由紀夫はたんに戦前の天皇主義や日本浪曼派へと〝回帰〟したのではなく、より古く根源的なるものへと、そのような「日本」へと立ち戻ろうとしていたのではないか。それはまた、病床にあって創作にはげみ、短い人生を文学に燃焼させた畏《い》友《ゆう》、東文彦との青春の交流に象徴される、十代の感情の純粋さへの回帰であったようにも思われる」（「十代の思想への帰郷」『三島由紀夫十代書簡集』）と述べている。三島の〈日本への回帰〉については、第三章の「遺されたアポリア、〈日本への回帰〉」の項で管見を述べる。

行詰り……実はこの文学上のデッド・エンドというくせものに私は小説をかきはじめたときから始終頭をぶつけていたようなわけで、その為に私の作品にはどこかに必ずデカダンスがひそむのですが、私は今度の行詰りを自分では別に絶望的とも思っておりません。いまの心境は、書けなくなったらかけなくてもよい（これはまあ一概にヤケッパチからでもないんですが）というところ。しかし貴下のいわれる素朴さは実は私のたった一つの切ない宿願です。それを実現する手段として私は戦争や兵隊を考えています。しかし果して兵隊に行って万葉的素朴さを得られるものか、この点は化学方程式のようなわけにはいきますまいし、今のところ永遠に疑問なのです。それにしても貴下の御忠告と御心やりは今の私には悲しいほど身にしみます。妙なたとえですが、さんざん不埒《ふらち》なことをした不良少年が、物わかりのよい先輩にさとされるような気持とも申せましょう。文学という仕事、これは矢張《やはり》、つらい死に身の仕事ですね。

（昭和一八年四月一一日付）

一八歳の三島は、「私の作品はどこかに必ずデカダンスがひそむ」と言っている。これは終生のものとなった。三島と「デカダンス」については第二章でとりあげる。

近頃、買った本では、「永福門院」の御歌集、御伝、と注釈の入った本が結構でございました。

花の上にしばし映ろふ夕づく日入るともなしに影消えにけり

かげしげき木の下闇のくらき夜に水の音して水鶏《くいな》なくなり
露しげき草葉の上は静かにてしたには虫の声ぞ乱る丶
など丶いう歌は正に中世の典型ではないでしょうか、こういう歌をよんだ女性は美しくない筈《はず》はないと私は確信を以《もっ》ていうことができます。中世というところには実に貴重な宝石がころがっているように思われます。

（昭和一八年六月一三日付）

「近頃、買った」「『永福門院』の御歌集、御伝、と注釈の入った本」とは、『永福門院』（佐々木治綱、生活社、昭和一八年）だろう。三島の蔵書を記した『定本三島由紀夫書誌』に同書名があり、発行日は同年五月二〇日でつじつまが合う。三島は文彦にこの手紙を送ってから二一年後、「三熊野詣《みくまのもうで》」を書いたが、そこで永福門院について深くふれている。

「あなたは情を舒《の》ぶる歌にはもう見込がないから、この旅を機会に、叙景の歌を考えてみてはどうか。それも近代の写実派の歌などでは、何の足しにもならぬ。永福門院の家集を勉強してみるがいい」と先生が言われたのである。永福門院は、いうまでもなく、鎌倉時代の名高い女流歌人で、第九十二代伏見天皇の中宮にましますかたである。京極派の歌人として、玉葉集に多くの名歌を残され、とりわけ京極為兼《ためかね》のいわゆる「言葉の匂ひゆく」技巧を凝《こ》らした叙景歌に特色を持っておられる。たとえば、

「夕づく日　軒ばの影はうつり消えて　花のうへにぞ　しばし残れる」

などというのは、門院の御作のうちでも、とりわけ常子の好きな御歌である。もともとそんなに好きな歌人でもなかったが、先生に示唆されてみると、こういう叙景歌の下の句などには、なまなかの抒情の歌の及ばぬ心情の微妙さが、揺曳《ようえい》しているのが常子にもわかってくる。（略）

その生き抜かれた時代は、（略）まことに擾乱《じょうらん》の世の中であるが、門院のお歌は少しも時代や社会のうごきに乱されず、終始一貫、自然の繊細な観察を、優美な陰翳《いんえい》に富んだ言葉で編むという作業にいそしまれたわけで、「やさしく物あはれによむべき事」という定家伝来の教えをお忘れになるということがなかった。（略）

集中の、「猶《なお》さゆる　あらしは雪を　吹きまぜて　夕ぐれさむき　春雨の空」とか、

「山もとの　鳥の声より　明けそめて　花もむら〳〵　色ぞみえ行く」

とかの、玉葉集の絢爛《けんらん》たる叙景歌は、みな常子がうろうろしている御年頃に作られたものだ。しかも門院はその後の伏見帝崩御まで、人間らしい悲しみに打ち砕かれた御経験もおありではなかったろうから、苦悩からしか芸術が生まれないという考えは全く近ごろの偏見であって、「（略）門院も、お歌自体には何も現れていないように見えるが、……」と先生は、常子が卓の上へお返しした本の頁をめくってごらんになりながら、「うん、そうだ。たとえば、これ、乾元二年の三十番歌合の、月もなき雨夜《あまよ》の空の明けがたに蛍のかげぞ簷《のき》にほのめく　このお歌などは、正確な叙景でありながら、何とも云えぬあわれがあって、門院のお心にある、栄華の裡《うち》のさびしさがよく出ている。門院は繊細な気持の持主で、感じやすく傷つきやすいだけに感情を巧く隠す習練をお積みになり、それだから却《かえ》って、さりげない叙景のお歌に、こころが匂い出ているのだと思わないか

ね」

（「三熊野詣」『新潮』昭和四〇年一月号）

三島は、右のくだりを一〇代にもとめた『永福門院』を書庫からとり出して書いたのだろうか。

❖「幼い詩人」

文彦は、昭和一五年一月に坊城俊民と共著で、『幼い詩人・夜宴』（小山書店）を出版した。そこで初めて筆名文彦を使用した。三島が文彦との交流をはじめたのはその年の暮れだったから、三島にとり文彦はすでに〝詩人〟だったのだ。その「幼い詩人」に悠紀子という人物が登場する。三島はこれをとって悠紀夫と称したりしていたので、〝由紀夫〟を筆名にしたとも言われる。三島、文彦、徳川義恭《よしやす》の三人で同人誌『赤繪』を創刊した。北海タイムス社長だった文彦の父の伝手《つて》で紙が入手でき、資金も援助してもらって立ち上げたのだ。三島は蓮田善明に、「この度私共三人にて雑誌『赤繪』をはじめましたゆえ、第一号御手許迄御送り申上げます。今後も年に三回ばかり発兌《はつだ》（発行）いたす予定でございます」（昭和一七年七月六日付手紙）と決意のほどを述べた。しかし、「三号雑誌どころか二号で廃刊になった」。誌名は、「白樺の向こうを張りて」（「平岡公威自伝」昭和一九年）名付けたものだった。晩年、三島は徳大寺との対談で、「白樺派が学習院を代表しているようでいやだった」と発言している。季彦は、タイトルはその『白樺』への対抗心を秘めつつ、「分家を気取った」ものだったと言っている。季彦は、赤の字を使いたいなら、もろい焼き物のようなイメージでなく、樺より丈夫な「赤樫」とでもすればよいのに、と内心思ったという。季彦の危惧《きぐ》したように三人はそれぞれ二三歳（文彦）、二八歳（義恭）、四五歳で逝った。

『赤繪』第一号は昭和一七年七月に完成した。三島はそこに「苧菟《おっとう》と瑪耶《まや》」「花ざかりの森の序とその一」「馬」を寄せた。三島は自決のひと月前、文彦のことを哀惜の念をもって思い返していた。

東文彦氏の人および作品は、戦争中の文学的青春というものを思い浮かべるときに、まず真先に私の頭に来る清潔な規範であった。今とちがって特効薬もない結核の病床にあって、仰臥《ぎょうが》したままの姿勢で書かれた透明な作品の数々、私と交わした多くの文学的書簡、そしてついに来たその死、すべては戦争中の純化された思い出とつながっている。

「赤繪」には、戦争の影は一片も射《さ》してはいなかった。あれほど非政治的な季節を今の青少年は想像してみるのもむずかしいにちがいない。文学は純粋培養されるものだという自明の前提があり、反抗も声高な叫びも、いや、逃避さへもなかった。何から何へむかって遁《のが》れようとする意志すらなくて、われわれは或《あ》る別の時間を生きていたのである。そして死が、たえず深い木洩《こも》れ日のようにわれわれの頭上にさやいでいた。

（『東文彦作品集』序、講談社、昭和四五年一〇月二五日）

文彦は室生犀星と堀辰雄に師事していた。三島が『赤繪』の自作を堀に見せると、「単純ということ、フィンランドの農家のような単純さが、まだわかっていない」と言われたと、自死の一年前に徳大寺に語った。三島にとって胸に堪《こた》える言葉だった。それゆえ憶《おぼ》えていたのだろう。一〇代の三島は師清水文雄が研究していた和泉式部の歌集や日記、後に『豊饒の海』のモチーフとした『浜松中納言物語』（これも学習院の国文学教師松尾聰が研究していた）などの王朝文学を中心に、『大鏡』『古今和歌集』によく親しんでいた。『源氏物語』は濫読《らんどく》したが通読してはいなかったという。戦争中、紙不足で新刊本が出なくなると、古本屋をめぐって浄瑠璃や謡曲本（能の台本）を耽読《たんどく》するようになった。一七、一八歳頃は自慢になるくらいそれらを読んだと徳大寺に語っている。ほかに近松、西鶴、秋成を手にしていた。中国の古典は難しかったが、日本の古典はすらすら読めた。国文学教師の東條操《みさお》は生徒たちに、「学習院がなくなっても三島がいた学校として名は残る」と言っていた。

❖東文彦の死、至福のときの畢《おわ》り

三島の文学的至福は、『赤繪』二号を昭和一八年六月に出した数カ月後、文彦の突然の死で潰《つい》えた。直接の死因は結核ではなかった。それは快癒しつつあったが、それに起因した合併症だったようだ。文彦との、「まちこがれていた再度の対面」は、一〇月八日、その骸《むくろ》との相対となった。深夜まで枕元で徳川と弔った。徳川は死に貌《がお》をデッサンした。三島は文彦の傍らで弔文をつづった。

御なきがらを安置まいらせしお部屋は、ゆかり深くも、足掛け四年前、はじめて兄《けい》にお目にかかったお部屋であった。そして今か今かとその解かれるのをこいねがった永い面会謝絶のあとで、まちこがれていた再度の対面は、おなじお部屋の、だが決して同じになりえぬ神のおもかげに向かってなされた。徳川義恭兄ありしままなるおん顔《かん》ばせを写しまいらせ給う。感にたえざるものあり。（「東健兄を哭《こく》す」『輔仁会雑誌』昭和一八年一二月二五日）

痛切な思いを綴《つづ》っている。三島はこれを、その半月前の日付（九月二三日）の文彦からの最後となった手紙（『浅間　東文彦遺稿集』所収）のなかにある、「われわれの文学は滅びない」の文言を思い返しながら書いたのだろう。

いつの日か、君は筆を銃に換えてみ国の難に赴《おもむ》かなければならないのだろう。そして僕は「病治すも国のため」（橘守部？）と云う、たゞその一すじに徹しなければならないものと思う。この烈しい時代の動きの下にも、われわれの文学の根柢はいささかも揺ぐべきものではない。しかし時代が大いなる詩を唄いあげるとき、詩人は、自分たちの地位を時代に譲らねばならないこと、それもまたやむを得ないことと思われる。

われわれの文学は滅びない、との確信がありさえすれば、それは決して悲しむべきことではないだろう。（昭和一八年九月二三日付東文彦から三島あて手紙）

「われわれの文学は滅びない」とはまるで遺言のようだ。事実、遺言となった。もっとも心通わせた友は、その「確信」を持せと言い遺《のこ》して逝った。三島はこれに対して、「『銃後の文化は』というより『現在の日本の文学は、一人で引き受けた』のおつもりでお進みください」（昭和一八年一〇月三日付）

と返事をした。しかしその五日後、文彦は逝った。三島はこのとき、文彦に代わってみずからが日本の文学を引き受けよう、その道を切り拓《ひら》いてゆこう、と決意したのだろう。季彦は、「私は、文彦の死が三島君に大きな影響を与えたことは必然で、この死によって三島君は、文学への強い決意をしたのではないかと思う」と後年回想している。三島は弔文で、「兄の果たしえなかった生成が力づよく羽搏《はばた》きはじめた」、「はや何をか嘆こう」と述べており、その決意のほどがうかがえる。

われわれはどうすればよいのだ。失われたものからわれわれはどうすればよいのだ。失われたものからわれわれはどうして出発すればよいのだ。しかし別な考え方をすれば、失われたものは却《かえ》って中絶そのものにすぎなかったかもしれぬ。最大の中絶たる死が奪いえたものは実に死自らにすぎなかったかもしれぬ。そこに不朽の生成は夜々天空にのべられた銀河のようにその光芒をかがやかすであろう。むしろ兄の果たしえなかった生成が力づよく羽搏《はばた》きはじめたのではないか。その白鳥の羽搏からは天の雫《しずく》が虹をなしてとびちり、その頸《くび》は永くさしのべられて、今や、星座の、あの典雅な姿勢をとりそめている。われわれはもはや何をか嘆こう。生成の場所からわれわれに働きかける力をわれわれは最もなつかしい眼差しで見やるであろう。

（「東健兄を哭す」）

三島は、葬儀で弔詞もささげた。

噫兄《ああけい》は須臾《しゅゆ》にして流星の如く神さり玉ひぬ　うつし世に曳きたまひける光芒を何人かその須臾

にえとらへたりけむ　兄は病床にありて臣民として最高の道をつくされたりき　憂国の情一たび発しては所謂《いわゆる》兄の己への戦ひはいかにしてか忠良の臣民たらむとて峻烈《しゅんれつ》をきはめたりき　我等これを仰ぐに畏敬の外は知らざりしが　兄の健康のためにそこなはれんこと　我等が懸念の一なりけり　しかあれど　噫わが眼《まなこ》は何を見んとてや授けられたりけむ　我耳は何をきかんとてやあたへられたりけむ　一片の雲の如き一抹の兆《きざし》だに　わが目に見わが耳にきゝたらむには全力をつくして打ちはらふべかりしを　怯惰《きょうだ》なる運命は兄を我らの面前より突如としてしのびやかに奪ひとりぬ　憤《いきどお》ろしきかもあはれ悲しきかも　天によばひ地に踊りたち居なげくも心を慰めんたつきとては　はた兄が温顔に接しまゐらせんのみ　悲憤は旋転してげにきはまりなし。昭和一八年一〇月一一日

❖遺稿集『浅間』

三島の師清水文雄は季彦から、三島を介して文彦の遺稿集『浅間』（私家版、昭和一九年）を贈られた。清水は早速季彦に礼状をしたためた。

誇らしい文学の『青春』を自らの胸に熱く喚《よ》びさましえたる歓びと感動を禁ずることが出来ませんでした。一体このような体感は何年ぶりかと思ってみました。

（昭和一九年九月三日の清水の日記『清水文雄「戦中日記」　文学・教育・時局』笠間書院、平成二八年）

東君の「浅間」は、ことに最後に近づくほどいい。あらわに時局などのべていないが（時には故意にさけようとしたところも見える）、日本の大きな息づかいと、ぴったり呼吸があってきているところが見え、むしろ非常に逞《たくま》しい意欲のようなものを感じた。それはこの頃の小説家の小説などに感じられない、溌剌《はつらつ》たるものである。前に読んだ「凩《こがらし》」などにもそれが見えているが、「午後の時」、「好日」、「虫」などにそれがはっきり出てきている。（昭和一九年九月五日の清水の日記〈同〉）

『浅間』にある「覚書」は深淵《しんえん》な書きつけである。ノートに書きとめられた断片的なメモのようだが、三島はこれにおおいに影響されたと思われる。

太宰治——これは他人の曝露《ばくろ》を面白がっている。もうひとりの偽善者にとっては愉快であるかも知れない。しかし自分がやはり一介の偽善者であることを知り、その事実に心から苦しんでいる者にとっては、これは少しも面白くない。何故なら、この作者は苦しんでいるように見えて、実はその苦しみを筆にすることによって自らの解放を企てているのだから。彼の試みは決して誠実なものではない。自分と一緒に他人をも中傷して、そうして自分だけ解放されようとするやり方だ。まことに痛烈な太宰批判である。安藤武は、「三島が太宰治を嫌悪した切札となったのはこの一文である」（『三島由紀夫の生涯』夏目書房、平成一〇年）と断じている。ほかに、つぎのような書きつけもある。

傍観者となるとき、私は私自らに耐えない。私は私自らをも傍観する。そして遂に傍観者でなくなる。外国文学が日本文学より「深い」と感じる人のあるのは、それらの人が日本文学の余韻を理解しないからである。

自殺しない唯物論者、自殺しない功利主義者、それらは自分たちの主義に少しも信をおいていないのだ。彼等の恐れているのは死ではなく実にヨブの秤《はかり》なのだ。最期の審判なのだ。彼等は実は、最も唯心論者なのである。

人間は一元論を信奉する傾向を有する。しかも二元的に行動する。

人間が神になる。それが日本の思想である。神対人間という考えかたより、どれだけ救いがあるか。神対人間の思想のもとでは、家族も祖国も、すべて『人生』は存在しない。

悲劇的精神とは、いつも苦虫をかみつぶしていることではない。苦しいときにもなお、笑っている、それが悲劇的精神である。一ど虚無の深淵に直面した人間が、虚無を踏まえて快活に日常の憂鬱《ゆううつ》に堪える。それは立派な悲劇的精神である。

真実はもっと遠慮ぶかい。

永劫《えいごう》の罰があるということは、神にも救い得ない悪があるということである。

どれもこれもするどい警句だ。まるで三島自身のアフォリズムのようだ。「覚書」にのこされた文彦のニーチェへのかなりの傾倒ぶりも三島に影響したと思われる。

❖文彦と三島のニーチェ

三島は文彦と出会ったころは、まだニーチェに関心がなかった。「ニイチェは、『ツアラトゥストラ』をよめと川路さんからすゝめられたのですがおっくうでよんでおりません。『この人を見よ』とはキリストのことですかニイチェのことですか。彼は誇大妄想狂でしょうね」（昭和一六年九月八日付）と文彦に言っている。しかし一年半あまりすると、「今、『ツアラトゥストラ』をよんでいます。登張竹風氏の訳でなかく〳〵の名訳です。『こういう詩的な哲学でなくてはわれ〳〵はくいつけない』と川路柳虹氏のいわれたように詩味のある点で、哲学を哲学と思わずによんで行ける点がもうけ物です。（略）ニイチェについて、お蔭さまでいろ〳〵新しいことを知りました。実はツアラトゥストラの登張竹風の跋文の外、私にはニイチェに関する智識がございませんでした。ツアラトゥストラのあの超人の寂寥あれを私は平安朝の女流たちにも感ずるのです。『古今の季節』というエッセイのなかでその荒涼を語ったことがありますが、ニイチェの愛した東方ではなく、むしろニイチェ自身の苦しい影をみはしなかったかとさえ思います」（昭和一八年四月一一日付）とニーチェにのめり込んでいる。三島がニーチェに傾倒したのは、詩人の師川路柳虹のすすめがあったようだが、文彦とのやり取りの影響がよりあったとおもう。文彦が手紙でニーチェについて語ったことは、『浅間』にある左記のものしかない。

ニイチェについては、僕はあまり云うことを多くもちすぎて、却《かえ》って何も云えない。うっかりニイチェに傾倒しているなどと云おうものなら、若気のいたりと嗤《わら》われそうで、僕はいままで多くの場合、黙ってニイチェを読んで来た。いつかはその勉強を実らせたいと思いながら。ツアラトゥストラは、僕は生田長江の訳で読んだ。超人哲学などという考えかたに強いてわずらわされず、いく度も読み返されていい本だと考えている。

（昭和一八年一月一五日付）

しかし『浅間』の「覚書」にあるニーチェについての項からうかがうことができる。

・ニイチェほど、多くの相反するイデオロギーによって、同時に持てはやされたものはない。彼の自我強調は個人主義に、彼の戦闘精神はファシストに、彼の権威破壊は実証主義者に、彼の孤独は詩人達に、あらゆる方面から彼は引用されつくした。これは彼が八方美人であったからではない。彼はすべてに直面した。かれはひとつの運命であった。すべての権威に対する彼の攻撃は、必然的に排他的なる各々の権威によって、つねに一方的に利用された。しかし、その利用者たちも、彼等が同時にニイチェによって攻撃されていることを知るべきである。そして、それを知る人々は、ニイチェへの少なからぬ不信を表明した。それが更に、ニイチェの位置を鞏固《きょうこ》にするものであるのを知らずに。ニイチェはわれ〳〵にとっても一つの運命である。ニイチェに直面せよ！

・私がニイチェと東洋思想を結びつけて考えることのできるのは、ひとつの運命観の点からである。永遠なるものの憧憬《しょうけい》、それは運命の一つの Ja Sagen（肯定）である限りに於いて Nietzsche（ニーチェ）的であり得る。

・ニイチェは神を信じ得るひとだったにちがいない。ニイチェが神を否定したのは、彼の罪ではなくて、科学の世紀であるところの十九世紀の罪だったのだ。科学の暴威のまえに、あまりにも説得性を失った宗教への怒り、それが彼をして悲壮なる無神思想を唱えしめたのだ。永劫回帰《えいごうかいき》の思想は、宗教を失えるひとの宗教だった。しかし永劫回帰の思想を以て、ニイチェの已《や》むを得ぬ詭弁《きべん》であったと考えるのは当っていない。割切れない宇宙を一種の循環小数と考えていたのは、彼のまことに科学的な必然だったのだ。

・人間性の放恣《ほうし》な面に自由平等を求めたのは、自由主義者たちの何とした迷妄《めいもう》だろう。自由主義は人間を無力にするとニイチェは説いた。まことにそれは正しい。併《しか》し実際にはそうならなかったからもっと危《あぶ》なかったのだ。道徳についてもそれは同様である。

・われわれはむしろ、凡下の道を歩こう。凡下が凡に徹するとき、そこに自らの超克が生まれる。「私は高められようと思うとき、下を見る」とツアラトゥストラも云っている。

・ニイチェは自らの家系について語っている。彼の運命観もまた、つねに自己の出生の動かし難《がた》い必然を物語る。運命は改変できない。彼はその運命をむしろ愛せよと教えている。運命を見きわめ、それに耐えること、それは彼にとって最も美しいことであった。

・キリスト教は神話に於《お》いて非人間的であり、隣人愛で人間的に傾こうとしたが、情熱を否定したから、それは低いものとなった。ニイチェの攻撃したものはそのような血の通わぬ愛である。まことに不健康なもの、卑俗への妥協とそれの理由づけ、もっと素直になれ！

・ニイチェの狂気、ニイチェの弱さが、彼の思想の弱さを意味しない。彼は超人であったのではない、超人を説いたのだ。彼はいわば預言者であったのだ。人間は超克されるべき或《ある》ものである、と彼は云った。かくて彼もまた超克せらるべきあるものだったのだ。彼に超人の強さを期待するのは誤っている。

・厳密に道徳の規範に従おうとすると、ニイチェの云う通り、人間は道徳に絞め殺されてしまう。だから彼等は道徳を味方にする。そのため真に道徳に忠実なろうとするものが絞め殺されるのだ。ニイチェの痛憤はそこに発した。ニイチェの云う強いものというのは、道徳があれば護《まも》らずにいられないような者である。だから彼等は世間では弱いのだ。彼等が生きるためには別の道徳をつくらなければならない。それが超人の道徳である。

・超人とは「人間であること」に耐えられる人間のことである。神とか思想とか、そんなものに縋《すが》らないでいい人間のことである。

三島の書庫には、手紙にある『如是説法　ツァラトゥストラ』(登張竹風訳　昭和一七年)が蔵されていた(『定本三島由紀夫書誌』)。ほかにも生田長江訳の『悲劇の誕生』(昭和二三年)、『ツアラトストラ』(竹山道雄訳　昭和二五年)、『この人を見よ』(阿部六郎訳　昭和二五年)、『若き人への言葉』(原田義人訳　昭和二五年)を持っていた(同)。

❖ハイムクンフトとハイムケール

三島は自決の年にインタビューにこたえて、「選択」、「自由意思」、「源泉」の関係について重大なことを語っている。「自由意思」が発見し、選択し、「帰郷《ハイムクンフト》」する「源泉」は、もっとも懐かしいだけでなく、「もっとも恐ろしいもの」だと。しかしその「源泉」から現代人は近代化された「文明」によって遠ざけられているという。

――三島さんの文学で、やはりひとつのモチーフになっているものに、選択と自由意志の問題がありますね。そこに、可能性の問題などがからんでくるのですが……。人間は、自由意志によって選択しますね、いろんなことを。それで三島さんの場合は、その選択が、源泉とどこかで出会いうるとお考えなんですね。

三島　ええ、ぼくは、自由意志が最高度に発揮されたとき、選択するものは、決まっていると思う。それが源泉ですね。その時、自由意志が、ほんとうに正当なものを発見したと思うのです。ですから自由意志には、無限定な自由はないですね。自由意志は、さまざまな試行錯誤をくりかえしますけれども、自由意志が源泉を発見したときに始めて、自由意志が自由になるのだ、と思います。それまでは自由意志は、なにものかにとらわれていて、もっと自由な何か、もっと広い世界を期待しているわけです。それが、ぼくのいう源泉だと思う。ヘルダーリンの「帰郷」（ハイムクンフト）のいう、一種の恐ろしさですね。もっともなつかしいもので、もっとも恐ろしいものです。現代社会は、そういう源泉に帰ることを妨《さまた》げるように、社会全体の力がはたらいている。人間は源泉からたえず遠ざかって、前へ、前へ、上すべりしてゆくように、社会の構造ができている。たとえばテレビ、ぼくらは、テレビより、もっと遠く見えるものがあるはずです。テレビより、もっと遠くが見えるはずです。人の心も、もっとよく見えるはずですし、見たいと思うものは、百万里先だろうが、見なければならない。見えなくしてしまったのは〝文明〟ですよね。その中では絶対には直面できないですよ。ぼくは源泉には〝見えるもの〟を見る目があったはずだと思うのです。ぼくは、自由なものは美だと思うし、自由は源泉のなかにしかないと思うのです。自由は、それは未来にはなくて、源泉のなかにあるのだ、という感がする。

（『国文学』昭和四五年五月臨時増刊号）

『豊饒の海』の執筆にとりかかる前年に書いた作品のなかで、ヘルダーリンの「帰郷」にふれているところがある。

岡野は、今もハイデッガーの新著を取り寄せて読み、何かと研鑽《けんさん》を怠《おこた》らなかった。一九五一年に出た「ヘルダアリンの詩の解明」を読んでからは、ハイデッガーを通じて、ヘルダアリンの詩の愛好者になった。酔えばあの「帰郷（ハイムクンフト）」の一節を朗唱して、並居る人を煙に巻いたりした。

（『絹と明察』講談社、昭和三九年）

ヘルダーリンの詩「帰郷」に、「君が探しているもの、それは近くにあり、もう、君に出会っている」とのくだりがある。ハイデガーは、「帰郷とは、根源に対して近くにいることへの帰還である」といっている（「ヘルダーリンの詩作の解明」濵田恂子・イーリス・ブフハイム訳『ハイデッカー全集第4巻』創文社、平成八年）。

つまりここでの〝帰郷〟とは、生まれ育ったところに戻ることではなく、自己形成がなされた原点をさぐり訪ねることなのだ。自己をはぐくんだ源泉をくみ取ることなのだ。三島にとってそれはどんな源泉だったのだろう。『源泉の感情』と題した、三島自身が晩年編んだ対談集がある。書名はヘルダーリンの詩「追想」の、「源泉に赴くのに物《もの》怖《お》じする人は多い」から付けられたとも言われる。この詩句に続けて、「すなわち豊饒は海に始まるのだ」とある。昭和二一年初め、三島は「豊饒の海」というタイトルの詩集を出そうとした。「この詩集には、荒涼たる月世界の水なき海の名、幻耀の外面と暗黒の実体、生のかがやかしい幻影と死の本体とを象徴する名『豊饒の海』を与えよう」と書き記している。しかし未刊に終った。また三島は、昭和三二年のニューヨーク滞在中、ドナルド・キーンに、「ラテン語で地名表記された月の地図が欲しい。どこかで買えないか」と言い出したという。手に入れた地図には「Mare Foecunditatis」と記載された海があった。日本語訳は「豊饒の海」である。それらをヘルダーリンの詩から思い出し、四部作のタイトルにしたのかもしれない。

　三島の蔵書には、昭和三〇年代に邦訳されたハイデガーのヘルダーリン論のほか、昭和一〇年代に出たその詩集、昭和四〇年代に出た、附録に三島の寄稿文を付したその全集もあった。生涯三島の中にヘルダーリンは生きていたのだ。自決の四ヶ月前に、「この二十五年間、認識は私に不幸をしかもたらさなかった。私の幸福はすべて別の源泉から汲まれたものである」（『産経新聞』昭和四五年七月七日）と述べている。「不幸をしかもたらさなかった」「この二十五年間」の前は二〇歳前になる。一〇代のそこに至福の源泉があったと言っているのだ。自決一週間前のインタビューでは、「どうしても十代にハイムケール（帰郷）する」と、先のインタビューよりさらに明確に答えている。

ひとたび自分の本質がロマンティークだとわかると、どうしてもハイムケールするわけですね。ハイムケールすると、十代にいっちゃうのです。十代にいっちゃうと、いろんなものが、パンドラの箱みたいに、ワーッと出てくるんです。だから、ぼくはもし誠実というものがあるとすれば、人にどんなに笑われようと、またどんなに悪口を言われようと、このハイムケールする自己に忠実である以外にないいんじゃないか、と思うようになりました。

（『図書新聞』昭和四五年一二月一二日号、同四六年一月一日号）

三島の「源泉」は一〇代にあり、そこを訪ねるといつも、「いろんなものが」「ワーッと」湧き出していたのだ。「いろんなもの」のなかで、東文彦、第二章で論じる保田與重郎、第三章で取りあげる蓮田善明が重要である、というのが管見である。

ハイムクンフト、ハイムケールはドイツ語で、どちらも英語のホーム・カミングを意味する。ただしハイムクンフトの意味するものはハイムケールより広く、就職にたとえるとUターンだけでなくIターンも含む。今いるところから元居たところを含む別のところに行くことを意味する。いっぽうハイムケールはまさに自分が生まれ育った故郷に帰ることをさす。『国文学』の取材時には、それがどこなのか、何なのかはっきり言わなかったが、自決直前の『図書新聞』のインタビューで、とうとう一〇代のときのロマンティーク（浪曼）な「源泉」に「どうしても」〝精神的回帰〟をしてしまう、と告白したのだ。文彦の死により一〇代の至福のときは畢《おわ》った。文学へのおもいを心おきなく通わすことのできた畏友を失くした三島の心の裡《うち》は一挙に暗転した。そして無上の至福と深い悲しみはともに心の奥底に沈んでいった。自決の直前まで三島の書き物に〝東文彦〟は一切あらわれなくなった。しかしそれは三島の書くこと（＝生きてゆくこと）の「源泉」、〝秘泉〟となっていたのだ。「少年期は永劫につづくべきものであり」（「煙草」『人間』昭和二一年六月号）、その「少年期には他のどこにも求めがたい確かなものが在って」（同）、それは「もっともなつかしいもの」（『国文学』昭和四五年五月臨時増刊号）であると同時に、「もっとも恐ろしいもの」（同）で、「十代にいっちゃうと、いろんなものが、パンドラの箱みたいに、ワーッと出てくる」（前掲『図書新聞』）のだった。この一〇代の源泉から紡《つむ》ぎ出された作品の主人公たちはおしなべて孤独だった。この孤独は、「自分で自分を意志的に疎外させて」獲得した作者自身の孤独だった。「そうせずにはいられぬほどの我執が、自己収斂《しゅうれん》的な幻想を生み、その孤独の深みから外の世界へ向って行動する人間が、外界と衝突し、屈折し、破滅するドラマこそ、作品のなかでたえまなく繰返される主調低音」（西尾幹二『三島由紀夫の死と私』ＰＨＰ研究所、平成二〇年）となっていった。

❖『城下の人』受賞のかげに三島の強力な推輓《すいばん》

ここから話を、文彦の祖父石光真清にからめてすすめる。真清は、三島が東邸を頻繁に訪れ、文彦と文通していた最中の昭和一七年没した。文彦は、自身が逝く直前の昭和一八年夏に上梓された真清の遺稿集『城下の人』の表紙絵と五枚の挿絵を描いた。カット絵の中には神風連の挙で燃上《もえあが》る熊本城もあった。これは昭和三三年に復刻出版され、毎日出版文化賞を受賞した。三島は復刻された『城下の人』を蔵書のなかに有していた。真清の自伝は四冊にわたるが、文彦が関わったのは『城下の人』一冊だけだ。他の三冊は『廣野の花』（旧書名『諜報記』）、『誰のために』（旧書名『続諜報記』）、『望郷の歌』である。

石光真清は明治元（一八六八）年、現在の熊本市内の藩士の家に生まれた。商法講習所（現一橋大学）を経て職業軍人になるべく陸軍幼年学校・陸軍士官学校に進み、卒業して近衛師団に配属された。日清戦争では満洲および日本が占領することになった台湾に渡った。帰国後ロシア語の習得を始め、シベリアへ渡りハルビンで写真館を開業した。その目的は費用を自ら稼ぎながらの諜報活動だった。おもにロシア軍の部隊編成やシベリア鉄道延伸の動向をさぐっていたという。日清・日露戦役の時代に対ロシア諜報活動をしていた福島安正、明石元二郎、広瀬武夫らは軍人だった。しかし、「彼（真清）はいったん軍籍を離れて特殊任務に就いていますから、密偵になる。ロシア語でシュピネーン、つまりスパイというと、見つけたら殺してもいい」（佐藤優『文藝春秋』平成二一年一二月臨時増刊号）のだった。真清の任務は相当危険だったのだ。真清は日露戦役にも出征し、金州城《きんしゅうじょう》、遼陽《りょうよう》・奉天《ほうてん》会戦に参戦した。日露戦後、後に首相となる参謀田中義一から要請を受け、密命を帯びて再び渡満した。事業をおこしたが失敗し、

活動を続けられなくなり帰国した。再再度渡満して貿易会社をおこし、諜報活動に従事した。そんな波瀾《はらん》の人生を送った。

三島の頻繁な東邸訪問時、真清は『諜報記』（昭和一七年二月）を上梓していた。真清の娘にあたる文彦の母菊枝との会話に真清の名はのぼったことだろう。三島は文彦の描いたカット絵の入った『城下の人』を手にとっていただろう。そして加

屋霽堅を知った。真清が父真民から教え諭された神風連のくだりも読んでいただろう。

おまえたちは、神風連、神風連とあの方々を、天下の大勢に暗い頑迷《がんめい》な人のように言うが、それは大変な誤りだ。

あの方たちは、ご一新前は熊本藩の中枢にあって、藩政に大きな功労のあった方々だ。学識もあり、勤皇の志も篤《あつ》い。

ところがご一新後の世の動きは、目まぐるしく総じて欧米化して、日本古来の美点が崩れていくので、これでは国家の前途が危《あや》ういと心配し、明治五年、大田黒伴雄氏、加屋霽堅氏等をはじめ国学の林櫻園先生の感化を受けた百七十余名の方々が会合して今後の方針を協議された。

この会合で日本古来の伝統は必ず護《まも》る、外国に対しては強く正しく国の体面を保つことを申し合わせた。

（『城下の人』）

三島が復刻されたこの書を所蔵していたのは、私家版の製作に文彦が関わっていたからだろう。そしてそこに神風連の事蹟や加屋霽堅の名が刻まれていたからだろう。真清は昭和一五年に脳溢血で倒れたが、三島は東邸で真清を見かけるか、挨拶くらい、あるいは話をしていたかもしれない。一〇代の三島は神風連と、加屋や心友、その祖父を通じてつながっていたのだ。石光家から嗣子文彦を失った東家に養子に入った真人の子真史によると、毎日出版文化賞受賞には三島の強力な推輓《すいばん》があったという。たしかに三島は当時同賞の審査会に加わっていた。しかし自らの行動を記した日記体の『裸体と衣裳』には、その年はホイジンガの『中世の秋』を推したが、出版時期が審査の対象から外れていたとしか記していない。

三島は文彦の死のときか、遅くとも『金閣寺』で文壇の頂点に駈けあがり、その寵児《ちょうじ》となり、長編『鏡子の家』を世に問おうとしていた矢先、すでに心の奥に神風連と加屋霽堅をしかと捉《とら》えていたのだ。それは晩年雄勁《ゆうけい》で痛切な〝ますらおぶり〟の『奔馬』として結ばれた。

❖『春の雪』冒頭に塗りこめられたもの

三島は真清へのオマージュを、技巧的で優雅な〝たおやめぶり〟の『春の雪』に、秘《ひそ》かに、じつに細やかに刻《きざ》んでいる。巻冒頭で、日露戦役写真集中の一葉を細密に描写している。それは得利寺《とくりじ》付近の戦いでの戦死者の弔祭《ちょうさい》の模様を描いたものだ。

家にもある日露戦役写真集のうち、もっとも清顕の心にしみ入る写真は、明治三十七年六月二十六日の、「得利寺付近の戦死者の弔祭」と題する写真であった。

セピア色のインキで印刷されたその写真は、ほかの雑多な戦争写真とはまるで違っている。構図がふしぎなほど絵画的で、数千人の兵士が、どう見ても画中の人物のようにうまく配置されて、中央の一本の白木の墓標へ、すべての効果を集中させているのである。

遠景はかすむなだらかな山々で、左手では、それがひろい裾野を展《ひら》きながら徐々に高まっているが、右手のかなたは、まばらな小さい木立と共に、黄塵《こうじん》の地平線へ消えており、それが今度は、山に代って徐々に右手へ高まる並木のあいだに、黄色い空を透かしている。

前景には都合六本の、大そう丈の高い樹々が、それぞれのバランスを保ち、程のよい間隔を以《もっ》てそびえ立っている、木の種類はわからないが、亭々《ていてい》として、梢《こずえ》の葉叢《はむら》を悲壮に風になびかせている。

そして野のひろがりはかなたに微光を放ち、手前には草々がひれ伏している。

画面の丁度《ちょうど》中央に、小さく、白木の墓標と白布をひるがえした祭壇と、その上に置かれた花々が見える。

そのほかはみんな兵隊、何千という兵隊だ。前景の兵隊はことごとく、軍帽から垂れた白い覆布と肩から掛けた斜めの革紐を見せて背を向け、きちんとした列を作らずに、乱れて、群がって、うなだれている。わずかに左隅の前景の数人の兵士が、ルネサンス画中の人のように、こちらへ半ば暗い顔を向けている。そして、左奥には、野の果てまで巨大な半円をえがく無数の兵士たち、もちろん一人一人と識別もできぬほどの夥《おびただ》しい人数が、木の間に遠く群がってつづいている。

前景の兵士たちも、後景の兵士たちも、ふしぎな沈んだ微光に犯され、脚絆《きゃはん》や長靴の輪郭をしらじらと光らせ、うつむいた項《うなじ》や肩の線を光らせている。画面いっぱいに、何とも云えない沈痛の気が漲《みなぎ》っているのはそのためである。

すべては中央の、小さな白い祭壇と、花と、墓標へ向って、波のように押し寄せる心を捧《ささ》げているのだ。野の果てまでひろがるその巨《おお》きな集団から、一つの、口につくせぬ思いが、中央へ向って、その重い鉄のような巨大な環を徐々にしめつけている。

古びた、セピア色の写真であるだけに、これのかもし出す悲哀は、限りがないように思われた。

（『春の雪』）

❖戦いを勝利にみちびいた真清の決死行

『城下の人』につづいて『望郷の歌』も復刻された。そこには真清の果断な行動により、得利寺の戦いが勝利に導かれたことが記されている。


大連は無血占領されて、旅順方面の敵には乃木将軍の第三軍が当ることになった。われわれ第二軍は、南満州鉄道に沿い北に向って進軍した。

六月十三日、得利寺で敵の大部隊に遭遇し、第三師団が苦戦に落ちた。ところが第六師団未到着であり、第四師団は左翼縦隊となり北進してしまって、これとの連絡が絶たれた。第四師団に作戦変更を命ずるために、将校と下士の連絡斥候を矢継早《やつぎばや》に派遣したが、いずれも敵に遭遇して引返したり、行方不明となったりして、一つも成功しなかった。私は奥第二軍司令官以下、参謀長、参謀副長等が会議中の部屋に呼び出され、参謀副長由比中佐から第四師団への決死の連絡を命じられた。

（石光真清『望郷の歌』）


満洲得利寺の戦い（明治三七年六月一四、一五日）は日露戦役の最初の大規模な会戦だった。この大戦役を勝利にみちびいた一戦だった。奥保鞏《やすかた》率いる第二軍は、ロシア軍の左翼に第三師団を、中央に第五師団を据えて戦端を開こうとした。しかし後発の第五師団は塩大澳《えんたいおう》に上陸したばかりで合流が遅れ会戦に加われない事態となり、第四師団は左翼縦隊で北進し連絡が途絶えてしまった。ロシアの大軍に第三師団のみであたる状況になり、苦戦をしいられた。劣勢をもり返すには第四師団と連絡をとり、転回させて敵の右翼にあたらせるしかない。だがその任をおびた連絡斥候を次々送りだしても、コサック遊撃隊に捕まり殺されてしまう。そこで最後に白羽の矢が立ったのが副官の真清だった。真清は田中義一に命じられ諜報員として満洲・極東シベリアに渡り、ときに馬賊になりすましロシア軍の兵站《へいたん》線をさぐった実績があった。真清は曹長他部下三名とともに闇夜の中、磁石だけをたよりに馬を駆って一直線に北に向かった。部下を一人殺《や》られながら大任をまっとうし、第二軍は激戦のすえロシア軍を撃退した。

❖「得利寺付近の戦死者の弔祭」の写真は実在していた

『春の雪』の冒頭に叙述された写真は、次ページにかかげたように実在していた。昭和一〇年刊行の『三十周年記念 日露戦役回顧写真帖』（軍人会館事業部編）の一葉なのだ。同書は三島宅の書庫に蔵されていた。『春の雪』の描写そのままに、「セピア色のインキで印刷され」、「ほかの雑多な戦争写真とはまるで違って」、神韻縹渺《しんいんひょうびょう》とした一幅の絵画のような写真だ。真清もこの中にいるはずだ。『春の雪』では、主人公の松枝清顕《まつがえきよあき》と綾倉聡子《あやくらさとこ》がはじめて接吻を交わす、作品にとって重要なシーンの

描写にもこの写真の情景は描かれる。清顕の目に幻となってあらわれ、「自分たち自身を弔うためにうなだれている」と思いなされるのだ。『奔馬』でも、先の大戦の開戦時の戦捷《せんしょう》に沸《わ》く二重橋前に群れる人々の熱狂を見る本多繁邦《ほんだしげくに》（四巻を通じて登場する認識者）の目にもこの写真は幻のようにあらわれる。その心に、「いいしれぬ悲傷に充ちた感銘」を残すのだ。こうやって弔祭の写真のシーンは作品に沈痛、悲痛な調音を響かせる。『豊饒の海』では最終巻掉尾《ちょうび》の月修寺の庭の描写が夙《つと》に知られ、頻繁に引用される。

　これと云って奇巧のない、閑雅な、明るくひらいた御庭である。数珠を繰るような蟬の声がここを領している。そのほかには何一つ音とてなく、寂寞《じゃくまく》を極めている。この庭には何もない。記憶もなければ何もないところへ、自分は来てしまったと本多は思った。庭は夏の日ざかりの日を浴びてしんとしている。……「豊饒の海」完。昭和四十五年十一月二十五日（『天人五衰』）

だが、これとともに巻一『春の雪』冒頭の、戦場の時間の停《と》まった静寂な空間の描写にも注目すべきである。稀代の〝言語芸術家〟がその持てる技量と情熱を込めて描いているのだから。

巻頭にすえられたこの忘れ難い情景のイメージは、一切をひたすら死者に、死の方向に「集中」している。死の儀式化こそここにおける焦点をなすものであり、これは巻末における主人公松枝清顕の死と照応しているばかりでなく、四部作全体をつらぬく死のテーマをいち早く鋭利なかたちで告知するものであった。

（佐伯彰一『春の雪』新潮文庫解説、昭和五二年）

三島は畢生《ひっせい》の作品の冒頭で戦死者の弔祭の情景を詳述した。ここには真清を通じて、死に向かった神風連へのオマージュがこめられているはずだ。それとともに、ここにはわずか二〇歳あまりで無念のまま逝った文学の心友東文彦への、「われわれの文学は滅びない」との確信を持って生きてくれ、と遺言となった手紙に書き遺して逝った友への、「限りがない」「悲哀」と追慕の情も塗りこめているのだろう。これと大長編の末尾を照応させると作品の情趣はさらに深まる。そして佐伯の指摘するとおり、「四部作全体をつらぬく死のテーマ」がより明確になり、そこから作者の〝死の貌《かたち》〟もうかんでくるだろう。

❖一対の作品集

三島が毎年命日に東家を訪れ、文彦を弔《とむら》っていたと流布する向きがあるが、真史によるとそうではなかったという。しかし三島は自決のちょうどひと月前の一〇月二五日、最後に東家を訪れ、文彦の神棚に花を手向けていた。これは、「間もなく自分も幽冥界に行く、そこで再会しよう」との文彦への挨拶だったのだろう。季彦はかねて室生犀星から息子の作品集を出すことをすすめられていた。虫の知らせか、昭和四五年夏、三島に相談しようと手紙を出した。三島はすぐに東家を訪れて話を聞くと大いに賛同し、その場で講談社に電話をした。

文彦の病中の作品は、その一部を死後一年目に、遺稿集「浅間」と題して出版し、知人に贈呈した。その時室生犀星さんは、「何《いず》れ平和になった後に、更《あらた》めて編集して、広く頒布《はんぷ》することにしたらよい」と言われた。今から思うと、虫の知らせと言うべきであろうか、或《ある》いは文彦の霊が暗示を与えてくれたのでもあろうか、昨夏ふと、「三島君に頼むなら、早く頼まなければ」という考えが起ったので、妻とも相談の上、手紙を出し、「文彦の遺稿につきお知恵を借り度《た》い」旨を申し入れた。

直ぐ折り返し返事があり、八月二十六日午後三時来宅すると約束された。当日来宅の三島君は、来訪の度ごとの例であるが、先ず「健君《たかし》に」と言うので、神棚の設けてある室に案内すると、真白な花を文彦の霊に供え、暫《しば》し黙禱《もくとう》された上、朗《ほが》らかな容子《ようす》で応接間に通られた。後の約束があるとのことだったので、早速用談に入ったが、文彦の遺稿集刊行のことは、大いに賛成されすぐに講談社に電話をかけて、野間社長と面会の約束をされた。

その後歓談に移ったが、朗らかに隔意《かくい》なく、いろいろ意見を交わした。九月七日に講談社に落合って、野間社長や、出版担当の重役と話し合い、遺稿集出版のことは即座にまとまり、あとはしばらく懇談の後に、別れた。

そして、その後十月末に遺稿集への長い序文を講談社に届けられたが、その複写を読んで、文彦に対する三島君の厚い友情に感激したことであった。

（「赤繪奇縁」『学士会月報』昭和四六年三月号）

三島は、自分が序文を書くからぜひ、と社長の野間に頼み込んだのだ。出版に力添えした作品集に寄せた序文には、一八歳のときに文彦の葬儀で読みあげた弔詞が響いているように感じられる。

私は戦時下のあの時代を、一面的に見られることの腹立ちを、いつも抑えることができない。又、あの時代に不適格者であったことを誇りにする人の気持ちが知れない。あの時代に永い病床にあって、ついに病死した青年は、自分の心の傷とも闘わねばならなかった。

しかも文学は、克己的な青年にとっては、嘆き節でも愚痴の捨て場でもなく、精神の或《あ》る明い平穏な矜持《きょうじ》を保つための方法だったのである。

なるほど繊細鋭敏な感受性は、戦争には何の役にも立たない。だが、そういう感受性の受難の運命は、戦時中だろうと平時だろうと同じことだと悟り、若くして自若《じじゃく》とした心を獲得することは、いずれにしろ一つの勝利だった。東氏は自分の悲運を、誰のせいにもしなかった。

（『東文彦作品集』序、講談社、昭和四六年）

健康でも「死」が約束された戦時に、「自若とした心を獲得」した文学青年は、時代の不適格者としての心の傷と闘いながら、「感受性の受難の運命」に打ち勝っていたのだ。文彦の作品集は他の関係者の助力もあり、三島自裁の四カ月後に上梓された。三島はあたかも天上の文彦に手向けようとするかのように、文彦の作品集と対になるような自身の一〇代の作品集を編んでいた。こちらは自裁のふた月後の昭和四六年一月に上梓された。

（三島は）東文彦と熱き思いを文通で語り合った「玉刻春《たまきはる》」も初めて単行本（『三島由紀夫十代作品集』）に収録した。『東文彦作品集』と『三島由紀夫十代作品集』は三島由紀夫と東文彦が文学に情熱を傾けた黄金時代の一対の遺著である。

（安藤武『三島由紀夫の生涯』夏目書房、平成一〇年）

三島が『十代作品集』に収めたのは、「彩絵硝子《だみえがらす》」、「花ざかりの森」、「苧菟《おっとう》と瑪耶《まや》」、「玉刻春《たまきはる》」、「みのもの月」、「世々に残さん」、「祈りの日記《にき》」、「中世に於ける一殺人常習者の遺せる哲学的日記の抜萃《ばっすい》」だった。「彩絵硝子」は本章の冒頭に記したように、ふたりの交流がはじまるきっかけとなった記念の作品である。この単行本に初収録した「玉刻春」について、書いた当時の三島は文彦への手紙（昭和一八年一月一一日付）で、出来については、「つまらぬ作品だと自分でも考えます」と書きおくっていた。だからそれまでどこにも採録しなかったのだ。しかし「文彦と熱き思いを文通で語り合った」作品だから収めたのだろう。三島はこれらを書いた一〇代のじぶんへの、そしてじぶんのながくない人生の半分しか生きられなかった文彦への、溢《あふ》れる想いをこの作品集にこめたのだろう。

第二章

屈折《くっせつ》――保田與重郎〈やすだよじゅうろう〉

❖一〇代の思想形成

人間が生命と肉体をかけて行った行為のうち、ある種のものは、政治的というより芸術的である。維新前後を彩る国学と神道の人々の、全生命的表現は、いわば詩の極致であった。この時代の一派の詩的表現の極致は、しかも神風連の旗挙げに於《お》いて、その最後を飾るものであろう。（略）（詩人的素質を異常な尊攘志士としての行動家と化した）時代の詩的表現の運命は、神道家であった神風連に於て最後にあらわれたのであった。私は神風連を理解することは、日本の文学の志といのちを解する一つの鍵であると考える。それは彼らの行為を神道の一つの学説から考えるのではなく、そういう表現に神ながらの詩そのものを見ることを云うのである。（「神道と文学」『近代の終焉』昭和一六年）

保田與重郎は序章で取りあげた神風連について、『近代の終焉』（保田の著作で出典記載のないものは、『保田與重郎全集』講談社からの引用）のなかで、彼らが「旗揚げ」した運命は、「肉体をかけて行った」「芸術的な「全生命的表現」、つまり、「詩的表現の極致」であると看《み》た。そして、「神風連を理解することは、日本の文学の志といのちを解する一つの鍵である」とまで述べている。おそらく三島は、そして第三章で取りあげる蓮田善明は、これに目を通し、この言葉をこころに刻んでいただろう。保田は、その文章、書くものにおいて〝紛糾〟の人であった。三島は保田の書いたものについて、「何だか論理が紛糾してわかりにくい文章だが、それがあの時代の精神状況を一等忠実に伝える文体だったという気もしている」（「私の遍歴時代」昭和三八年）と言っている。文体がいささか高踏的で神がかってもいるのは、書かれた時代が大戦前夜とその最中だったせいもあるが、保田の持っている資質であった。そしてその思想においても〝紛糾〟の人であった。そのせいか迂回《うかい》され、忌避され、無視されて忘却の淵に追いやられてしまった。伊沢甲子麿《きねまろ》と林房雄が、一〇代の三島が誰からもっとも影響を受けたかについて語りあっている。

伊沢　古林尚氏との対話の中で（三島先生は）「十九歳で思想形成ができた」と語っておられますが、それは学習院時代に保田與重郎氏の影響を強く受けて、保田與重郎氏の尊皇論、これは三島先生の思想にかなり影響を与えていますね。ただし誤解のないよう断言しておきますが、三島先生は保田氏の弟子ではないのですよ。蓮田善明さんも影響を与えていますが、三島さんの少年期から青年期にいたる過程で、思想的にもっとも大きな影響を与えたのは蓮田氏ではなく保田與重郎氏だと考えられますね。

林　そうでしょう。保田君のほうでしょうね。

伊沢　清水文雄先生を通じて、保田氏に傾倒し、保田與重郎の尊皇論の影響を受けますね。そして三島先生の天皇論も、保田與重郎氏の天皇観が、それをつちかう原動力になったんだと思いますがね。

林　私もそう思います。日本の美の頂点にあらせられるのが天皇だ、三島君はこういうことを保田君から引き継いで、古神道と神風連の研究まで行ったんですよ。美の体現者としての天皇に行きついたのは『金閣寺』を書き終えたころからでしょう。それから、見方を問いつめに問いつめ、保田氏の思想、早くいえば、反近代の思想ですが、そういうものを自分の中に結晶させていったのでしょうね。（『歴史への証言』恒友出版、昭和四六年）

伊沢の言う「古林尚氏との対話」とは、前章で引いた自決一週間前の昭和四五年一一月一八日に評論家古林と行った対談（『図書新聞』「三島由紀夫 最後の言葉」昭和四五年一二月一二日号、同四六年一月一日号）をさす。冒頭伊沢が、保田與重郎と蓮田善明を較べて、「思想的にもっとも大きな影響を与えたのは蓮田氏ではなく保田與重郎氏だと考えられますね」と言っている。それに林は首肯している。一〇代の三島が思想的に強く影響されたのは保田與重郎であった。「保田與重郎の天皇観」、つまり国体論だった。これは管見でもあり、これを解き明かすことが本章の主意である。いっぽう、一〇代の三島は蓮田から思想以上に文芸面で多大な影響を受けていた。といっても思想上の影響と文芸上のそれを截然《さいぜん》と分けることはできないのだが、これについては次章で詳述する。

戦前・戦中に活躍した保田は、戦後のGHQによる公職追放で敗戦後の塵土《じんど》に埋もれてしまった。日本が独立し追放が解除されても、長く世間から忘却された。編集者斎藤十一（文芸誌『新潮』の編集者で、『芸術新潮』『週刊新潮』『フォーカス』『新潮45』の創刊にも関与した）により塵土の下の暗闇からサルベージされ、ようやく陽のあたる活躍の場を得たのは昭和三〇年代末だった。その保田は、今また〝海中深く廃棄された放射性物質のごとく〟（大岡信）、日本文学史のブラックホールになってしまっている。平成二二（二〇一〇）年は保田生誕からちょうど百年目だった。その翌年の二三年は没後三〇年だった。保田を熱心に支持する人々は彼を讃《たた》える集まりをもよおし、菅原文太がナビゲーターとして出演した顕彰映画も製作した。しかし出版界の動きはほとんどなかった。三島は戦後つぎのように述べている。

少年時代になると戦争がはじまり世間は国粋主義に傾いていた。感受性のまだ固まらない時期に左翼思想の洗礼を受ける機会が全くなかったことが、我々のジェネレーションの特色とされているが、当時保田與重郎氏らによって唱道されていた日本浪曼派運動のほうの影響は可成《かなり》うけている。これは昭和十九年に発行された処女短篇集『花ざかりの森』に鮮明にあらわれている。この影響の一得は、日本の古典に親しんだことで、とにかく古典を読んだことは為になった。損をしたことは、少年期の感受性におぼれることを是認させるような口実を得たことで、日本浪曼派には、明治時代の浪漫主義とちがったひ弱な、薄命なものがあったことは争えない。それだけに一時代の正直で敏感な反映であって、当時の青少年に影響を与えるだけのことがあったのである。

（「堂々めぐりの放浪」『毎日新聞』昭和二八年八月二二日）

保田與重郎の名をだして、ずいぶんすなおに日本浪曼派の当時の自分への影響を是認している。「一得は、日本の古典に親しんだこと」と言っているが、東文彦には手紙で、「『花ざかりの森』のことですが、佐藤春夫氏は『日本の古典が作者の血になっている』というようなことを云っておられたそうで、古典というほどの古典はそうたくさんよんでいない私ですから、何やら気恥ずかしいような気持がいたします」（昭和一六年一二月二七日付）と謙虚だった。佐藤春夫にそう云われてさらに奮起して古典にむかったのだろう。三島と日本浪曼派について本多秋五はつぎのように言っている。そのとおりだろう。

三島由紀夫は日本浪曼派だ、という通説に反対するのではない。その通説をみとめた上で、しかもなお三島にはなにかもって「先天的」なものがあり、日本浪曼派からの出発は、三島にとって一時のかりの宿ではなかったか、と考えてみたいのである。彼の「夢」は、あの当時の状況のもとで彼を日本浪曼派に吸引したとはいえ、それは日本浪曼派との永い同居にたえないものではなかったか？

（『物語　戦後文学史（中）』岩波書店、平成四年）

江藤淳はより犀利《さいり》に述べている。

（詩「凶ごと」にある）「椿事」の期待旋律は日本浪曼派によってあたえられたものではなく、むしろ日本浪曼派に共鳴するひとつの絃を見出したのだといったほうがよい。このことは、三島氏を日本浪曼派に吸引されていった数多くの青年たちからへだてている。浪曼派は氏の文学的青春ですらなかった。

（「三島由紀夫の家」『群像』昭和三六年六月号）

本章の主眼は、保田與重郎と三島との関係性を論ずることだが、保田を再評価し語り継ぐ、一つの便《よすが》にしようということもささやかな目論見《もくろみ》としている。それは三島を光源としてあらわれる、いささか偏頗《へんぱ》な保田與重郎像かもしれない。あらかじめお断りしておく。

❖日本浪曼派

保田與重郎とはどういう人物だったのか。福田恆存が編集した、ある全集向けに書いた解説が要を得ている。恆存らしい的確な分析で、その鋭い批評精神が躍如としている。書かれたのは保田が戦後ようやく文壇に復帰を果たした、今から半世紀あまり前である。

保田與重郎氏は一九三五年（昭和十年）亀井勝一郎氏らと『日本浪曼派』を創刊し、その中心的位置を占めた。戦前における最も代表的な批評家の一人である。

『戴冠詩人の御一人者』（註・日本武尊《やまとたける》を日本最初の詩人とし、彼から日本文学は始まったと論じている）『後鳥羽院』『万葉集の精神』（註・『古今集』を「くだらぬ集」と評したアララギ派を批判している）等々戦前から戦中にかけて数多くの名作を発表した。『日本の橋』（一九三六年）は氏の出世作である（註・第一回池谷信三郎賞を受賞）。ドイツ浪曼派と日本古典との独特な結合に基づくと言われる氏のエッセーは、散文詩風の飛躍の多い閃《ひらめ》くような文体と、神話と事実との境界を取り払った特異な文明論的観察によって、明治以来の西洋化・合理化への傾向に抵抗し、日本武尊から後鳥羽院、大津皇子（註・天武天皇と持統天皇の同母姉の間の皇子、謀反を疑われ自死）、木曾冠者（註・木曾義仲）らを経て岡倉天心に至るわが国文芸の新しい「血統」の発掘に努めた。

しかし、皇室の系譜への美的傾向が戦時中軍部に利用されたという理由で戦後は攻撃の矢表に立ち、その著書は殆《ほとん》ど再刊されていない（註・死後、ようやく全四五巻の全集が刊行された）。

保田氏が台頭する軍国主義の波にのって出てきたことは勿論否定できない事実ではあるが、だからと言ってそれだけの理由で、あれほどまで広く読まれていた氏の著作が戦後まるで手のひらを返すように忌避《きひ》されている事実は、そのまま日本の文化の弱さと愚かさとを物語る以外の何物でもない。

ドイツ浪曼派への傾倒者にふさわしく氏の文章には一種独特な論理の飛躍と不分明な混乱があることも今日の読者を遠斥《とおざ》けている理由の一つであるかもしれない。

しかし主要な理由は、またしても日本の知識人の繊細さ、—政治の悪を総身に浴びた文学の毒に悲鳴をあげ、毒を避けて安全だけに生きようとする衛生無害の逃避精神にあると見なければならない。

保田氏は軍部に利用されたのではない。氏は確信をもって自己の時代を生きたのであり、左翼文壇が崩壊し同時に芸術派が大衆社会化現象に自己を喪失して行った昭和初期の空白期に、氏は青年たちからなによりも文学者として迎えられたのだという事実を忘れてはなるまい。

しかも当時の青年の心をとらえたのは、今日誤解されているようにその復古思想の故ではなく、古典を近代的・西洋的な文学概念で補強しようとした姿勢—いわば西洋文学になじんでいた昭和の読者にも古典を分からせてくれた近代的センスである。

氏が万葉よりも洗練された新古今の方に親近感を寄せていたことも理由の一つにあげられる。

しかも作品を今日読みかえせば、人々が非難するほど超国家思想が強く打ち出されているわけではなく、ただ当時の政治的情勢の中でそう読まれたにすぎないのである。が、かりに皇室への畏敬と讃美とが強く打ち出されていたとしたところで、二十年前までそうした現実は国民的感情としてなんら疑われず実在したのであって、実在したものが文学に反映していて悪いはずは少しもない。

評価はただそれが文芸としての価値を有しているかどうかによって決められねばならぬ。

（『現代日本思想大系 第３２巻・反近代の思想』筑摩書房、昭和四〇年）

日本浪曼派は、日本の伝統への回帰を標榜した一九三〇年代から四〇年代半ばまでの比較的緩い文学思想集団だった。明治維新を経て歪《いびつ》に近代化した日本を批判し古代を仰ぎたたえた。中谷孝雄、神保光太郎、亀井勝一郎、保田らが中心となって始め、昭和一〇年代の文壇を風靡《ふうび》した。佐藤春夫、壇一雄、太宰治、中河与一、林房雄、浅野晃らもこれに連なり、それぞれ個性的に活躍した。保田はその代表格だった。保田は、日本浪曼派の運動は、「退廃していた」「国家の状態」を救おうとする「日本主義の詩的挺身《ていしん》」だと説いた。

明治以後の日本の浪曼主義の運動は、この昭和七八九年ごろに再び起こったのである。昭和八九年といえば、六年の満洲事変、七年の五月事件（註・五・一五事件）、やがて十一年の東京事件（註・二・二六事件）につづく期間である。当時の国家の状態は、肉体による詩的表現によってしか救いがたいくらいに退廃していたのである。しかもそういう表現は時代を風靡した社会主義によってされず、日本主義者の詩的挺身によってされたのである。このとき文学上の新運動は所謂《いわゆる》日本浪曼派という宣言から出発した。（「我が国に於ける浪曼主義の概観」昭和一五年）

❖保田と満洲事変

大岡信によると、保田の思想形成には「満洲事変」が「決定的なものだった」。保田がこれを、「アジア」での「欧州文明」の「優越的地位の転覆を象徴するもの」、「欧州文明に基づく『近代』の『終焉』」ととらえたと看《み》たからだ。

満洲事変というものが保田氏の思想形成にもたらした影響は、後年の保田氏の多くの文章によれば、決定的なものだったといえる。それはつまり、アジアにおいて欧州文明が占めてきた優越的地位の転覆を象徴するものだった。保田氏の思想的な歩みはほとんど決定的にそこで定式化された。つまり欧州文明に基づく「近代」の「終焉」である。（大岡信『抒情の批判』晶文社、昭和三六年）

しかし世の中はその〝述志《じゅつし》〟を「無視したのである」。

当時（註・満洲事変のころ）に於《お》いて、我々が欧州の文明の危機を、外にある「近代の終焉」とし、うちにおける「文明開化の論理の終焉」として定義したとき、なお殆《ほと》んどの我国の文芸界と思想界は、我々の建設言論を無視したのである。

（保田與重郎『和泉式部私抄』はしがき、昭和一四年）

たしかに保田にとって、満洲事変と満洲国建国は浪曼主義運動の勃興において重要な契機だった。「世界観的純潔さを以て」「同時代の青年たちの一部の」「心（を）ゆさぶった」からだ。「満洲国」建国が、彼の「革命的世界観」だったからだ。しかし保田は、政治的変動をはるか突き抜けたところに「日本の浪曼主義」の思想的到達点を求めていた。

満洲事変がその世界観的純潔さを以《もっ》て心ゆさぶった対象は、我々の同時代の青年たちの一部だった。

「満洲国」という思想が、新思想として、また革命的世界観として、いくらか理解された頃に、我々の日本浪曼派は萌芽状態を表現していたのである。しかも、そういう理解が生れたころは、一等若い青年のあるデスパレート（註・死にもの狂い）な心情であったということは、すべての人々に幾度も要求する事実である。

現在の満洲国の理想や現実といったものを理想としての満洲国というのではない。私のいうのはもっとさきの日本の浪曼主義である。

（「満洲国皇帝旗に捧げる曲」昭和一五年）

❖昭和一〇年代の保田の魔力

大東亜戦争に敗れて大日本帝国は潰《つい》え、杉浦明平に、「(保田與重郎、浅野晃、影山正治などを)ミリタリストや国民の敵たちと一緒に宮城前の松の木の一本一本に吊し柿のように吊るしてやる」(『暗い夜の記念に』自費出版、昭和二五年)と、同胞からも呪詛《じゅそ》の言葉を投げつけられた日本浪曼派とその文学は、戦後行き場をうしなった。保田はＧＨＱから公職追放令Ｇ項(その他の軍国主義者・超国家主義者)に該当するとされ、署名入りの文章を発表できなくなった。「戦後、時代から生き埋めにひとしい不遇、逆境を蒙《こうむ》ったのである」(桶谷秀昭『日本人の遺訓』文藝春秋、平成一八年)。

保田與重郎は明治四三(一九一〇)年、奈良県桜井に生まれた。畝傍《うねび》中学から大阪高校、東大文学部美学科へ進み、卒業論文は「ヘルダーリン論」だった。保田は自らを詩人と自覚していた。当時の日本人、とくに文学青年への保田の影響力の大きさは、同時代人以外には推し量りがたいものがあるように思われる。保田が活躍した昭和一〇年前後から終戦までの間の時代状況下、保田の文章にはこのとき直《じか》に触れた青年でなければ容易に感知されない、摑《つか》み得ない、〝魔力〟のようなものがあったらしい。それをなるべく感じとるべく、時系列的に引いてみる。まず、保田が昭和一三年に上梓した『戴冠詩人の御一人者』だが、支那事変、通州事件(中国人自治政府部隊が、日本軍の通州守備隊と日本人居留民を襲撃し、数百名を虐殺した事件)直後の「昭和十三年九月初」に書かれたその「緒言」で、「日本は今未曾有《みぞう》の偉大な時期に臨んでいる」、「恐らくこの遠征と行軍は、日本の精神と文化の歴史を変革すると共に、世界の規模に於《おい》て世紀の変革となるであろう」と日本の「青年大衆」を鼓舞し、「それは正しく我らの遠い父祖から語り伝えられてきた神話の曙《あけぼの》である」と高唱している。「すでに我国は新しい決意の体系と、新しい神話を心情で感じる」といささか神がかっている。

日本は今未曾有《みぞう》の偉大な時期に臨んでいる。それは伝統と変革が共存し同一である稀有《けう》の瞬間である。日本は古《いにしえ》の父祖の神話を新しい現前の実在として有史の理念をその世界史的結構に於《お》いて表現しつつ行為し始めたのである。

蒙彊《もうきょう》（註・現在の中国内モンゴル自治区）や満洲支那の大陸にいる我らの若者は、新しい精神を、現実を、倫理を、発想を、感覚を、未形の形式で作りつつ、その偉大な混沌の中に日常を生きている。すでに我国は新しい決意の体系と、新しい神話を心情で感じる。彼らは剣と詩によって、知識と秩序の変革を始めたのである。生と死が互のその肌をふれ合っている瞬間が、彼らの精神の教育であり、倫理の生理である。

この広大にして深遠な事件の意味は、選ばれた一国の青年大衆を変革しつつあることである。恐らくこの遠征と行軍は、日本の精神と文化の歴史を変革すると共に、世界史の規模に於《お》いて世紀の変革となるであろう。

日本は今日、歴史がその荘厳な抒情を展《ひら》き奏《かな》えるあの栄光と感謝の日に臨んでいる。それは正しく我らの遠い父祖から語り伝えられてきた神話の曙《あけぼの》である。

（『戴冠詩人の御一人者』）

「昭和の精神」（昭和一三年）でも、「同胞の青年」は「聖戦」と「外征」で、「父祖の名誉の祈念を即身実践」しており、「旧世界文化から締め出されていたアジアの文化と精神と叡智《えいち》を主張することは、新日本の使命である」と、若者たちを激励している。

今日我等の同胞の青年は、未曾有の聖戦と曠古《こうこ》の外征に、誇らしい勇気を以て、我々のアジアの父祖の名誉の祈念を即身実践しつつある。日本の独立が、今やアジアの独立へとその一歩の前進が画せられつつあるのである。そのことは文化史的には、世界文化の再建である。旧世界文化から締め出されていたアジアの文化と精神と叡智《えいち》を主張することは、新日本の使命である。

次にかかげる保田の主張だが、これが第三章で述べる蓮田善明の「青春の詩宗——大津皇子《おおつのみこ》論」（昭和一三年）の、「私は、かかる時代の人は若くして死なねばならないのではないかと思う」、「若い死によってあたらしい世代は斃《たお》れるのではなく却《かえ》ってあたらしい時代をその墓標のうえに立てるのである」に先鋭的な言い立てとなって響いているように感じられる。

生命の偉大な価値の瞬間は、その死によって表現される。個人の生の価値は、死によって証明されなければならない。（「日本浪曼派について」昭和一四年）

「日本文学の将来」（昭和一六年）では、その翌年に発足する日本文学報国会について、「民族の血を呼びさます運動である」と高らかに謳《うた》っている。

民族の興隆のための思想と詩の運動は、民族の血を呼びさます運動である。すでにふみにじられて土俗化した民族精神を、再び理想の日のままの神の高さに回復せんとする運動である。大政《たいせい》翼賛《よくさん》の文化文芸の運動は、そういう高貴なものの回復以外にないわけである。

❖『近代の終焉』

『近代の終焉』は保田が、「昭和十五年の夏から、今年（十六年）の夏にかけての一年間に誌したものである」。日米開戦を決したハル・ノート発出直前に書かれた、その「はしがき」（昭和一六年一一月二五日付）では、「我が国の国難をよく攘《う》ち払うものは、ただ建国の大精神に至誠を以て翼賛することにありと、今や我々は改めて心底より信ずるものである」とそのボルテージは巓《いただ》き近くに達している。

今日世界の列強を見る時、それらの諸国は各々の形で国情先鋭となり、その場合に処してゆく国の文化に対する思想は、一様に国際情勢を中心にして考えられているようである。文化の当面する緊急の目標は、一つに国際情勢下の自国の政治を中心として考え、それ以外のものを不急として抑えんとしている。

しかるに、わが国に於て、文化を第一義とする緊急の任務は、肇国《ちょうこく》の精神とその伝統を明らかにするところにあると我らは考えて来たものである。

この考え方は、明治の大政御一新に翼賛した志士文人の思想であった。彼らは四海を圧して押し寄せる黒船襲来の危機の中で、異常の決意をもってまず国内維新を断行したのである。国の大義を正しくすることが、国難打破の根柢と考えついたのである。我が国の国難をよく攘《う》ち払うものは、ただ建国の大精神に至誠を以て翼賛することにありと、今や我々は改めて心底より信ずるものである。

世界の体勢を文化の上から眺め、国内思想の転換を顧《かえり》みるとき、わが国のみちの姿にはなお慨然たるものが多い。即ち本書に、伝統と危機ないしは伝統と革新と題しようとしたが、さらに感ずるところあって、近代の終焉となづけたのは、己に命ずる意味もあったからである。

『近代の終焉』の中の「神道と文学」（本章の冒頭に神風連のくだりを引いた）も神がかっている。「文学に於《お》て必要なことは、過去の光栄」で、「血の回想に記録されているような、血統の存在である」。「日本人の詩を、神ながらのものと考える私は」「詩のあらわれたものを」「一切の歴史に於てながめたいのである」。「詩人は英雄の如く」「神との血縁関係」を「確保」しており、すでに「ずっと高い文明となっている」と保田は主張する。

文学に於て必要なことは、過去の光栄であるが、それは切りはなされた過去というものでなく、血の回想に記録されているような、血統の存在である。日本人の詩を、神ながらのものと考える私は、そういう詩のあらわれたものを芸能に於《お》てみると共に、一切の歴史に於てながめたいのである。しかも詩を神ながらのものとするのは、日本の詩の要請に他ならない。そういう詩の表現が人間に現れたとき、歴史の抒情という分野をも加えたい―これも加えねばならぬという日本の詩の要求である。詩人の抒情だけではすまなくなったのである。これは民族や国家の連綿とした詩の心のあらわれを見るとき、おのずからに生れる考え方である。

英雄と詩人という考え方―神への血縁関係を確保した意味に於《おけ》るそういう考え方は、これだけの意味で近ごろでは一般性をもってきた。詩人は英雄の如く、又英雄は詩人に似ているという常識的な考えですませて了《しま》っても、それでも今ならよいと思われる。

しかし神との血縁関係の確保ということは、もっとよく自分の国の状態で合点したいと思う。丈夫《ますらお》につきたる神といった考え方を、その発生をきりはなして唯物論で解しても、すでに今日の我々のもつ血統では、そういう概念は、いくどか重ねて組織を改められ、ずっと高い文明となっている。

❖〝思想戦〟をたたかっていた

戦中はますます勇ましく〝思想戦〟をたたかっていた。保田は昭和一七年に『万葉集の精神』を上梓した。

保田によれば、万葉集の精神はわが国古来の歴史の精神であり万葉集はこの精神を保守の志で述べようとしたものである、とされる。そして、万葉集は、日本書紀その他のように漢意《からごころ》でゆがめられていない、もっとも正当な日本精神の書であり「あまりにも切々たる歴史の書」である、と保田は説くのである。

ほかの論考のタイトルにも戦う姿勢が如実にあらわれている。

（岡保生「保田與重郎の古典解釈について」『批評』昭和四〇年春季号）

今日云うところの総力戦とは、国人の力だけが戦争を遂行する根柢力であり、さらに最後の決定力だという意味であらねばならぬ。この戦争に対するための国民総力の結集には、それを完成するにも、維新完成以外に道がないのである。我々は真にこの戦争の実相に痛感し、真にこの戦争を戦いうるところの思想を確立せねばならぬ。これが即ち思想戦の眼目である。

（「復古の本義」昭和一八年）

思想は直接に戦争していないように見えるが、実は戦える思想の威力が、ある時代には戦争を決定するのである。

アッツ島の如きは、仮に日本の信念を思想と呼べば、これは実に思想の戦った戦いである。悲劇としての印象でなく、崇高としての印象である。玉砕というもののもつ創造性と積極性が、神のものとして了知せられるであろう。はるかに異常な霊的な印象であった。わが国民性をあらわしたのである。その国民性こそ、聖戦を直進する根柢力である。

（「玉砕の精神」昭和一八年）

皇軍の本質とは何かといえば、大命ただ一途にあることである。死を察して命を下し、死を思わずに命を受ける。すなわち生も死も考えていないという神厳無双の士気である。そうして生きて命を守り得なければ、死んで魂となって復奏《ふくそう》するという心情が、今次戦争の玉砕として現れた。

（「憤激の心を己に見定めよ」昭和一九年）

アッツ島玉砕（昭和一八年、日本北辺のアッツ島守備隊二千六百余兵のほぼ全員が戦死した）を、「悲劇としての印象でなく、崇高としての印象」と言い、「玉砕というもののもつ創造性と積極性が、神のものとして了知せられる」とし、「皇軍の本質とは何かといえば、大命ただ一途にある」とし、「生きて命を守り得なければ、死んで魂となって復奏するという心情が、今次戦争の玉砕として現れた」、と玉砕を指嗾《しそう》する文言を並べている。あの時代の日本人にとり、いったんつかまったら身内に情動のマグマが入道雲のように湧き熾《おこ》り、その心に強く響いてきて、共鳴せざるをえない圧倒的な存在感のある文学者、思想家だった。

三島由紀夫は晩年保田與重郎について、その言語にたいする危機意識のなさを批判していたが、屈折のおおい初期の保田の文章は、まさに言語にたいする危機意識の結晶ともいうべきもので、保田においてかかる危機感の支えがなくなるのは、彼の「故郷」と文学が癒着した「後鳥羽院」（註・昭和一四年）以後のことだろう。保田與重郎の文章は、戦争の激化による日本（故郷）の国土と人心の荒廃に比例してデマゴーグの文章と化す（後略）

（大久保典夫「『文藝文化』の位置―與重郎・善明・由紀夫―」『復刻版『文藝文化』別冊付録』昭和四六年）

❖時局迎合のアジテーターではなかった

しかしそのいっぽう、軍当局に警戒され、自宅の人の出入りを憲兵に見張られていたのだから、当時の実情は単純ではなかった。

超国家主義者の保田與重郎氏の文章すらも、その思想の側面である審美主義のため危険視されるにいたって、文化は全くの空白状態に化してしまったのだった。

（木村徳三『文芸編集者 その跫音』ＴＢＳブリタニカ、昭和五七年）

おそらく当局に〝危険視〟されたなかに、『鳥見のひかり』（昭和一九、二〇年）のくだりがあったろう。保田はそこで明治政府の神道政策、そしてそれに沿った当時の政府と軍部の皇化政策をあからさまに批判しているのだ。明治政府は、神道を国際宗教と対抗させるために観念化させ、それが神祇官を瓦解《がかい》させてしまった。これは文明開化の一翼だったが、大東亜共栄圏の皇化のためにはたいへん遺憾なことであると批判した。「皇化は強制でなく」、「最も正直質実の生活の中に道のあり方をさとすものである」。「問題は祭政一致への理解につきる」のであり、要は、「事依《ことよ》さしと天職」を考えることが重要だと説いた。「天職は高天原以来の天のつかさにて、世職たるものをつぐこと」、つまり皇統、いわゆる天皇制をさす。「事依さし」は天皇の「詔《みことのり》として命ぜられるもので」、「天皇の大御わざはすべて天つ神の事依さしを受け給うものゆえに」、「わが国の善治仁政は人為人力の結果ではなく」、「即《すなわ》ち祭政一致は、仁政という如き形で政治学の判断原理となるものでなく、道徳の根基をなす道の生活を以て立つものである」という論法である。結論は、「我ら今こそ奮起して」、「皇軍必勝の信念」を持して、「勅《みことのり》のままに奉行し命の貫道に於ては、大将も一兵もみな等しく使え奉る」ことで、「今次戦争に見る玉砕とか体当たりという、崇高な大命奉行の事実が発揮されるのである」と主張した。木村徳三の言うとおり、保田の〝危険視〟された〝審美主義〟が躍如とした言い立てである。結論はよいのだろうが、当局は保田のこういう論の展じ方に不穏、胡乱《うろん》なものを見て警戒したのだろう。軍から睨《にら》まれた文弱の保田が、三〇代半ばの肺浸潤（結核の初期症状）の身でありながら赤紙を受け、北支の戦場に引き立てられた所以《ゆえん》である。ここから保田の天皇観、皇統観の一斑がうかがえると思う。そして保田がただの戦意高揚をあおった時局迎合のアジテーターではなかったことが理解されるとおもう。

❖「誤認される原因の種子をみずから蒔《ま》いた」

しかし保田は、「戦後に日本浪曼派を狂信的な民族主義文学と誤認される原因の種子をみずから蒔《ま》いた」（桶谷秀昭『保田與重郎』新潮社、昭和五八年）のだった。橋川文三は昭和前期の思想傾向を次のように分類している。

私の考えでは、昭和の精神史を決定した基本的な体験の型として、まず共産主義＝プロレタリア運動があり、次に、世代の順を追って「転向」の体験があり、最後に、日本ロマン派体験がある。

（『日本浪曼派批判序説』未来社、昭和三五年）

日本の知識人は、橋川が精神的体験の一類型として挙げた「日本ロマン派体験」についてほとんど語ることなく、保田を含めその存在自体なかったかのように黙殺し、知らんぷりした。知らんぷりはまだマシで、占領軍の追放リストに保田の名を入れさせたのは同じ日本人文士だったという。誰もそれに異議を唱え抗議をせず、占領軍が去り、追放が解除された後も無視と黙殺は続いた。保田を、「異様な骸骨の踊りを踊った」と痛烈に批判した元同派人もいた。

僕が君に質したいというのは、戦時中の君の著作が、この圏層の中で、どのように異様な骸骨の踊りを踊ったかについて、君の眼がどのように明晰でありえたかということである。

（亀井勝一郎「保田與重郎へ」『新潮』昭和二五年三月号）

まだ占領下とはいえ、同派の首領格だった保田に対して厳しすぎる。二人は思想も気質も大きく異なっていたが、かつての仲間に向けてのあまりに冷酷な言葉である。しかし保田にはそう非難されても仕方のない書きつけを、これまで縷々《るる》かかげたようにしていた。これがこの文学者、思想家の著作の底に流れていた誤解されかねない、いや誤解されてもしかたのない音調だったのだ。しかし日本の知識人の退嬰《たいえい》的態度を鋭く批判した文章がある。これは先に引用した福田恆存の一文を収めている全集本の附録（昭和四〇年）に収められている。当時、東京電機大学講師だった若き西尾幹二の書き記した、伝統や歴史をなおざりにして知性過剰に走っている日本の知識人への痛罵である。

私は今度、保田與重郎氏と『日本浪曼派』を論じた戦後の論文に二、三眼を通す機会を持ったが、驚いたことにはそれらは複雑そうに見せかけている手のこんだものから単純なものに至るまで、ことごとく保田氏と浪曼派に反対と言いたいがために書いているのである。

あるいは、それは危険であるという前提に立って、警戒しながら物を言っている、答えは始めに用意されている。これでは物を考える態度とは言えない。

戦争イデオロギーという一つの迷いから眼ざめても、また新しい別の迷いがなければ、考えることも、生きることもできないらしい。

迷いのない完全に眼ざめた精神などというものは勿論存在するとは思えない。人が生きるということは目隠しされているようなことかもしれない。

しかしそういう自覚をはっきり持っていればかえって迷いがないのである。その自覚がないばかりに知性を過信し、未来を見とおし、伝統や歴史を否定して、かえって何物かに操られてしまう自分というものに気がつかない。

知性を超えた存在を自覚しないかぎり、人は知性に惑《まど》わされるばかりだろう。

大岡信は、「今日保田與重郎の名は、あたかも海中深く廃棄された放射性物質のごとくに語られる。それはたしかに廃棄された」（『抒情の批判』）と言い表した。終戦直後の、そして戦後も長く尾を引きつづけたあの思潮の中ではしかたなかったのだろう。しかしそれは世紀をまたいでまだ卓越している。

❖堂々男子は死んでもよい

保田は戦後自ら発刊した同人誌『祖国』を拠点にして、昭和五六（一九八一）年に生涯を閉じるまで、ひっそりと書き続けていた。ようやく昭和三〇年代末に表舞台に現われたが、すると戦前の著作がふたたび注目された。

保田與重郎ブウムと呼んでもいいような現象が、昭和四十年代に起こるのであるが、そのとき、過去の保田與重郎と戦後の同じ人の像がにわかに一つに重ならないという感じを多くの人が抱いたと思う。保田與重郎が変わったのではなく、時代の方が変わったのである。しかもその時代の変化が、戦前の保田與重郎の問題を解決したのでなかったから、一層戦後の保田與重郎の存在を見えにくくした。

（桶谷秀昭『保田與重郎』）

こういう事情と背景が、せっかく復活した保田の理解を難《かた》くしたようだ。その当時の保田のスピリット（精神）がよくうかがえる一文がある。「日本の歌」という短文だが、みずからの文学観・思想観とともに、戦中の述論についての感慨も述べており注目すべき内容だ。

岡倉天心先生作となっている日本美術院院歌について、私はそれが天心先生作と信じている。その院歌といいつたえる歌謡の、結句のくりかえしは「堂々男子は死んでもよい」となっている。私の年久《としひさ》しく考えてきたことは、この死んでもよいということばの思想についてだった。「でも」という一言によって了解される、作者のいわんとした意味や思想、さらに人生観とか死生観というものについてである。

「死ぬがよい」「死んだらよい」「死ねばよい」というのと「死んでも」は大変に違うということである。

思想上でどのように違うかといえば、我国の「歌」が成り立つか成り立たぬか、「文学」が確立されるか、消滅するかというほどに、本質的にも、次元的にも異なってくるのである。「死んでもよい」というのは、まことの「歌」から享《う》ける窮極《きゅうきょく》の感動である。自他とか所有支配とか生死の別ちといった一切の世俗今生《こんじょう》の思いが雲散霧消する状態は最高の歌、詩、芸術から享ける感動である。

それゆえ、「死ぬがよい」「死ねばよい」あるいは「死ぬことと見つけたり」というときは「死んでもよい」という語の意味するものがまったく出ない。前者の三つは軽薄の方今《ほうこん》ニヒリズムに通じる無であり死であるが、「死んでもよい」は春先の四辺、さながら天地の始めにいるを思わせ、わが魂が天地に充満したような、生そのものの状態である。生の原始状態の自覚である。人がその中にあるという状態である。

この永遠の若さが、日本民族の本体であり、日本文学の成立する根源のところである。即ち永遠な『古事記』の世界である。我々が（柿本）人麻呂の歌のいくつかから享ける感動である。ここにおいて、死んでもよいということは絶対感で、死生はない、永遠に即している、ただ生のみである。

私の往年の文章は多くの若者を死なしたのであろうか。それは私が死なせたのではなく本当の「日本文学」が死んでもよいという永遠の、生命の、天地開闢《かいびゃく》に、彼らの心を啓《ひら》いたのである。それは大東亜の開闢の心である。

彼らが私に残していった最後の遺言は、みな死が永遠なる時の実体の開始なることを教えた。昭和大東亜戦争の若者の根本精神において、明治維新時の下級武士の及びも至らぬ、細やかにして大なる思想の確立のあったことを知り、その「昭和維新」を唱う十分の資格あるを知り、自身の大東亜戦争反省の鞭《むち》としたのである。

この反省に、私は今日も「日本文学」と「歌」の本体をかかげているのである。私の場合、「肯定」という言葉以上の強烈なものとして、わが反省を申上げたい。

（『現代日本思想大系 第３２巻・反近代の思想』附録）

まず、右の文章での三島との関連を指摘すると、三島が称揚してやまない『葉隠《はがくれ》』の「死ぬことと見つけたり」を保田は、「軽薄の方今ニヒリズムに通じる無であり死である」と否定している。保田はほぼニヒリズムと無縁の文学者である。保田と三島の死を見つめる違いがここに見られる。ニヒリズムは虚無主義と訳されるが、人間存在には意義や目的や理解可能な真理や本質的な価値などないとする哲学的立場である。保田は、「私の往年の文章は多くの若者を死なしたのであろうか。それは私が死なせたのではなく本当の『日本文学』が死んでもよいという永遠の、生命の、天地開闢《かいびゃく》に、彼らの心を啓《ひら》いたのである。それは大東亜の開闢の心である」と述べている。自己弁護と受け取られかねないくだりである。

しかし私は先に引いた福田恆存の言を借り、これを受け止めたい。つまり保田の、「古典を近代的・西洋的な文学概念で補強しようとした姿勢―いわば西洋文学になじんでいた昭和の読者にも古典を分からせてくれた近代的センス」＝本当の日本文学が文芸的空白期の青年たちの心をとらえたのだ。よって、「青年たちからなによりも文学者として迎えられた」のだ。それは「(保田が)確信をもって自己の時代を生きた」からだったと。

❖日本美術院院歌

保田が取りあげている「日本美術院院歌」の詞は次のようなものだ。

谷中うぐいす初音の血に染む紅梅花
堂々男子は死んでもよい
奇骨侠骨開落栄枯は何のその
堂々男子は死んでもよい
錦小路ににしきはないよ
錦の綴《つづれ》もきれぎれに
たといきれても錦は錦
よられよられてあやぞ織る

横山大観はこの（天心作といわれる）院歌の石碑を建てている。詩の意味を説明しよう。明治三一年、東京美術学校が大きく揺れた騒動があった。天心の帝国博物館の職席をめぐって人事抗争が起き、このあおりで天心は東京美術学校の校長も辞任することになった。これがいわゆる美校騒動だが、美校から排斥された天心は、ともに連袂《れんべい》辞職した横山や菱田春草、橋本雅邦たちを率いて、あらたに日本美術院を上野谷中に発足させた。〝初音〟には、美術院が当初あった谷中初音町に鶯《うぐいす》の鳴声を懸けている。〝血に染む〟は「血に咲く」と書かれることもあり、自分たちの決意のほどを示している。堂々とした男気をもった我らは世の浮き沈みなどものともしない。死を覚悟しているのだから、と。〝錦小路〟は当時の東京美術学校前の通りの名で、美校の通称でもあった。もうそこにはかがやかしい威光はない。学内紛争で仲間はばらばらになってしまった。しかし、ただいたずらに嘆くことなく、新たな組織を創設するぞ、との意気込みを見せているのだ。一旦《いったん》ちりぢりになっても、〝きれぎれに〟なった錦が〝よられよられて〟綾を織るように一緒になるのだ、と。

西洋美術の写実性と近代文化を崇拝する時代風潮のなかで、天心は日本美術の研究を進め、その価値を高く評価した。天心がフェノロサを押したてて、幾百年ものあいだ人目に触れることなく布に巻かれたままだった法隆寺夢殿の秘宝救世観音《くぜかんのん》を開帳させた逸話はあまりにも有名だ。文明開化という時代の転換期に、軽視されていた日本美術を再評価し、後世へと伝えた天心に保田は深く心を動かされ、パセティックに情動したのだろう。

❖禁忌の象徴

〝保田與重郎〟は分かりづらい、つかみどころがないと多くの文学者や批評家は述べている。ロマノ・ブルピッタは『不敗の条件』（中央公論社、平成七年）のなかで、「保田與重郎の文体が曖昧で、複雑、極端な場合は非日本的であるといわれるほど、批判の的になっている」とその難解さを認めている。埴谷雄高は三島、村松剛との座談会（「デカダンス意識と死生観」『批評』昭和四三年）で、「（自分を）危うくするものを読むまいと」した、と語っている。

できるだけ自分を守るためには、それを危うくするものを読むまいと思って、だから不思議なほど保田與重郎を読んでいないのです。それも雰囲気でわかって、ああ、これはやられてしまうという気がして読んでいません。だから保田さんの話をされると、全く知らず、困るわけです。

埴谷は保田を、自分の精神活動を麻痺させる猛毒だと思ったのだろう。それだけインパクトの強烈な思想家だったのだ。ロマノ・ブルピッタは『不敗の条件』で、保田の持っているもののなかに、人に冷静さを失わせ、感情に走らせる危険性があると指摘している。まるで麻薬のような存在なのだ。村松は、「保田與重郎という人は、わたし自身もあまりいい読者ではないらしく、たいして読んでいなかった」と発言している。平野謙も別の場で、「保田與重郎はほとんど読んでいないし、読んでもわからないので読むのを諦めていた」と言っている。橋川文三はそんな保田を、批判者を牽制《けんせい》するかたちで擁護した。

保田なら保田の文章の異様な晦渋《かいじゅう》さに当惑と憤慨を感じ、「日本的なものを説くなら、日本語くらい満足に書いたらどうだ！」と罵《ののし》り、その論旨・無意味が風靡《ふうび》したのは、けっきょく時代が悪かったのだと論じたりするのがその（註・戦後文芸家の批判の）一例であろう。これは平野謙などにもある傾向で、いわば保田のなかのあからさまに奇怪さの目立つ文章の例を引き、その背理・錯乱を衝《つ》いてそれで終わりとはしないまでも、ひとまず批判しおえたとする傾向である。

（註・私が保田を擁護するのは）ある種の奇怪な文章を書いたものは、なにも保田に限らないからであり、それは問題の真の難しさと晦冥《かいめい》さを回避するものであるからだ。

（『日本浪曼派批判序説』）

橋川がここで具体的に誰の文章や発言に言い及んでいるのか分明ではないが、自分と相容れない者をおとしめる平野らの言い立てはフェアではないと説いているのにはうなずける。

❖晦渋《かいじゅう》な文章ばかりではない

しかし保田は勇ましい晦渋《かいじゅう》な文章ばかりを書いていたわけではない。

先般谷崎潤一郎が毎日新聞にのせた小説のつづきの中で、左大臣時平が大納言の奥方をひきさらって、己の車にのせるところの描写——何か香《かぐわ》しく美しいものがさっと傍《かたわら》を通ったように思われたと云うところを感心してよみ、まだ日本にこういう抽象的な（友禅模様のような）文章を書く人があるかと感久しくしたが、「有心《うしん》」の中で、夜の温泉の湯船の中を、すっと泳いでゆく少女を描いている条を見た時、谷崎以上に美しく清浄な、しかも思想を含んだ「抽象」を知った。（「古代の眼」）

これは、谷崎の『少将滋幹の母』と対比して蓮田善明の遺作『有心《うしん》』を評した一文である。蓮田は一〇代の三島にとり重要な役割を果たした文学上の大先達だ。保田が戦後憲法について述べている文章もわかりやすい。

人のいのちは地球より重いなどという近ごろの新憲法的表現は寒気がするほど気障《きざわ》りだ。それは嘘だからだ。芭蕉のような畏《かしこ》き人は、その芸道の志に於いて、人生の全生涯を、ただの十句の俳句に釣合わせた。私は新憲法をかかる見地から嫌っている。それはみな嘘だから、ぞっとするように嫌らしい。何とも気障りなものは醜い。低俗なアメリカ文化の人道主義は、他国のことだから憎むまでもないが、恥ずかしいからよけて通りたい。新憲法も恥しい。大人になっていない。明治の女学生の方がもっと大人だった。こういう気配りは、白樺派の一傾向からプロレタリア文学に転じた風潮の中に、すでに現われていたのである。このことは、転向の問題でも、思想上の問題でもない。あえて言えば家系教養の問題である。文明の風土の責任である。(「日本浪曼派の気質」)

保田にしては直情的で皮肉もきかせている。同じ言葉を繰り返し使っているのもめずらしい。戦前、戦中、戦後もだが、保田の書いたものをきちんと読んでいたのは、中野重治など一部にかぎられていた。第一級の読み手たちから忌避されたのは、保田について書くこと自体が批評家にとってその将来を不利にするものだという懸念があったからだ。桶谷は、「日本浪曼派の長老といった風格の老作家(註・中谷孝雄)」に自著『保田與重郎』を献本した。そうしたら、「あなたのような若い批評家が保田を論じるのは将来不利ではありませんか」と言われたという。「保田與重郎という存在は、ともかく、戦後の文壇で、触れてはならぬ禁忌の象徴のようになっていた」のだ。ちなみに中谷は講談社から出た保田與重郎全集四〇巻(別巻五巻)の題字を書いている。保田が死去したとき(昭和五六〈一九八一〉年)の状況について桶谷は、「この文人の死に対する文壇の追悼の仕方は、はなはだ淋《さび》しいものであった。のみならず、その淋しい追悼にたいしてすら、保田與重郎の〝復活〟に手を貸すものという批判が、抜け目なくといった風に浴びせられた。それがこの頃の文壇の雰囲気であった」と記している。しかしもう二一世紀である。保田について何を書こうが、しゃべろうが、「ナニッ、保田與重郎だと！」と足を引っ張られる心配はないだろう。だが、「それは誰？　いったい何者？」ときかれ、説明しようとしても「関心ないよ」と黙過されるのが関の山かもしれない。

❖ヘルダーリンとの相似性

保田は大学の卒業論文でヘルダーリンを取り上げ、「清らかな詩人、ヘリデルリーン覚え書」という論題で提出した。ロマノ・ブルピッタは、「(保田が)ヘルダーリンについて卒業論文を書いたことを、私は衝撃的なほど、重要な事実であると思う」と述べている。なぜならば、と続けて、その理由は、「当時、ドイツでさえヘルダーリンの流行が始まったばかりで、あの時代の精神的風景の中でヘルダーリンの潜在的な可能性を察知した若き保田與重郎の触覚の鋭敏さは大変なものだからである」と言っている。そしてブルピッタは保田とヘルダーリンの相似性を次のように指摘している。

ヘルダーリンは不思議なほど、保田與重郎の政治的な運命を暗示している。ヘルダーリンはナチズムの思想に文化的土壌を与え、ナチズムの台頭の背景にはヘルダーリンのブームもあった。しかしナチ政権はヘルダーリンの文学に冷淡であり、警戒心までみせた。にもかかわらずヘルダーリンの文学は兵隊に行ったドイツの青年たちの精神的な糧《かて》になり、彼らの士気を支えたのである。
客観的にみると、ヘルダーリンの文学はドイツの戦争努力を援助し、多くの若者を死なせたのである。その結果、戦後長い間ヘルダーリンは敬遠されてしまった。ヘルダーリンの代わりに日本主義と軍事政権を置き換えてみても、以上の文章の意味が通じる。

（『不敗の条件』）

桶谷は、「ヘルダーリンのギリシアが保田與重郎の万葉集の大和だと思われる」とその相似性を指摘している。三島とヘルダーリンについては第一章で触れた。昭和二七年にはじめてギリシャを訪れた三島は、ヘルダーリンの書簡体小説『ヒューペリオン』を帯同しなかったことをおおいに悔やんだ。ヘルダーリンは晩年精神を病んだ。保田は卒論で、ドイツ・ロマン派と共通の地盤に立つこの詩人がイロニイを知らず、自己と現実の落差に己の純粋な内面をさらし、精神を打ち砕《くだ》かれてしまった、とその運命を論じた。ヘルダーリンを「その『敗北の型』で愛している」と言っている。

僕はヘルデルリーンをその所謂《いわゆる》「敗北の型」で愛している。ロマン的イデオロギー主義者にならなかったこと、そのためにヘルデルリーンを愛するのだ。

（『コギト』では昭和九年）

保田は〝偉大なる敗北者〟への共感を持していた。保田は、「偉大な敗北」者に「熱情を注いだ」。「勝利者に憧憬《しょうけい》をもったことはない」と述べている。

我が国では、日本武尊《やまとたける》、後鳥羽院、西洋でいえばナポレオン・ボナパルトあるいは木曾義仲や大伴家持などという、私が熱情を注いだ英雄と詩人はみな偉大な敗北によって、かえって永遠な存在である。

醜悪な人生を全うして老いて権勢を得た、いわゆる勝利者に憧憬《しょうけい》をもったことはない。二十代三十代にして天下を風靡《ふうび》することは、無所得な浪曼的行為にて、人生の理想と思ったが、老頽《ろうたい》に於《お》いて権勢富貴に執心《しゅうしん》する如きはわれらの詩美に即しない。徳川家康のような英雄は私の好みにあわない。そういう人物をことさらに感心しようなどと考えなかった。（『近代終焉の思想』）

❖「アイロニーを解決するただ一つの方法」

イロニイ（アイロニー）は通常、「皮肉」「反語」「逆説」などと解されるが、保田のイロニイとは、「敗北こそ勝利」という屈曲したものだった。イロニイは、感受性と主観に重きを置いた精神運動であるドイツ・ロマン派の自己意識や創作意識を特徴づけるキー・ワードだ。しかし桶谷は、保田のイロニイはそれとは違い、「イロニイとは憧憬の純潔を守ろうとする心情が現実と夢の落差に強いられた反抗の身振りであろう」と言う。保田の卒論からの措定だろう。桶谷は、「むしろイロニイは彼のロマン的気質における一種の自己批判の形式であったと見る方がいいと思われる。むしろイロニイをうさん臭いものとして警戒している」とも言い、「イロニイは保田與重郎が使った〝方法〟に過ぎない」と言い切っている。橋川文三は、保田のイロニイは、「頽廃《たいはい》と緊張の中間に、無限に自己決定を留保する心的態度のあらわれ」だと言う。ならばいささか退嬰《たいえい》的な心的態度のように感じられる。橋川は難渋な保田の文章を、「ニヒリズムに似ているイロニイの否定的魅力」と言う。また橋川曰く、保田の文学と思想を支えているものは、「マルクス主義」「国文学」「ドイツ・ロマン主義」の三つであり、これを統合し高潔さ(インテグリティ)を成立させているものがイロニイである。保田が近代を批判する手段も「ロマン的イロニイ」だった。文章において、「頽廃の了解を必要とする精神態度が(保田の)イロニイのあらわれであろう」と言う。大岡信は、保田のイロニイは、時代の「閉塞感、絶望感」の打破は不可能との認識から生まれた「自己救出の手段」だという。

保田氏の姿勢は、すでに敗北を自認している人の、それでもなお知的独立を守ろうとする態度、ひと口に言ってイロニー、に貫かれている。保田氏は時代全体の陥っている閉塞感、絶望感を現実の手段によって打ちやぶろうとはしなかった。もともとその不可能を認めたところに、保田氏らの文学的出発点があった。したがって、ここでとられる自己救出の手段は、現実の象徴的破壊と象徴的再建設を通じての調和、均衡の回復にほかならぬ。このようにして生まれたのが、まさしく日本浪曼派独特のイデオロギー、すなわちイロニーにほかならなかった。(『抒情の批判』)

桶谷は、「ロマン的イロニイは〝ニヒリズムの俗化〟とのたたかいにおいてあらわれる、と保田與重郎は云っているのである」と解したが、この言と大岡の解釈にしたがえば、イロニイはニヒリズムに嚥《の》み込まれず、いわば〝俗化しないニヒリズム〟に寄り添うための手段だと看《み》ることができる。

保田は、「イロニイ」をあれだけ頻繁に使っていながら、〝保田與重郎のイロニイ〟とは何か、を明確にしなかった。意識的に曖昧にしたのだろうか。〝保田與重郎〟の難解さ、そして真骨頂はそこにある。しかしそれが、どこまでも明晰《めいせき》さ、論理性をもとめる三島を〝保田與重郎〟になじませない所以《ゆえん》となったのである。晩年三島はつぎのように発言している。

ぼくには行動というのがアイロニーを解決するただ一つの方法なんですね。もし自分が天皇を信じていない、しかし天皇のために死ねと言われたらどうするかというときなど、これは戦時中のわれわれ全部の問題だろう。ところが自分の信じていないもののために死ぬというアイロニーは、とっても魅力的なアイロニーなんだよ。それを証明する方法は、口で百万遍言ってもだめなんだよ。自分が「天皇陛下万歳」と言って死ななけりゃだめだよ。そして、自分が天皇陛下万歳と言って死ねば、そのアイロニーは完結するんだよ。ソクラテスが毒を飲んだときに、思想のために毒を飲んだんだかどうか非常に怪しいものだ。（略）少なくともソクラテスはアイロニーを完結した。だから小林秀雄が人間というのは死ななければ人間のかたちにならんという意味のことを言ったことがあるが、やっぱり生きた人間はみんな中途半端で人間のかたちをしていないのだね。それは、さっきの問題とつながていく。

（『対話　思想の発生』番町書房、昭和四八年）

この発言がなされたのは昭和四二年ごろである。まことに激越な言辞である。三島は市ヶ谷のバルコニー上で、「天皇陛下万歳」と叫んで果てた。

❖国体思想は「変革の思想」

竹内好は、日本浪曼派は民族主義（ナショナリズム）による近代への抗議だったと言う。

日本文学の自己主張は、歴史的には、「日本ロマン派」が頂点をなしているが、それは頂点のまま外の力によって押し倒されて、別の抑えられていたものが出てきた。「日本ロマン派」そのものが近代主義のアンチ・テーゼとして最初は提出されたという歴史的事実を忘れてはならない。どういうアンチ・テーゼかといえば、民族を一つの要素として認めよ、ということであった。

近代主義によって歪《ゆが》められた人間像を本来の姿に戻したいという止みがたい欲求に根ざした叫びなのだ。そしてこれこそは、日本以外のアジア諸国の「正しい」ナショナリズムにもつながるものである。発生において素朴な民族の心情が、権力支配に利用され、同化されていった悲惨な全経過をたどることなしに、それとの対決をよけて、今日において民族を語ることはできない。

（「近代主義と民族の問題」『文学』昭和二六年）

竹内は〝民族〟をキー・ワードに「日本ロマン派」をとらえ、日本人という〝民族〟の心情を見つめ直し、近代主義の歪《ゆが》みを直そうとした一派と見た。しかしヘルダーリン同様、結果として権力に利用される悲劇に見舞われたのだ。三島は昭和四四年一一月に行われた学習院の先輩徳大寺公英との対談で、竹内の発言にはなはだしく感銘したと述べている。

『展望』で竹内好は、明治維新が天皇制をつくったという考えは間違っていた、天皇制は国体論の淵源から摑《つか》まなければならないと言っている、竹内はほんとうのナショナリストだ。（傍点筆者）

三島が注目した『展望』の竹内の言を見つけた。

日本の国体論というのは、明治政府がつくったといわれているし、私もいままでそう思ってきたけれども、その考えがまちがっていると思うようになりました。国体論から出発して、いっぺんそこに埋没して、そこから出ていくのでないと新しいものは出てこないんじゃないかという感じがしている。どうも国体論が革命論になるようなものを考えないといけないと思う。

（傍点筆者）（『展望』昭和四四年一二月号）

三島のなかで、竹内の言う〝国体論〟が、即〝天皇制〟と咀嚼《そしゃく》されている。竹内はその前年の同誌上でも、「新しいものは古いものをよびおこして、それを変えていく以外に作る道はないという気がするのです」と三島好みのことを述べている。

私はある意味では復古史観に賛成なんですよ。この世にまったく新しいものはないいんで、新しいものは古いものをよびおこして、それを変えていく以外に作る道はないという気がするのです。ですから復古であってもかまわない。明治維新に帰れというのは、賛成なんです。ともかく、帰るということで伝統を呼びもどすのでないと、新しいものはでてこない。未来の世界像といっても、架空なものではだめ、やはり過去の記憶をさぐる作業が一方でないとまずいと思うのです。

（『展望』昭和四三年六月号）

晩年の三島は竹内の思想につよく共鳴していた。しかし竹内は三島と同一視されることを忌避し、その死後も嫌悪した。前章でも触れたが、自決した年のインタビューに、「自由意志が最高度に発揮されたとき、選択するものは決まっていると思う。それが源泉です。その時、自由意志が、ほんとうに正当なものを発見したと思うのです。自由意志が源泉を発見したときに始めて、自由意志が自由になる。それがぼくのいう源泉だと思う。自由は源泉のなかにしかないと思うのです。自由は、それは未来にはなくて、源泉のなかにあるのだ、という感がする」と発言している。つねに過去に「帰郷」しようとする心情を持つ三島に、「過去の記憶をさぐる」べし、との竹内の言い立てが響くのは当然だろう。

三島は、国体思想は「変革の思想」であり、つねに現実否定の性格を有する、ゆえに天皇を国家の中心とする「天皇信仰自体が永遠の現実否定」であり、「日本天皇制における永久的革命的性格を担うものこそ、天皇信仰」だと主張した。

私は本来国体論には、正統も異端もなく、国体思想そのもののうちに絶えず変革を誘発する契機があり、むしろ国体思想そのものイコール変革の思想だと言う考えをするのである。それによって、平田篤胤《あつたね》（註・独自の神道を唱え、幕末の尊攘運動に影響を与えた江戸時代の国学者）の神学から神風連を経て、二・二六事件にいたる精神史的潮流が把握されるので、国体論自体が永遠のナイン（nein・否定）であり、天皇信仰自体が永遠の現実否定なのである。明治政府による天皇制は、むしろこのような絶対否定的国体論（攘夷論）から、天皇を簒奪したものなのである。明治憲法的天皇制において、天皇機関説は自明の結論であった。

あらゆる制度は、否定形においてはじめて純粋性を得る。そして純粋性のダイナミクスとは、つねに永久革命の形態をとる。すなわち日本天皇制における永久的革命的性格を担うものこそ、天皇信仰なのである。しかしこの革命は、道義的革命の限定を負うことによって、つねに敗北を繰り返す。二・二六はその典型的表現である。

（「道義的革命の論理――磯部一等主計の遺稿について」『文藝』昭和四二年三月号）

❖「欧化としての近代化」批判

話を保田に戻す。竹内は、「明治維新に帰れ」と主張したが、ブルピッタは明治維新を批判した保田の思想の根幹にあったものを、橋川文三の的確な分析を引用しつつ明快に示している。保田は明治維新のたどった「欧化としての近代化」という方向性を批判したのであって、近代化そのものを否定したのではない。「従来の文化の自然の発展として近代化への日本特有の方法論を提唱した」というのだ。

保田與重郎を論ずるとき、最初に出会う難問は、〝近代〟との関係を正確に理解する問題である。いわゆる進歩主義的インテリは、長い間保田與重郎には反近代性や復古主義というレッテルを貼ってしまったので、今でも保田に対する一般的な理解はそれである。

この問題について、早くから注意を喚起したのは橋川文三であるが、彼が指摘したのは、〝文明開化〟に対する反対が〝近代化〟に対する反対を意味していないことである。

彼は近代化そのものを否定すること無く、欧化としての近代化という文明開化の思想を拒絶して、従来の文化の自然の発展として近代化への日本特有の方法論を提唱したのである。

（『不敗の条件』）

これはかなり重要な、まことに大切な指摘である。近代化は、日本古来の文化に根ざし、それが自然に発展したものでなければならないというのだ。橋川は、「私は、日本ロマン派の起源は、精神史上の事件としての満洲事変にさかのぼると思う」（『日本浪曼派批判序説』）と言った。そしてその論拠を保田の「『満洲国皇帝旗に捧げる曲』について」に求めた。先にその一部を引いたが、論拠とはつぎのくだりだ。

満洲事変がその世界観的純潔さを以て心揺さぶった対象は、我々の同時代の青年たちの一部だった。「満洲国」は今なお、フランス共和国、ソヴェート連邦以降初めての、別個に新しい果敢な文明理想とその世界観の表現である。「満洲国」という思想が、新思想となって、また革命的世界観として、いくらか理解された頃に、我々日本浪曼派は萌芽状態を表現していたのである。「満洲国」建国により日本民族独自の近代化を目指そうとした当時の熱気が、日本浪曼派を生んだのだ。「満洲国」の思想に日本の古代文化を注ぎ入れ、その建設を通じて真の日本の近代化をつちかおうとしたのだ。福田和也は保田のモダンさ（＝近代性）を美への感受性において指摘している。

保田の感受性のモダンさ、特に美術に関する感受性は夙《つと》に知られている。佐伯祐三を愛し、藤田嗣治を尊敬しただけでなく、隠棲《いんせい》後の身辺を、侘《わ》びた道具類ではなく、河井寛次郎や富本憲吉といった、茶道で云う寸法に合わない、大きく華やかな作品で囲んだ。また棟方志功《むなかたしこう》との終生に及ぶ交遊は広く知られている。（『保田與重郎と昭和の御代』文藝春秋、平成八年）

保田は藤田嗣治を、ノモンハン事件を題材に描いた作品において激賞した。同事件に参加した将校からの依頼で藤田が制作したものだ。戦前、藤田は近代文明のメッカ、最先端の文化が花ひらいたパリで画術をみがき、帰国するとその高い技量で従軍画家ともなり、戦争画を描いた。しかし戦後、戦争協力を非難されて日本を去った。保田は戦中、日本の真の近代化を求めて思想戦を果敢に闘った。

しかし戦後、公職追放の憂き目をみて東京を離れ、関西に引っ込んだ。藤田は「美術界の保田與重郎」、ぎゃくに保田は「文学界の藤田嗣治」だったと言えるだろう。

❖三島の韜晦《とうかい》

論を三島と保田の関係性にすすめる。福田和也は『保田與重郎と昭和の御代』で、「日本浪曼派の影響圏の中から、文学的経歴をはじめた」三島と保田の関係を、その出会いから丹念に追っている。そこで、「三島由紀夫と保田與重郎の関係は、単純なものではない」と述べている。

蓮田善明はもとより、林房雄との交際の経緯を描いた時のような率直さを、三島は保田に示すことができなかった。何か皮肉な姿勢を示したい、距離を置きたいという欲求がほの見えると共に、三島由紀夫の文章にしては珍しく余裕がない。（同）

しかし福田は、（二人が）出会った回数の言い立ての違い（後述）を、「究明しても意味がない」と述べる。

保田與重郎がかなり長い間に何回も（三島と会った）と書き、三島由紀夫が一度きりと書いていることについて、どちらが正しいのかといったことを究明しても意味がない。ただ、両者の書きぶりが極めて意識的なものであること、保田與重郎が三島由紀夫を引き寄せようとも、離そうとも

していないのに、三島が保田を茶化して一線を画そうとしていることに留意すれば十分だろう。（同）

三島の「私の遍歴時代」（昭和三八年）に目を通すと、三島と浪曼派の関係、三島の保田への気持ちが感じとれる。

私は日本浪曼派の周辺にいたことはたしかで、当時二本の糸が、私を浪曼派につないでいた。一本の糸は、学習院の恩師、清水文雄先生であり、私の小説をはじめて学校外の社会へ紹介してくれたのは、清水先生であり、私の現在の筆名を作ってくれたのも先生である。当時、斉藤清衛《きよえ》博士の門弟の国文学者たちが、「文藝文化」という雑誌をだしており、蓮田善明氏、栗山理一氏、池田勉氏、清水先生などがその同人であり、国文学界のヌーベル・ヴァーグの観があった。

私の「花ざかりの森」は、先生の紹介によって、この雑誌に発表され、同人諸氏の集まりにも招かれるようになった。「文藝文化」は、戦争中のこちたき（註・ものものしい、うんざりするほどの）指導者理論や国家総力戦の功利的な目的意識から、あえかな日本の古典美を守る城砦《じょうさい》であったが、同時に、西洋的な理性を潔癖に排除した批評という矛盾が、その主張を幾分ドグマティックにもしていた。

この人たちは、佐藤春夫、保田與重郎、伊東静雄諸氏の仕事に感心しており、これらの名は会合の席でもひんぱんに出た。

私は保田氏の本を集め出したが、「戴冠詩人の御一人者」や「日本の橋」「和泉式部私抄」などの本は、今でも、希《まれ》に見る美しい本だと思っている。

何だか論理が紛糾してわかりにくい文章だが、それがあの時代の精神状況を一等忠実に伝える文体だったという気もしている。

ただ驚いたのは「浪曼派的文芸時評」で、ひどく戦闘的な批評だが、氏がむやみと持ち上げている作品に一つ一つ実地に当たってみると、世にもつまらない作品ばかりなのに呆《あき》れたのをおぼえている。これは私の文学的野心をはなはだ混乱させた本であった。

三島に保田を読むよう勧めたのは清水である。清水は学習院での講演の依頼に、三島を保田邸に同行させもしていた。

「文藝文化」には保田與重郎をはじめ、伊東静雄、田中克己、中島栄次郎、中河与一といった日本浪曼派系の人々がしばしば寄稿している。だが、「文藝文化」が日本浪曼派の影響を受けた、というのは正確ではない。同人四人は、日本浪曼派というグループからではなく、ただ保田與重郎一人から影響を受けたのである。その影響は彼らの文章に如実にあらわれている。

たとえば、清水文雄は創刊第二号（八月号）の「土佐日記序章」でこんなふうに書く。「血統としてわれわれ身内に脈々と波うつ命そのもの」『「からうた』に対して『やまとうた』の血統の正統の清純を身を以て防衛しようとした貫之」——「血統」も「清純」も、「血統防衛」と使われる「防衛」さえも、保田の愛用した言葉である。
保田的語彙《ごい》には保田的発想の核が充塡されている。清水は保田に触発されたヴィジョンによって古典を見、保田的語彙を借りて語るのだ。

（井口時男「蓮田善明と文学」『表現者』64、平成二七年）

清水が『文藝文化』の中で一等、保田に傾斜していたようである。ちなみに『文藝文化』の同人たちと保田與重郎を媒介したのは伊東静雄だった。師がすすめたゆえに三島は保田を咀嚼《そしゃく》しようとしたのだろう。しかし、「論理が紛糾してわかりにくい」保田に戸惑い、その文芸批評に「呆れ」、「はなはだ混乱させ」られた。桶谷秀昭は、しかし三島は保田に、「はなはだ混乱させ」られただけではなかったと述べている。

三島由紀夫は、戦争末期の終末感と日本浪曼派系の文学趣味を背後に押し遣《や》って、戦後に登場したとき、何をいちばん怖れたかといえば、日本浪曼派系の没落と入れ替わりに登場した、第一次戦後派文学と呼ばれる転向左翼の文学者でもなければ、無頼派の文学者でもなく、戦争末期の終末感を抱いたまま生き埋めにされ、なお節を曲げずに「紙なければ、空にも書かん」とつぶやいている保田與重郎という存在であろう。

（『三島由紀夫全集』月報）

桶谷の言うとおりなら、三島はなぜそれを韜晦《とうかい》したのだろう。

❖謡曲の文体はつづれ錦

先に引用した「私の遍歴時代」はさらにつづく。

そのうちにその神秘的な保田氏に、いよいよ会うチャンスがめぐってきた。保田與重郎氏を訪問したのは、私の学校における講演をおねがいしに行ったのだと思う。あとになって考えると、妙なことに、保田氏の印象と川端康成氏の印象がよく似ていて、客を迎えて座敷にあるときの主人としての居住まい、言葉少なに低い声でしゃべる言葉にかすかに残る上方訛《なま》り、顔の表情をあまり変えず何事にも大して驚かない物静かさ、おそらく出身地の共通性ということもあろうが、こちらも初対面が和服姿であったことも加えて、ふしぎと似た印象を残している。

川端氏の場合は、氏の文学と比べて、そんなに異質の印象を受けなかったが、保田氏の場合は甚《はなは》だしく意外であった。氏の文学から、私は談論風発、獅子のごとき人物を想定していたからである。

ただひとつ記憶に残っているのは、「保田さんは謡曲の文体をどう思われますか」と質問して、「さあ、昔からつづれ錦（註・多くの糸で模様を織りだしたもの）と云われているくらいで、当時の百科辞典みたいな文章でしょう」と答えられたことである。

保田氏のこの答えは、年少の私をひどく失望させたので、その失望によって記憶に残っているらしいのであるから、保田氏にとっては迷惑な話である。

このように三島が昭和三八年の時点で保田についてにわかに述べたのは、保田が『現代畸《き》人伝』（大和や京などで日本の文化、伝統に生きる市井の畸人たちの言行をしるしたもの）で文壇に復活したことが影響しているのだろう。しかし、大岡信が昭和三六年に発表した『抒情の批判』が三島の心にその火を点じていたとも考えられる。あとで触れるが、三島は同書に書かれた保田のくだりに感激して、面識のないこの新人作家に版元気付でハガキを出していたのだ。「私の遍歴時代」を書いた七年後、自決の年のインタビューで、三島は保田との出会いについて聞かれ、あいかわらず屈曲した思いを語っている。

――「私の遍歴時代」でしたか、面白かったのは、保田與重郎と最初にお会いに名ったときの話。謡曲の文体について…。

三島　あれはつづれ錦で、当時の百科辞典みたいな文章だって、與重郎さん答えるのです。

――それで三島さんが失望したという感想がある。ああいう人工的な豪華な言語というのは、ぎりぎりの危機的な言語意識がよびだしたものだ、という…。

三島　と思います。保田さん、そういうこと、まったくわからない人ですよ。危機的な言語意識というのを、保田さんは持ってないですね。いまだに、持たない。戦争中も戦後も、言語に対する危機感の、全然ない人です。これはある意味でりっぱだと思いますがね。ああいう大和地方の、山林を持った一種の豪家の出で、だから、自分の中に流れこんでいる言語伝統というものに、ほんとうの意味の危機感を持たないのでしょうね。それは、あの人の文体によく象徴されています。ぼくの方はまた根無し草ですからね。役人のむすこで東京に住んでいて、ああいう時代に際会した。言語に対する危機感が、ある意味ではもっと大きいのではないでしょうか。それで、戦後、そういう言語的な危機はますます進行していますから、ぼくの行動意欲は、ほとんど言語自体に対する危機感から出ているのではないかと思う。

（『国文学』昭和四五年五月臨時増刊号）

このような三島の保田への屈折した想い、〝屈想〟とでも名づけたいものはどこからきていたのだろう。第一章でいくつか取りあげた東文彦あての他の手紙のなかに、初めて保田に会ったときの印象をつづっているものがある。第一印象はわるくはなかったようだ。

この間講演の交渉に清水文雄先生と、保田與重郎氏のところへゆきました。氏は毎晩仕事をはじめて徹夜し朝からおねになるのだそうですね。憂鬱な目つきと人なつこい笑いと、温和な関西弁との、いかにも柔和な人でした。この人があの烈々とした文章を書くとは思われません。

（昭和一七年一一月一五日付）

❖保田への素直な思い

文彦にあてた手紙で、他にも保田にふれているものが幾通もある。

文壇はどうのこうの、というのは聞くだにイヤですが、近ごろ文壇には浪曼派が大分進出してきたのではありますまいか。保田與重郎なぞはその大将でしょう。

浪曼派というもの丶解説や主張をよみますと、まだなにか首肯できぬもの丶、なかなか立派な主張だと思います。いわゆる万葉精神というものでしょうか。浪曼主義は自然主義と対立するものでなく、寧《むし》ろそれを光被《こうひ》するものである、という言いっ振りはその意気たるや壮ですが、佐藤春夫のような浪曼主義によって再認識された作家は兎《と》も角、全く浪曼主義のなか丶ら生れた作家にロクな人がいないのはなぜでしょう。

（昭和一六年九月二五日付）

「文藝文化」の創作、およみ下さったそうでありがとう存じました。第一回あたりまでは、活字でよむと原稿よりよい気がしておりましたが、第二回あたりからそれと反対になって、何もかもイヤになってしまいました。外国語と日本語の相違もお説のとおりと存じます。たゞ私としては、そういう抽象的観念的な言葉を詩語のように取扱いたく思いましたので、そんな言葉に詩味を感じたのは、リルケや保田與重郎の影響だったらしいことは、蔽《おお》うべくもありません。

（昭和一六年一一月一〇日付）

「『文藝文化』の創作」とは「花ざかりの森」のことだ。三島が自覚しているとおり、この作品には「保田與重郎の影響」が見られる。文彦はどんな感想を述べていたのだろう。文彦あての手紙をさらに引く。

保田與重郎氏の「佐藤春夫」という評論が、弘文堂の教養文庫に入っておりますが、一般には評判がよくなかったというだけ私にはとてもおもしろくよめました。御一読をおすゝめいたします。保田氏のものでは最近「浪曼派的文藝批評」をよみ感心しました。

（昭和一七年九月一日付）

試験前に、保田與重郎氏の「和泉式部私抄」をすゝめられてよんでみましたが、氏の文明批評的な一貫した見方が、氏の詩人であることを示すおおくの片鱗に富んでいながら、ともすれば式部のそこはかとない歌の世界を毀《こぼ》ちそうでひやひやしました。日本浪曼派の先鋒《せんぽう》であった氏としては、やはり、こうした評論を書くにも「警世家」の立場を離れるわけにはいかぬのでしょう。考証や憶測にみちた無味乾燥な講義書や隠居のすさびのような「鑑賞書」などではなしに、これらを超えた保田氏の立場を更にのりこえた、やすらかな詩の立場を求めるにはまだ時代が早すぎるのかもしれません。

（昭和一八年六月二三日付）

まだ一〇代の少年とは思えない犀利《さいり》な目である。保田に注目していたのはあきらかだが、「保田氏の立場を更にのりこえた、やすらかな詩の立場を求めるにはまだ時代が早すぎるのかもしれません」とは手きびしい。三島は『文藝文化』昭和一八年一一月号に、「懸詞《かけことば》」と題した保田への讃をかかげもした。

かけことばは天の橋立。
神への纖美な橋。
悠久な美に向うところの橋。
保田氏がいわれた「日本の橋」のなかで
もっとも美しい橋。
すなわちことばの橋。
すなわち心の橋。……

❖三島を襲った精神的危機

その三島は一九歳になると、深刻な精神的危機に襲われていた。

……

殺人者は知るのである。殺されることによってしか殺人者は完成されぬ、と。
失われゆくものを失なわしめつゝ殺人者も亦《また》享けねばならない。殺人者はその危《あやう》い場所へ身を挺《てい》する。

かくて彼は投身者――不断に流れゆくもの、彼こそはそれへの意志に炎えるものだ。

恒《つね》に彼は殺しつゝ生き又不断に死にゆくのである。

殺人者は理解されぬとき死ぬものだと伝えられる。

私の歌は終る筈《はず》でないのに終って了《しま》った。

花やかな空で一つの帆がしぼむ。季節にそぐわぬ時刻では、出帆はまたあらたな罪である。

歌よ、終れ、終らぬものならば。……


（「夜の車」『文藝文化』昭和一九年終刊号）

この一文は戦後、「中世に於ける一殺人常習者の遺せる哲学的日記の抜粋《ばっすい》」と改題された。このときの危機の深さがうかがえる。

「殺人者は知るのである。殺されることによってしか殺人者は完成されぬ、と。」と書かれているように、自殺こそが最も効果的な他殺であり、全人類を皆殺しにすることと、自分を殺すことが等価だという考え方がここに見られる。（入江隆則「文武両道の沙漠」『新潮』昭和四七年一一月号）

三島はこの詩的作品について、「後年の私の幾多の長編小説の主題の萌芽が、ことごとく含まれていると云っても過言ではない」（『花ざかりの森・憂国』新潮文庫解説、昭和四三年）と言っている。そしてここには保田への複雑な色も見てとれる。とすれば、作家が自身のカナメの作品と位置づけているものに、〝保田與重郎〟がさまざまに入り込んでいたことになる。昭和一九年八月二五日付の清水文雄あての封書には、「〈コギト〉の再出発についての、保田氏のその巻頭辞は近頃感奮したものの一つでございました」とある。昭和二〇年一月八日付の清水への封書には、「林（富士馬）氏と一日痛飲し、芳賀檀氏、保田與重郎氏を訪問しました。そのとき保田氏は肺炎から来た肺浸潤とやらで、気息えんゝとしていられるので、…」と書いている。その保田への三島の心情はまもなく変転した。三島には学習院時代を通じてごく親しくしていた同級生がいた。その三谷信にあてた昭和二〇年三月三日付のハガキに、「保田與重郎式楽観主義国学論は今の僕から最も遠い」と書いている。

　僕はこれから「悲劇に耐える」というより「悲劇を支える」精神を練磨してゆかなければ、と思います。古代ギリシャ人にその範を仰がずとも、巣林《そうりん》子《し》（註・近松門左衛門の号）の元禄時代は、我々に文芸復興が何であるかを、赤裸々に教えてくれます。保田與重郎式楽観主義国学論は今の僕から最も遠いものです。

この年の六月、詩「もはやイロニイはやめよ」を書いている。

・・・
もはやイロニイはやめよ
もはやイロニイは要らぬ
急げ今こそ汝の形成を
・・・

まだ終戦前で日本浪曼派は瓦解していないが、成年を迎えた三島には浪曼主義、保田與重郎では御せない（文学的）情動がきざしていたのだろう。しかしアンビバレントな感情を抱きつつ、思想的には保田に内包された国体論に触発され、それをしずかに深めて行ったのだ。三島は『禁色』（昭和二六〜二八年）の「檜俊輔」による『檜俊輔論』でつぎのように書いている。

近代日本文学の浪曼主義は、檜俊輔の正当な敵ではなかった。それは夙《つと》に明治の末葉に挫折していたのである。檜俊輔は正当な敵手を自分の心に擁していた。彼ほど浪曼主義者の危険を一身上に感じていた男はなく、彼自身が討たれる者であり、又討つものであった。

この世の脆弱《ぜいじゃく》なもの、感傷的なもの、うつろいやすいもの、怠惰、放埒《ほうらつ》、永遠という観念、青くさい自我意識、夢想、ひとりよがり、極端な自恃《じじ》と極端な自卑《じひ》との混合、殉教者気取、愚痴、時には、「生」それ自体、…こういうものに彼はすべて浪曼主義の翳《かげ》を認めた。浪曼主義は彼のいわゆる「悪」の同義語である。檜俊輔はおのれの青春の危機の病因を、ことごとく浪曼主義の病菌に帰していた。

ここに奇妙な錯誤がおこる。俊輔が青春の「浪曼的な」危機を脱して、作品の世界で、反浪曼主義者として生き延びるにつれ、浪曼主義も亦、彼の生活の裡に執拗《しつよう》に生き延びたのである。

奥野健男はこのくだりについて、「檜俊輔の言葉を借りてはいるが、その青春への嫌悪には彼自身の肉声が聞こえる。三島はおのれの中に浪曼主義的志向を、青春への愛着を、精神性への憧憬を強く感じているから、それとたえず戦っているのだ」（『三島由紀夫伝説』新潮社、平成五年）と解している。そのとおりだろう。「檜俊輔」を「三島由紀夫」と置きかえ読んでよいだろう。しかし後年三島は悟るのだが、「浪曼主義」は戦うべき相手ではなかったのだ。奥野は、三島が終戦前後を描いた戯曲『魔神礼拝』（昭和二五年）のモチーフにふれてこうも言っている。

> 大胆な仮説になるが、戦争末期の、蓮田善明らを中心とする《文藝文化》さらには《日本浪曼派》に心酔し、ついには天皇崇拝の詩を書いた自分を、そうさせた蓮田善明らの暗い狂信的な情熱と信仰と呪詛とを、「アチメ、オオオ…」「竹の世のつぎ、松の世来たる」と邪教「ひふみ教」として表現した、この時代の矛盾した作者の心情に注目したい。
>
> 三島は否定し、かつ肯定しているのだ。その極限は天皇を崇拝しながら、天皇制を、現天皇を否定する極右の思想にもなる。そこに三島由紀夫の文学の隠された秘儀的核心があるのではないか。
>
> 『魔神礼拝』と、その改作『若人よ蘇れ』の二作は、三島文学を解くにあたって、貴重な終戦をめぐる心情の、矛盾的表現である。　（同）

私は奥野と、蓮田善明についての考えを異にする。これについては次章で論ずる。

❖忘却の所以《ゆえん》

先に福田和也の、「保田與重郎がかなり長い間に何回もと書き、三島由紀夫が一度きりと書いていることについて、どちらが正しいのかといったことを究明しても意味がない」との文章を引いた。だが、私には、三島の保田に対する、ある種の屈曲ぶりがどうしても引っかかる。よって、できるかぎりの資料にあたって、それぞれの相手への言い立て、とくにそのズレや齟齬《そご》に着目し、両者の関係性を究明してみたい。

保田によれば、三島はまず師清水文雄に連れられて、のちにも、「何回か訪ねてきた」という。保田は三島の死を悼んで書いた「天《あめ》の時雨《しぐれ》」（昭和四六年）に次のように記している。

私が三島由紀夫氏を初めて知ったのは、彼が学習院中等部の上級生の時だった。この最初のことを私は久しく思い出せなかったが、去る年三島氏の自刃のあと、彼の恩師の清水文雄氏に聞かされた。清水氏が、彼を伴って拙宅へこられたということだった。これは私の記憶でなく、清水氏の話である。そのあと高等部の学生の頃にも、東京帝国大学の学生となってからも、何回か訪ねてきた。

しかし三島は「私の遍歴時代」に、保田への訪問の回数について次のように記している。

保田與重郎氏を訪問したのは、私の学校における講演をおねがいしに行ったのだと思う。保田與重郎氏も、佐藤春夫氏も、萩原朔太郎氏も、伊東静雄氏も、一回ずつしか訪問したことがなかったように記憶する。

三島は、学習院の先輩徳大寺公英《きんひで》との対談でも、司会者から保田について聞かれ、『私の遍歴時代』と同様の発言をしている。徳大寺との対談は、昭和四四年一一月（自死のちょうど一年前）、有楽町の日活ホテルで会食しながら行われた。司会は学習研究社の編集者で、同社から刊行される『現代日本の文学・第三十五巻＝三島由紀夫集』の月報のための企画だった。徳大寺家は西園寺公望《きんもち》の実家で、公英は学習院で三島より四学年先輩、つまり東文彦と同期だった。文芸部員でなく、当時はものを書いてもいなかったが、文学に関心があり、東文彦、徳川義恭、坊城俊民らと親しくしていたので三島とも交流があった。戦前の学習院は宮内省の内帑金《ないどきん》で運営され、したがって文部省の管轄から外れてけっこうリベラルだったこと、しかし鼻持ちならない特権意識をふりかざしていたこと、特殊な家庭（異母兄弟姉妹同居、妻妾《さいしょう》同居、座敷牢のある屋敷）の子弟の集った学内は鬱憤《うっぷん》晴らしのような陰惨なサディズムにおおわれていたこと、本を読むと軽蔑される空気だったこと、それを戦後院長になった安倍能成が一高風の教養主義でダメにしたこと、学習院を代表している風の白樺派はイヤで接触しなかったことなどを語った。

司会から保田についてのコメントを求められると、「講演を頼みに一度くらい会った。学習院に来てくれって。委員をやってたから。戦後二十何年会ってないもんね」と、三島は取りつく島のない受け答えをしている。保田に依頼した学習院での講演のテーマは「高野聖」だったと言っている。保田が依頼どおりの講演をしたかは定かではないが、事実そうだとしたら泉鏡花に心酔していた三島の発案だったかもしれない。このことは、この対談以外では語られていない。書かれてもいないだろう。

三島でも忘れることはあるようだ。大切な自身の行為や思いがいくつも忘却の淵に沈んでいる。徳大寺公英との対談では、徳大寺の年次や二人の出会いの場所や借りた本について記憶はあいまいで、説明されても、「そうだったかなあ」というやり取りをしている。記憶力の旺盛な時代の出会いなのに、すっかり忘れていたのだろうか。三島は伊東が亡くなった昭和二八年に、「伊東氏に面晤《めんご》したのは、たゞ一度であった」（「伊東静雄氏を悼む」『祖国』）と記している。「私の遍歴時代」（昭和三八年）にも、伊東宅を一回訪問しただけと書いている。しかし伊東の日記によるとその住いを二度訪れている。いや、林富士馬によると、ふたりは東京でも出会っていた。伊東が上京すると定宿にしていた林のところに、三島も頻繁に立ち寄っていたのだ。しかし三島を敬遠していた伊東は、三島が林宅にいるかを東京駅から行く前に電話で確認していたという。清水文雄の日記によると、栗山理一宅で共同生活をしていた清水のところでも伊東と三島は出会っている。このふたりのアヤについては次章に書く。ちなみに伊東を詩壇にデビューさせたのは保田與重郎だった。田中克己を介して知り合ったのだ。前章で論じた三島と東文彦との面会についても一度だけではないとの説がある。出会いについての「一回」「一度」には三島の複雑な思いがひそんでいるようだ。

三島は書いたもののことさえ忘れている。終戦直前の昭和二〇年五月、勤労動員された海軍高座工廠《こうしょう》で、イェーツの一幕物を謡曲の候文で訳していたことをすっかり忘却している。恩師の清水が雑誌に発表した、三島が清水にあてたハガキを読んでも思い出せないでいるのだ。三島が人生でいちばんに張り詰め、一作一作を遺作のつもりで書いていた時期なのに。

三島の保田との出会いについての忘れようには、釈然としない、不可思議なものが感じられる。三島は自決一週間前の古林尚との対談で、ようやく保田と複数回会ったことを認めた。しかし、自分と保田との関係を世間は誤解していると憤慨をまじえて語った。

保田與重郎のお弟子さんが、三島は戦争中、保田に非常に精神的影響を受けながら、あとで保田を疎外したような、影響を受けていないようなふりをしていて、怪《け》しからんと書いている。非常に心外だ。保田に学校の講演を頼みに行ったこと、遊びに行ったことはあるが直接影響は受けていない。あくまで「文藝文化」を濾過《ろか》した影響を受けている。日本浪曼派運動からちょっと離れたところで、精神的国学、新国学の潮流にいた。そこで日本の古典を読んでいた。

三島はこのときまで、最初の出会いしか記憶しておらず、それ以外に会っていないとはっきり書き、また言いつづけていた。

❖敗戦直後奈良の保田を見舞った三島

反対に保田は、最初の出会いは三島の師の清水から聞かされて、「そうだったか」というていどだが、前述のように、それから三島が「何回か」自分のところに通って来ていたと記憶している。「ある秋の日、南うけの畳廊下で話していると、彼の呼吸が目に顕《た》った」と一〇代の三島少年のディテールまでおぼえている。保田夫人も三島の「何回か」の訪問をおぼえている。訪れた三島は保田に、女子学習院に侵入した弁当泥棒の話などをしたという。そう保田はのちに書いている。三島はそこまでおぼえてはいなかった。が、雑駁《ざっぱく》な話をした自分に保田がきちんと受け答えをしなかったのは無理もない、そう三島は言っている。先に「私の遍歴時代」にある、謡曲の文体についての三島の質問と保田の答えを引用した。そのときのことのようだが、保田は『天の時雨』のなかで次のように述懐している。

大学生のころ（の三島）は謡曲の文句に非常な興味を寄せていた。それについて、昔の百科全書はきわめて高級だった、とある時私が話題の中で言ったことを、少し気にしたようだった。

私は関西の言葉でしかものを考えないのだが、こういう言い回しは、時によると関東の人の言葉にそぐわぬものがあるようだと、その時反省したので、このことは今でも覚えている。

保田の関西弁独特の言い回しは三島青年には届き難かったのだろうか。私は、「三島は敗戦直後、中国戦線から帰還して故郷桜井で病身を養っていた保田を一度見舞った」との証言を元朝日新聞記者井川一久から書信でえた。

昭和50年（1975年）秋、私自身の企画した特集のために京都の身余堂《しんよどう》を訪れ、保田與重郎とのインタヴューを試みました。保田は「とにかく三島はいい、何ともいえずいい…」と、かなり熱のこもった口調で三島を絶賛しました。

しかし、十数時間にわたる超長時間のインタヴューで、私が三島との個人的な関係や三島文学の評価をしつこくたずねたにもかかわらず、彼はそれらについて具体的なことをほとんど口にしませんでした。

三島は敗戦直後、中国戦線から帰還して故郷桜井で病身を養っていた保田を一度見舞っただけで、その後二人は全く（または、ほとんど）対面と文通の機会をもたなかったそうですから、保田は答えようもなかったのでしょう。

井川は『朝日ジャーナル』の編集部時代に、「没後5年 三島由紀夫は甦るか」という特集を組んだ。「京都の身余堂」とは、新古今集の神祇歌「思ふこと身に余るまでなる瀧のしばし淀《よど》むをなに恨むむ」（身が沈淪《ちんりん》して出世しないことを嘆く者への神のお告げ歌）から名をとった洛西鳴滝の保田邸である。命名には保田流の諧謔《かいぎゃく》、そしていくばくかの鬱情《うつじょう》がこめられている。雑誌の特集記事のなかに、「私（保田）が一度（東京邸で）危篤状態になったときも、（三島は）病室の隣りに詰めきってくれた」との保田の言葉がある。そして記事には出てこないが、井川の書信によれば、三島は戦後すぐに、大陸から帰還した保田を奈良まで出かけて見舞っていたのである。これはこれまで知られていない重要事である。井川はこの重要事をどうして記事に入れなかったのだろう。保田が削ったのだろうか。記事では例によって、保田流の大づかみな、関西弁の語り口で、三島への思い、日本の古典、歴史、文化、伝統への思いが述べられている。

三島さんを尊敬する若い人たちはよう来るが、あまりしゃべらんね。いわんでもわかることが尊い。三島さんは、知られれば知られるほど純化されるんやないかと思う。そうなってきて、今までとは違う本当の影響力が出てくる。歪曲《わいきょく》や虚像化の危険はないとはいえんが、結局は美化の方向が勝つ。美化というのは、人間の持ってる一番大事な力の一つやね。戦前、ニーチェをたった二行で表現した人がいる、ニーチェの全部を。純粋無雑なものは本来そういうもんやね。三島さんもやがてそうなるかもしれんね。二行で十分表現されるようにやね。（略）

（ドイツ・ロマン主義の「イロニイ」は）日本でいえば「幽玄」とか「もののあわれ」とかいう用法に似ています。そういうロマン主義が日本に再登場するために、三島さんは一つの橋渡しにはなる。少々間違うてもかまわん、一つの部分だけでもとっかかりにして三島という踏み台に跳び乗る人が出てくれば、彼も生きてくる。雰囲気を持った人やからね、そういう可能性は多分にある。三島さんなら、そういう踏み台になれるかもしれん、いや、なってほしいと思う。（略）

彼があの中（『文化防衛論』）で、何もかも全部天皇やというたのはようわかるね。古典的教養のある人ならわかるはずや。むつかしい教養というわけやない。
百人一首だけでもええ、素直に古典を読む態度と、自分の生活の周辺を見つめる心、吹く風や色づく木の葉に感動する本当の庶民の心があれば、日本の一番純粋なもんがわかる。（略）
三島さんは（『文化防衛論』などで）大嘗会《だいじょうえ》ということを書いていますね。私はこれが一番大事やと前から思ってきた。
（『朝日ジャーナル』昭和五〇年一一月一四日号）

三島は『文化防衛論』で、「大嘗会《だいじょうえ》（註・天皇が即位後最初に行う新嘗祭で一世一度の大祭）と新嘗祭《にいなめさい》（註・毎年天皇が新穀を神にささげ共食する祭儀）の秘義」の重要性について述べている。このくだりは次章でとりあげる。保田の発言をさらに引く。

日本人は天からくだされる新熟のコメに、道徳から何から何まで圧縮してきた。それは天地循環、天壌無窮の象徴であって、そういう点で天孫降臨ということにつながるんやな。天皇のご即位はその再現であり、大嘗会は天皇と民族が約束を果たしたことの祝祭やった。
私は戦争中にそういうことばかり書いて軍部ににらまれたりした。三島さんのコメの霊というのはちょっとわかりにくいが、彼が最後に到達したのは、そういう大嘗会の思想と違いますか。
というても、彼は最高に理性的な、本当に学者らしい面のあった人やったから、『英霊の聲《こえ》』のようなもんは書きはしたけど、決して邪教にはいかん、おかしな民俗学にはいかん人です。（略）
北一輝と大川周明が違うとったように、右翼の人はみな違ってるが、権力主義と財力主義がいかんことははっきりしてるね。三島さんもそんなものは歴史やないと気づいて、インド哲学なんかに興味を持ったりしたような気もするな。（同）

❖「保田與重郎ノート」

徳大寺との対談で司会者が三島に畳みかけて、「去年（昭和四三年）保田先生に会ったら今書いている作家の中で、三島さんを推すかいねえ」と言っていたことを伝えた。これに三島は、「そうですか。お互い活字でつながっていればいい。会う必要はない」となんとも素っ気ない物言いをした。そして唐突に、終戦時の蓮田善明の自死について熱心に語り出した。それから保田の話に立ち返り、彼がブームになっていることに肯定的にふれて対談を終えた。肯定的な三島の発言とは、「保田與重郎が最近若い連中にとてもよく読まれるようになった。全学連でも何でも節を枉《ま》げない奴が好きなんだ。保田は節を枉げてない」というものだ。この発言は興味深く、注目すべきものだ。保田について肯定的に言及している数少ない発言で、しかも死を決意しつつある最晩年のものだからだ。この対談で三島は詩人の立原道造を評価しているが、立原が浪曼派に接近していたことを、大岡信は昭和三六年に発表した『抒情の批判』のなかの「保田與重郎ノート」に記していた。三島はこの著作に共感し、さっそく大岡にハガキを書き送った。

昨夜たまたま購入して参りし御高著『抒情の批判』中、『保田與重郎ノオト』を拝読し、共感措《お》くあたわず、近頃これほど身にしみて読みたる評論之無く、卒爾《そつじ》ながら、一筆お礼申し上げたく、未知の著者にお葉書差し上げる次第であります。
（昭和三六年五月一日付）

大岡はこの三島のハガキについて、『決定版三島由紀夫全集』の月報に書いている。

私は一度だけ三島由紀夫さんから葉書を頂戴したことがある。葉書に十行足らずの簡潔な内容の便りで、私の住所がわからないため、私の著書の出版社経由で届いたのだった。

『抒情の批判』の発行日はハガキの日付の前月二〇日だった。三島は本が書店に出回るのとほぼ同時に銀座で買い、帰宅して早々に読んだのだ。雑誌『風景』に寄せた「日記」によると四月二七日だった。そして本のサブタイトルの「日本的美意識の構造試論」の展開である長文の「保田與重郎ノート」を、身も心も惹《ひ》き込まれて読んだのだ。そして即座に、まだ会ったこともない新人の著者に感激のハガキをしたためた。自分が関係している雑誌『風景』や『東京新聞』の書評欄でも激賞した。

最近こんな読みごたえのある評論はめずらしい。もっともそれは私自身の、保田與重郎氏に対する強烈なイメージがまずあって、その強烈なイメージにふさうだけの評論を、戦後いままで読む機会を得なかったところへ、これを読んだ感動が大いに作用していると思われる。

保田與重郎という存在は一つの不気味な神話であり、美と死と背理の専門家の劇的半生であり、戦後の永い沈黙がまたそれ自体一つの神話である。

（『東京新聞』昭和三六年五月一七日）

この書評のおかげだろう、大岡は、「何千部かの本がどんどん売れていくという、喜ばしい椿事《ちんじ》を生んだ」と回想している。ここから三島は戦後もずっと、「保田與重郎氏に対する強烈なイメージ」を抱えていたのだとわかる。三島の中に、〝保田與重郎〟がずっと存在感を持していたのだ。それにしても、「私自身の、保田與重郎氏に対する強烈なイメージ」とは、驚くほどあけすけな保田評である。他の書き物や座談での発言とはおもむきの大きく異なる、注目すべき直截《ちょくさい》な評言だ。当時の三島はそれだけ鬱屈《うっくつ》していたのだろう。保田はそれから数年後中央の文壇に復活した。「戦後の永い沈黙」という「神話」から脱するのだが、三島の言う「不気味な神話」とは意味深長である。三島の『風景』の保田についての記述も引く。

保田與重郎氏のことに関する限り、私の読み方は主観的になるのはやむをえない。当時十代の私は、保田氏の本を何冊か読み、殊《こと》に「日本の橋」や「戴冠詩人の御一人者」からは忘れがたい感銘を受けながら、その迷語的文体からは、いつも拒絶されるような不快と同時に快感を味わった。当時の私の批評眼からしても、氏の「浪曼派的文芸批評」の独断にはおどろかされ、氏が口をきわめて推賞する当時の文芸作品の現物のいくつかに実際に当たってみて、そのつまらなさに二度びっくりした。十代の私が、保田氏という人物像から直観的に把握したもののほうが、今の私にとっては重要なのである。（略）

「『行動』こそ絶対的意味での（言いかえれば自殺的意味での）美意識の崇高な表現だと言う保田氏自身は、行動しないのであり、そしてそれはイロニックに肯定される。行動することが問題ではない。行動によって表現される崇高な美学だけが問題なのだ」と大岡氏が精妙な分析をしているが、現代にもほそぼそと生きている一人である私にも、未だに妙な親近感を与えるから不気味なのだ。

（略）

（『抒情の批判』の）読者はたちまち、昭和十年代の精神的デカダンスから、自覚せる敗北の美学へ、言葉の自己否定へ、デマゴギーへ、死へ、という辷《すべ》り台を一挙に辷り下りることを強いられる。思えば、私も、こんな泰平無事の世に暮らしながら、どこかで死の魅力と離れられないのは、保田氏のおかげかもしれないのだ。（と云うのはむしろ冗談だが）

生の充溢感と死との結合は、久しいあいだ私の美学の中心であったが、これは浪曼派に限らず、芸術作品の形成がそもそも死と闘い死に抵抗する営為なのであるから、死に対する媚態《びたい》と死から受ける甘い誘惑は、芸術および芸術家の必要悪なのかもしれないのである。

（「日記」『風景』昭和三六年七月号）

一〇代の三島は保田與重郎に関心を寄せ、熱心に読んでいた。しかしその「謎語的文体」に、「いつも拒絶されるような不快と同時に快感を味わっ」ていた。「論理が紛糾してわかりにくい」文章に戸惑い、その文芸批評には「呆れ」、「独断にはおどろかされ」、「はなはだ混乱」させられてもいた。『風景』の「日記」の一文と「私の遍歴時代」をあわせると、三島の保田へのアンビバレントな想いが明瞭となる。このように保田に〝屈想〟とでも名づけたい複雑な思いを持つ三島が、大岡信の「保田與重郎ノート」を「共感措くあたわず」、「身にしみて読みたる評論」と絶賛したのだ。くりかえすが、当時の三島は深く鬱屈していた。だからこそ「保田與重郎ノート」はかような〝躁情〟を生んでいたのだ。「大岡の詩的出発点は、戦後、旧制（沼津）中学時代に結成した『鬼の詞』という同人誌にあった。そしてこの同人誌を指導した教官が復員兵で、戦前戦中に日本浪曼派の強い影響を受けた青年だったのである。大岡に『コギト』のバックナンバーを与え、保田與重郎を読ませたのはこの青年だった」（三浦雅士「言語の政治学」『群像』平成二八年一一月号）。大岡は、浪曼派、そして保田を、冷静にとらえている。大岡は保田を肯定するよりその文体の頽廃《たいはい》、正体分明ならざるその「抒情」を批判している。三島は読後感を、「十代の私が、保田氏という人物像から直感的に把握したもののほうが、今の私にとっては重要なのである」と述べているから、大岡の解釈はかまわないのだ。そして、「昭和十年代の精神的デカダンスから、自覚せる敗北の美学へ、言葉の自己否定へ、デマゴギーへ、死へ、という辿り台を一挙に辿り下りることを強いられる」と記し、大岡の論旨におかまいなく、自己の一〇代の保田体験に没入していったかに見える。冗談めかしているが、「死の魅力と離れられないのは、保田氏のおかげかもしれない」と述べていることも注目にあたいする。「生の充溢《じゅういつ》感と死との結合」、そして「死に対する媚態と死から受ける甘い誘惑」については、小著『死の貌』の第四章「セバスチァンの裸体像」で論じた。

❖立原道造と日本浪曼派

大岡の「保田與重郎ノート」の冒頭には、立原道造が日本浪曼派にいったん接近してから嫌悪の情をもよおしたことが書かれている。私はこれにも三島が感応したのではないかと推測する。

かつて立原道造について小論を書くためかれの全集を通読したとき、ぼくに最も強い印象を残したのは、同時代の青春の「惨落」を言い、「僕らすべてを襲っているこの終末感」について語りながら、ほとんど故意に「共同体というものの力への、全身での身の任せきり」の方向へ自己の精神を振り向け、順応させていこうとする立原の姿勢であった。

この姿勢は、そのままかれの日本ロマン派への接近を準備したものであった。かれは結局、死の数か月前にこの接近の無意味であったことを自覚し、日記の中でかれらへの訣別《けつべつ》の言葉を記しているが、その時かれの自覚をうながしたものは日本ロマン派の本質を見抜いたがための憎悪ではなく、「コギト」（註・二二歳の保田が昭和七年創刊した同人誌で、一九年まで一四六号続いた）たちのあまりにつめたく、愛情のグルント（註・基盤）のない文学者の観念」に対する、立原的な、あまりに立原的な嫌悪の情だった。

（『抒情の批判』）

三島は『文藝文化』に「夜の車」を書いて『文藝文化』的国学、あるいは日本浪曼派と訣別した。従来そう解されている。その論拠は三島が、「文藝文化終刊号にのせた奇矯な小説「夜の車」は国学への訣別の書でした」（昭和二一年の川端康成あて手紙）と記しているからだ。しかし私には定かではないと思われる。大岡の立原道造評はさらに論を展開していく。

立原のいわゆる「惨落」からする「共同体」への接近は、主観的な内面生活における極度の個人主義が、危機に直面した場合、政治的権威に対する一種盲目的従順さとしばしば結びつく、近代インテリゲンチアに特有な精神的もろさのひとつの例だと言えるし、それはまた「変様に無限に出発する生」を芳賀檀（註・『日本浪曼派』同人の一人）にならって謳ってみても、実はそれがどうにも動きのとれない、つまり変様しようのない生のつぶやいたレトリックにすぎなかったことと表裏の関係をなすものだった。

一切を知り、全体を体験したいと願うファウスト的欲求が立原のそうしたレトリックの深部にうごめいていたことはたしかだが、実際には、かれがそのような欲求を強めれば強めるほど、かれの精神は事物の洞察的認識から遠ざかり、事物の多様な表面の単なる多様性を無差別に記録するにとどまるという結果を招いた。

何かが大きく間違っていた。しかし立原にはそれをどう転換することもできなかったのだ。ぼくにはかれのたどった道が、ぼくらにとって全く無縁だったとは言いきれないと思える。ぼくらが立原と同様な立場におかれた場合、果たしてぼくらは彼と相似の軌跡を描くことなく内面的危機を転換しうるだけの力があるか、それが問題だ。

（同）

おそらく早熟な三島は、少年期に、自分より一一歳年長の立原が見舞われたと同様の精神的危機を、そして文学的困難を「日本ロマン派」に抱えたのだろう。それを大岡の書により思い返していたのではないか。立原と同じように、自分もあの時代の文学の潮流にアンビバレントな思いを抱いていたことを…。

❖絶望と精神的デカダンズ

大岡はつづけて、昭和一〇年代の危機と現在の状況を比べつつ保田について述べる。

昭和十年代前半に感じ取られた危機と、現在瀰漫《びまん》的にかもし出されつつある危機とではその性質が異なっていると一応は言えるかもしれない。現在の危機は、言ってみれば低姿勢である。それだけに、それは頽廃的エネルギーという爆薬を蓄積するには絶好の条件をもっている。

精神的な仕事の領域にさえ、その傾向は顕著である。批評の基準の喪失が言われる裏には、価値評価の基準を見失った深刻な絶望がある。

その絶望は、精神的デカダンスと背中合わせではないか。それならば、ぼくらは日本ロマン派のイデオロギー的指導者保田與重郎がかつて置かれていた場所と別のところにいるわけではない。なぜなら保田氏こそ、危機と転換、批評基準の喪失といった問題に深く浸ったところで、彼なりの解決の道を見出し、虚無的でイロニックな旋回のうちにその道をみずから踏みにじってしまった、一人の典型的なデカダンの文学者だったからである。

ぼくが保田與重郎のことを念頭におくようになったのは、むしろ最近のことである。日本ロマン派などという運動とは無関係に、保田というスケールの大きい（これは否定しても仕方のない事実だ）文学者が、なぜあのような道行きをたどり、文学者としての自分をみずから否定しさることに同意できたのかという点に関心をかきたてられたからである。（略）

今日保田與重郎の名は、あたかも海中深く廃棄された放射性物質のごとくに語られる。それはたしかに廃棄された。だが、動かぬものと思われていた深海の水は、実際には少しずつ動いていた。放射能はやがては思いもよらぬ岸辺まで行き渡るかもしれぬ。（略）（同）

大岡は、「虚無的でイロニックな旋回のうちにその（＝危機と転換、批評基準の喪失を解決する）道をみずから踏みにじってしまった」保田を、「海中深く廃棄された放射性物質のごとく語られている」と揶揄《やゆ》している。しかし三島はここでぐっと胸をつかまれる思いをしていたのではないだろうか。そしてハタと膝を打っていたのではないのか。デカダン嗜好《しこう》の三島は、「評価の基準を見失った絶望は精神的デカダンスと背中合わせだ」との大岡の指摘や、「保田はデカダンの文学者だった」というくだりに痺《しび》れていただろう。保田がデカダンなら自分もそうだ（った）、と思っていただろう。

大久保典夫は言う。日本浪曼派は、「絶対に奪還が不可能である」「すでに失われた『故郷』（聖地）を奪還する」もので、「すでに予定されていた」「敗北」の「挙に出る」のだから、「きわめてイロニックな色調を帯び」ていると。つまり日本浪曼派はデカダンそのものなのだ。

妻子をいとおしみながらも、あえて「義」のために家庭破壊の挙に出る。いったい何を求めているかと言えば、すでに失われた「故郷」（聖地）を奪還するためなのです。その行動自体は、絶対に奪還が不可能であるがゆえに、敗北はすでに予定されていた。きわめてイロニックな色調を帯びます。日本浪曼派の〈滅びの美学〉とはつまりこのことなのです。三島は「炉辺の幸福」を拒否することでみずからの「不幸の純潔」を守ったのです。ロマン主義にとって、世俗の幸福を得ることは「純潔」を汚すことであり、それ自体、まっさかさまの頽落《たいらく》を意味したのです。

（「保田與重郎、蓮田善明、三島由紀夫」『回想の三島由紀夫』行政通信社、昭和四六年）

この論旨に沿うと、日本浪曼派は三島と同じく「不幸の純潔」を守ろうとしたことになるのだが、彼らはそのために「炉辺の幸福」を拒みはしなかった。三島は彼らのデカダン流をはるか突き抜けたところに至ったのだ。

❖『批評』昭和四三年夏季号

三島は先にふれた昭和四三年の埴谷雄高との対談「デカダンス意識と生死観」（『批評』の同人村松剛も司会役で参加）で、保田に拘泥《こうでい》しとおし、埴谷を辟易《へきえき》させている。三島は、何度も座談の流れを変え、話をさえぎり、保田をもちだした。保田、保田、と保田に話題を引きもどし、「保田與重郎が（戦後生きのびず）死んだら、小型ゲバラ、小型キリストだったかもしれない」と言いだす興奮ぶりだった。これには訳があった。というのはこの対談は三島自身が企画したものだったのだ。これだけでなく対談が載った『批評』VOL.12（昭和四三年夏季号）は、〝三島由紀夫単独編集〟号だった。三島は「デカダンス特集」と銘うって勇躍一巻を編んだのだ。

この号は遠藤周作の発案だった。（略）少年時代の文学の出発点を、十九世紀末のデカダンス文学に置いている関係上、いつか、デカダンスについて総括的な研究を試み（略）（同号編集後記）

足かけ四年かかった「太陽と鉄」の連載はこの巻で終っている。いやがうえにも編集への力瘤《こぶ》はふくらんでいたのだろう。座談の劈頭《へきとう》で村松が、デカダンスという語について、「西洋でデカダンスといえば、だいたい世紀末の詩人たちをさすわけでしょう。当時の詩人たちの雰囲気を示すことばですが、そもそもは悪口としてつくられた名称ですね。象徴派の詩人のことを、デカダンと呼んだ」と説明した。「デカダン」は、頽廃的なことをさすフランス語で、カソリックなどの既成の価値観を懐疑《かいぎ》した一九世紀末の芸術的傾向である。ヴェルレーヌ、ランボー、ボードレール、ワイルドらが代表的なデカダン派である。三島が座談で保田に言及している箇所を拾い出してみる。

・どうせデカダンスなどは昔の話で、最近はデカダンスのデの字もないけれどもね、保田與重郎がデカダンツ（die Dekadentz）と言ったのは昭和十二、三年だね。あれはなにからきたのか、ドイツ・ロマンチック…だってドイツ・ロマンチック派はデカダンスでもなんでもないね。

・とくに保田さんをここで論ずるわけではないが、保田さんがデカダンツと言っていた時分は、埴谷さんなんか、傍からごらんになって、これは危険だと、これは下手にこんなものに捕らわれたら、自分がちょっとイカレそうな気がすると、そういうようなある意味の魅惑があったのでしょうか。というのは、もっとあとの保田さんになりますと、埴谷さんからごらんになって、毛ぎらいということが考えられると思いますね。つまり、そういう魅力でなく毛ぎらい。ああ、また始めやがった、もうあんなものは読むまいと。しかし、それからもっと前の、それが予感にすぎなかったころの保田さんの作品には、ある危険な魅力があったのでしょうか、実際に。

・さっき保田與重郎の問題をたまたま出しましたのは、私の考えでは、まずモヤモヤした胚種があって…死にたいとか、きれいに死にたいとかという胚種がまずあって、それをいろいろこじつけて、上方文学だのドイツ文学だの言っていますけれどもね、そのモヤモヤがだんだん形をなしてきて、そうして日本の政治のなかにぐっと突っ込んでくる、それがデカダンスなのか。あるいはもうひとつ先の、敗戦のあとにきたのがデカダンスなのか。そのへんがおもしろいのですが、文学的に言っても、政治的に言っても。

・否定の情熱がデカダンスだというとニヒリズムとデカダンスが同じものになっちゃうんだけれども、ぼくはそうではなくて、ニュアンスから言うと、デカダンスというのは、自己満足の要素が非常に強いと。デカダンスというのは、脱却一歩手前で止まるのがデカダンスだと思う。

もし一歩脱却しようとしたら、もう能動的ニヒリズムになる。ニヒリズムというのは、ネガティヴな働きとポジティヴな働きと、両方持っているものだと思う。デカダンスというのは、ある、たゆたって停止した状態ですね。それはヨーロッパはヨーロッパでいいですよ。日本にいったい、そういうものがあったかどうか。また保田さんの話に戻るのだけれども、日本に、そういうデカダンツというようなものがあったのか。上方文芸やなんかの伝統のなかに、彼はそういうものを捜そうと思ったのでしょうが、だいたい日本でそういう時代に、滅びとかなんとか言われていたものは、みんな伝統の重圧ですね。岡本かの子の「家霊」という小説があるでしょう。ああいうふうに、なんか伝統の重圧で重い遺伝、血がこくなる。それから、一種の奇形、なんか伝統的な産物の重圧と、そこから生ずる肉体的な弱さ、そういうものですね。そういうものを総合したものが滅びと、彼の言っているものでしょう。そこがヨーロッパのデカダンスのように、自分一人でつくったデカダンスと、こういう日本的な、いかにも伝統の重圧に耐えかねたデカダンスと、ぜんぜん性質が違うね。

・おそらく日本人は戦後はじめて、たゆたってる状態をはじめたと思いますね。戦後はじめてたゆたいだした。そのたゆたいだしたあとに、日本という国がなにをはじめるかということが、きょうの座談会でやりたかった焦点なんで、それで保田さんを言いだしたのは、それがもとなんですが、日本人はたゆたいだしたあとで、なにをするのだろう。満洲事変以後はたゆたってる暇はなかったけれども、たゆたいになごりがあったでしょう。それがけっきょくガタガタッときて、いまやっとたゆたいだしたでしょう。これがどういうふうになるのか、ちょっとおもしろいと思うのですがね。

・啓示の問題になると、保田與重郎はなんかを啓示したのではないか…。なんか啓示した。つまり、あんなあいまいな文学表現というのはないですよ。読んだってわからない。非常にふしぎなスタイルで、謎ですね。なんか啓示したと思いますけれども。

・方法を否定したですね、完全に。自分は生き延びたです。あれが、保田與重郎の非常におもしろいところだと思います。保田與重郎が死んだら、あるいは、それはおっしゃるように（註・埴谷の「（ゲバラは）死ななければ力を持たなかったでしょう。キリストにしても殺されたから力を持った」との発言）、小型ゲバラ、小型キリストだったかもしれない。ですけれども、彼は生き延びたですね。生き延びたということを、毫《ごう》も恥じない。つまり、上方文人というものは、志を得ないときは、山に隠れて、自分の田畑を耕して生きていくものだとはっきり言っている。そのあいだ、別に思想を変えたわけではない。もっとも山林があるから、お金を持っているのですね。食うに困らない。

（『批評』昭和四三年夏季号）

これらの発言は、まだ楯の会と命名されてはいないが、その隊員志願の学生たち若者を引き連れ、はじめてひと月におよぶ自衛隊での体験訓練を実現した直後だった。『奔馬』の連載も結末に近づいていた。いやがうえにも気持ちがたかぶっていたのだろう。

❖保田への愛憎（リーベ・ハーツ）

三島はここで保田への愛憎（リーベ・ハーツ）、アンビバレンツな感情のせめぎ合いをあまりにも率直に口にしている。昭和四四年の徳大寺との対談同様、注目に値する。測深器でも計れない、暗い地下深くに蔵されたマグマのような三島の保田への思いが、突然にわかに地表に噴出した観がある。ここで三島は、〝「保田」にイカレていた〟と真摯に熱く告白しているのだ。一〇代の三島のなかにインプラントされた〝保田與重郎〟という「モヤモヤした胚種」、「死にたいとか、きれいに死にたいとかという胚種」、それが地表に芽を出しかたちを成そうとすると、どうしようもない胸やけ感が昂《こう》じ、自家中毒にかかったような精神的な嘔吐《おうと》状態になる。だからそれを抑えてきた。しかしもうそれを抑えきれなくなっていたのだ。この座談で三島は、入水自殺した八世市川団蔵に話をおよぼしている。武士から河原乞食といやしめられた団蔵は自死によってなにものかに達したと語っている。

芸術というのは、全部そういうふうに河原乞食で、なんだ、おまえは大きなことを言ったって死なないではないか、と言われると、ペチャンコですよ。

埴谷が、「ぼくは死ぬ必要はないと思う」と述べると、三島は、「いや、ぼくは死ぬ必要があると思う」と敢然と切りかえした。三島は〝文学者〟として自分の情動を抱えきれなくなっていたのだ。当然である。そのモヤモヤは非文学的な情動だったからだ。ゆえに文学外のフィールドに果敢に、ぐっと突っ込んでいくしかなかった。この文学外とは、三島にとって〝武士〟としてのふるまいを可能にする実行動だった。三島は文武両道をかかげ、ゾルレン（当為）としての〝武〟を内側に取り込み、それをザイン（存在）として実在化すべく果敢な行動に出ていった。三島にはそれしかなかった。そして、どうしても死にたいという情動のままにあの決起に行き着いたのだろう。

先にも引いたが、桶谷秀昭は、「（戦後）三島由紀夫は何をいちばん怖れたかといえば戦争末期の終末感を抱いたまま生き埋めにされ、なお節を枉《ま》げずに、『紙なければ、空にも書かん』とつぶやいている保田與重郎という存在であろう」と書いた。保田は『日本に祈る』の自序の中で次のように記している。

紙無ケレバ、土ニ書カン。空ニモ書カン。止マルトコロ無ケレバ、汝ノホッスルママ、風ノマニマニ吹カレユケ。ユキツツモ、攻メクルモノノ頭ハ嚙ミ砕キ、逃ゲユクモノハ捉ヘナイ、アハレ流ルル地ヲ知ラヌモノヨ、ソノ間ヲ、余ハ細イコトニカカハルコトナク、タダココニ座ツテイル

もし三島が怖れたとしたら、戦中も戦後も「言語伝統」に危機感を持たず、名をふして書くことを封じられてもノンシャランだった保田のデカダンぶりだったのだろう。それは三島の〝理性〟に収まるものではなかったのだ。第一章でその多くを引いたが、多感な一〇代のときに親交をむすんだ東文彦の遺稿集『浅間』の「覚書」のなかに、「デカダンスの深みに下りて行くこと、それは無意味ではない。（略）ニヒリズムをなくしてしまってはいけない。深い井戸の底から星を見るのはよろ

しい。しかし偽りの星でないことを」とある。文彦に感化された三島のデカダン好きはこのときからだったのだろう。

❖終生の友となった伊沢甲子麿《きねまろ》

「プロローグ」でふれた伊沢甲子麿《きねまろ》は、三島と同年生まれで、終戦後まもなく三島と知り合い、三島が自決するまでずっと友情を交わした人物だ。伊沢の祖父は信州高遠藩の藩士の子で、紀元節唱歌〈雲にそびゆる高千穂の…〉の作曲者伊沢修二である。伊沢は國學院大學を出て高校教師になったが、大叔父（祖父修二の弟）の多喜男が政界に関わっていたこともあり政治家を志し、都の区議選に出たが敗退し、頭を丸めて青森の高校に流れたりした。左翼全盛の占領下、國學院大弁論部の学生を引き連れて東大駒場で左翼の大学教師と公開討論をした。三島も楯の会隊員をしたがえて東大全共闘と同じ駒場で公開討論をしている。昭和二九年に結婚したときの仲人は大東塾の影山正治で、影山は伊沢から参列した三島を紹介された（『不二』昭和四六年三月号）。平泉澄門下だが師とソリがあわず、影山や安岡正篤《まさひろ》に親炙《しんしゃ》した。三島にとって伊沢は、最晩年に恩師清水文雄に出した手紙に、「友はもはや伊沢一人のみ」と書きつづり、自決の一〇日前の一夕、三島から誘って二人だけで呑み交わした心友だった。昭和四六年二月一一日の札幌での講演で三島との最初の出会いを思い出深く語っている。

私が三島先生に初めて会った時（註・昭和二三年）の言葉は、いまだに忘れられないものになっています。会うやいなや、まず紹介状を見て「私、三島です」とあいさつをした。

その彼が開口一番いった言葉は「あなたは保田先生が好きかね」だった。保田先生というのは文芸評論家で今は京都に住んでいるが、いわゆる日本精神を持った方でした。われわれが学生だった戦時中、右翼左翼を問わず、非常に憧れを抱き、影響を受けた人です。

しかし、終戦と同時に追放され、戦争犯罪人ということで、一切の執筆活動を停止された。当然世の中の表面に出ることもできなくなった。

そういう状況下にあった先生の名を、当時すでに文壇で名を売っていた三島先生が、何かにつけて保田先生の名を口にするということは、そのことだけで文筆家としての生命を脅かすことになる。その当時の作家、評論家、学者の間では、保田先生の名を口にすることはタブーであった。それを三島先生があえて口に出したので、私は驚いた。

一瞬のためらいはありましたが、この際私としても、私自身の信念を率直に言うべきだと思い、「日本は戦争に敗れたけれども、保田先生はあくまでも立派な方だ。保田先生を尊敬する。あの方の学問はしっかりしておられるし、あの方の信念、思想は立派だ」と答えました。

三島先生は私の顔をじっと見ておられ、「君は本物だな」と言われた。それが、私と三島先生との精神的な絆《きずな》となり、長く深い付き合いの出発点となったのです。

（『歴史への証言』昭和四六年）

伊沢は、戦後まもなくから自決直前までの二〇年間以上交際のあった三島からの書信をいまだほとんどおおやけにしていない。三島から伊沢にあてた遺書についても、三島事件の裁判で弁護人が陳述で援用した一部（私が東京検察庁で特別閲覧した裁判記録にあった）しか分からない。伊沢が言うほど当時の三島はまだ文壇で名を売っていたわけでない。出版社に原稿を持ち込み、頭を下げて売り込み、これはと思う文壇の先輩作家に書いたものの評価をあおぐという苦しい時期だった。伊沢は三島の「保田先生が好きかね」の質問の意図について次のように述べている。


三島先生は、なぜこのような質問を初対面の私に、しかも唐突にしたのか。

「じつはね、僕は家に来る人たちには、誰彼を問わずその質問をするんだよ。そうすると、どいつもこいつも〝保田〟という名を聞くと、みんな瞬間ギクッとして、それから決まったように、〝あいつは軍国主義者だ、太平洋戦争に協力したトンデモナイ戦争犯罪人である。そんなものは民主主義の敵であるから大嫌いだ〟と言う。

けれど、だんだん突っ込んで聞いてみるとそう言っている奴らほど、戦時中は保田先生の大ファンだったということが判る。戦争に負けたんで、急にマッカーサー、つまりアメリカ占領軍を恐れて、みんな保田先生の悪口を言いだした。なんと日本人は無節操な人間ばかりだ」。

これで質問の意図がはっきりしたのです。（同）

このあたりには伊沢の脚色がいくぶんか入っているかもしれないが、三島は自宅に来て会いたいと言うファンに、「あなたは保田先生が好きかね」と信条調査的質問をぶつけ、「否」という者には冷ややかに、「諾」という者には意気投合していたのだ。

❖文学的出自のトラウマ

当時の三島はみずからの文学的出自にトラウマをいだいていた。戦中はかっこうよく風靡《ふうび》したが、戦後の今は避けられ、嫌われてもいる日本浪曼派という出自。それをあからさまにしたら笑われ、さげすまれ、相手にされない。自分を訪ねてくる一般人にはそれを逆手に取っていたのだろう。これは三島が悶々《もんもん》とし、気持ちが荒れていた証《あかし》でもある。『花ざかりの森』の序文について、三島がそのころを回想しているくだりがある。

十九歳の私は純情どころではなく、文学的野心については、かなり時局便乗的でもあったことを自認する。「花ざかりの森」初版本の序文などを今読んでみてイヤなのは、その中に自分に全部がそうだとは云わないが、何割かの自分に、小さな小さなオポチュニストの影を発見するからである。

（「私の遍歴時代」）

三島がここで「序文」と言っているのは、実際は「跋《ばつ》に代えて」というあとがきのことだ。細かい文字で五ページもある長いあとがきだ。もうすぐ死ぬと覚悟していたのだから、オポチュニスト（日和見主義者）になる必要はなかった。オポチュニストと言っているのは韜晦だろう。このなかに、「私は草莽《そうもう》の臣という言葉が伊東（静雄）氏や保田與重郎氏の浪曼主義をとおしてのみ今日の文学に新たにされた所以《ゆえん》を思った」という一節がある。三島は自らの〝お里〟をここであきらかにして（しまって！）いたのである。当時の三島にとり『花ざかりの森』は〝遺言〟となる作品集のはずだった。最初で最後の、生涯で唯一冊の自著になるはずだった。そのつもりで親の伝手《つて》とコネをつかい戦時統制されていた紙の手配までして、遮二無二《しゃにむに》出版に漕《こ》ぎ着けた。そのために即入営となる士官に志願することもしなかったので、一兵卒で入隊するリスクまでふんだのだ。上梓が決まった喜びで熱に浮かされ、正直に自分の〝お里〟を書き付けてしまったに違いない。『花ざかりの森』から数年後に『仮面の告白』を書き上げたときも異常に高まった気持ちから、七通りもの序文を用意した。が、どれも採用されなかった。三島は自作を上梓するさいに、跋やはしがきを付さない作家であり、それぞれのときのたいそうな興奮ぶりが想像される。

三島は戦後、その〝お里〟たる保田與重郎が戦犯の烙印《らくいん》を捺《お》され文壇から追放されてしまい、半ばヤケ気味になっていたのだろう。日本浪曼派＝〝保田與重郎〟という「出生地証明」が戦後の自分の活躍の場を狭《せば》めてしまった、と思っていたのだろう。生きつづけるとわかっていたら、三島は『花ざかりの森』のあとがきに、正直にあそこまで書きはしなかったろう。あのように書かなければ、苦しまないで済んだのだ。そんな自棄《じき》の気持ちが、「保田先生は好きかね」の質問だったように私には思える。文壇からかけ離れた場所に追いやられ、半ば忘れ去られようとしていると焦り、ホゾをかんでいたとじゅうぶん推察される。じっさい、三島は『文藝』昭和二〇年五・六月合併号に「エスガイの狩」を発表できた後の一年間、昭和二一年の『人間』六月号に「煙草」が載るまでほとんど発表する場を得ていない。それまでしなかった原稿の持ち込みをしていたのもこの時期だった。しかし「マイナス百二十点」（「私の遍歴時代」）と陰で酷評されたりもし、なかなか採用されなかった。そう酷評したのは中村光夫だが、臼井吉見は、中村は、「マイナス百五十点」をつけたと語っている（「対談　三島由紀夫」『文學界』昭和二七年一一月号）。中村自身も江藤淳との対談で、「ぼくは三島君の最初の短編小説をマイナス百五十点と言って、否定しました」（「三島由紀夫の文学」『新潮』昭和四六年二月号）と言っている。そういう試練をへて、ようやく『人間』昭和二一年六月号に川端康成の推輓《すいばん》で「煙草」がのる。それも数カ月待たされた末だった。

❖「会計日記」でわかる三島の鬱屈

終戦直後期の三島の鬱屈ぶりは、井上隆史が発掘した「会計日記」から詳《つまび》らかに看《み》てとれる。昭和二一年五月一一日から翌年一一月二三日の行動が、金銭の出し入れとともに綴《つづ》られているのだ。三島が太宰治とある宴席でただ一度会ったのもこの期間だった。三島は太宰に向かって、「あなたの文学は嫌いだ」と言った。日々の鬱屈が宴席で暴発したのだろう。しかし同席者の証言によると、三島はその宴席に最後までいた。徳大寺との対談でも三島は太宰について、「ただ嫌い」と述べているが、「大した才能」とも評価している。話は横道にそれるが、面白いのは、三島が徳大寺に言った芥川龍之介についての評言だ。「最初から嫌い。天才でないのが歴然としている。太宰のほうが芥川よりずっと天才」と語っていて驚いてしまう。昭和二九年に書いた短い芥川論「芥川龍之介について」

の中で三島はこう述べている。

私は自殺をする人間が嫌いである。自殺する文学者というものをどうも尊敬できない。武士の自殺自決はみとめるが、文学者の自殺はみとめない。

そのいっぽうで、「芥川の短編小説のいくつかは、古典として日本文学に立派に残るものである」と評価している。昭和三一年の角川文庫への解説で『舞踏会』を、「美しい音楽的な短編小説。芥川の持っている最も善いもの、しかも芥川自身の軽んじていたものが、この短編に結晶しているような感じがする」と褒め、『手巾《ハンカチ》』を、「芥川のものでも最も完成されたコントとして選ぶ。短編小説の極意である」と絶賛している。作家としての芥川は尊敬し、その完成された文体、洗練された語り口を高く評価している。しかしその死に方は容赦なく批判する。「芥川の自殺は偶発的で病理の引き起こしたもの、本来ならば芸術によって克服され、昇華されるべきものであった」ときびしい。一年後の自死をほぼ決めていた時点での徳大寺との対談で、芥川に厳しい言葉を投げつけ、芥川との比較で太宰を評価した。しかし天才でない芥川よりずっと天才の太宰というロジックはいささか奇妙だ。太宰は何度も死のうとした、確信的自殺者だ。畢竟《ひっきょう》それを遂げたのだから評価しよう。しかし芥川は突発的、偶発的に自死した。自分はそうはならないぞ、という気持ちだったのだろうか。

❖「浪曼派の母体から出た子であることはまちがいはない」

三島は文学的なものを保田からくみ取ろうとしなかった。しかし保田＝日本浪曼派から〝浪曼的衝動〟を深く感受し、それを三島流に涵養していた。三島が日本浪曼派から受肉化したもの、それを三島は『太陽と鉄』のなかで、〝浪曼（主義）的衝動〟と呼んでいる。三島は召集された昭和二〇年春に書いた遺書を、昭和四一年に「私の遺書」と題して『文學界』誌上で、「一生に遺書は多分これ一通で十分であろう」と初公開した。それは『英霊の聲《こえ》』の発表（『文藝』六月号）と同じタイミングだった。

遺言　　平岡公威

一、御父上様
　御母上様
　恩師清水先生ハジメ
　学習院並ニ東京帝国大学
　在学中薫陶ヲ受ケタル
　諸先生方ノ
　御鴻恩ヲ謝シ奉ル

一、学習院同級及諸先輩ノ

友情マタ忘ジ難キモノ有リ
諸子ノ光栄アル前途ヲ祈ル
一、妹美津子、弟千之ハ兄ニ代リ
御父上、御母上ニ孝養ヲ尽シ
殊ニ千之ハ兄ニ続キ一日モ早ク
皇軍ノ貔貅《ひきゅう》（註・兵卒）トナリ
皇恩ノ万一ニ報ゼヨ
天皇陛下万歳

この二〇歳のときの遺書は、〝平岡公威〟として書かれ、「御父様御母様」で始まり「天皇陛下万歳」で終わる。文学的遺書は、〝三島由紀夫〟の名で前年（昭和一九年）秋に上梓し、恩顧をこうむった関係者の名を羅列し、はからずも自らの〝お里〟を明らかにするあとがきを付した『花ざかりの森』だった。昭和四五年の自決のさいに発せられた、武人としての遺言である「檄《げき》」は、〝三島由紀夫〟名だった。「至純の魂を持つ諸君」たる日本民族にあてられ、自衛隊市ヶ谷駐屯地総監室まえのバルコニー上で、「天皇陛下万歳」の〝烈声〟で最後をむすんだ。三島は二〇歳の遺書についてつぎのコメントをしている。

当時は、末梢《まっしょう》的な心理主義を病んでいる青年の手をさえとらえて、らくらくとこのように書かせるところの、別の大きな手が働いていたのではないか。それは国家の強権でもなければ、軍国主義でもない、何か、心の中へしみ通ってきて、心の中ですでに一つのフォルムを形成させるところの、もう一つの、次元のちがう心が、私の中にさえ住んでいたのではなかろうか。

（『文學界』昭和四一年七月号）

二〇歳の三島にとって、「国家の強権でもなければ、軍国主義でもない、何か、心の中へしみ通ってきて、心の中ですでに一つのフォルムを形成させるところの、もう一つの、次元のちがう心」とは、保田與重郎たち日本浪曼派から注入された〝浪曼的衝動〟だった。

四一歳の三島は母倭文重《しずえ》に、「英霊の聲《こえ》」を一晩で書きあげたと語ったという。実際には一晩で書いたのは、作品中の原詩だったようだ。いずれにしても、このときも二〇年前の三島に、「らくらくと」遺書を書かせた「別の大きな手が働いた」のではないか。これが〝浪曼的衝動〟ではなかったか。ふつふつと湧く間歇泉《かんけつせん》の飛沫《ひまつ》のように〝浪曼的衝動〟が三島に飛び散り、憑依《ひょうい》したのではないか。三島の手が舞踏病のように動き、「などてすめろぎ（天皇）は人間《ひと》となりたまひし」のリフレインが響きわたる呪文的散文詩となった。「英霊の聲」を書いた翌年に、「**浪曼派の母体から出た子である**ことは**まちがいはない**」と自分の出自をはっきり言いきっている。ただし、「**葡萄状鬼胎**」、つまり「**浪曼派の鬼っ子**」なのだ。

ぼくはやっぱり、**浪曼派の鬼っ子**ではないかと思うのです。浪曼派のほんとうの子じゃない、**葡萄状鬼胎**みたいなものだよね、これは。とにかく浪曼派のほうでもへんな子を産んじゃって困っているんだよ。だけれども、浪曼派の母体から出た子であることはまちがいはない。つまり葡萄状鬼胎だよ。

（『対話　思想の発生』岩波書店、昭和四八年）

これも前章で一部引用したが、三島は死の一週間前の古林尚との対談で次のように告白している。

私は戦後に際会して非常に戸惑った。悔悟《かいご》感を感じなかったと言ったらウソになる。自分の中で割り切れないものがあって、一時ロマンティシズムを憎んだ。しかし迷いながらも自分を全部否定することは嫌だった。ノンポリで政治的潮流がよく分からなかったから芸術至上主義者を気取っていた。それは逃げ道でもあった。芸術至上主義を楯にしてそこを潜《くぐ》り抜けていくほかないという気持ちだった。そのうち歳とともにお里が知れてきた。一番感じやすい十代に受けた精神的影響がだんだん芽を吹いてきた。抑えようがなくなってきた。『潮騒』を書いて、古典主義で自分を制御できると思った。理性ですべて統御できる作家になれると錯覚をおこしていた。しかし長くは続かなかった。自分の中でどうしても統御できないものがある。そうすると嫌々ながら自分をロマンティストと認めざるをえない。ひとたび自分の本質がロマンティークだとわかると、どうしてもハイムケール《帰郷》するわけですね。ハイムケールすると、十代にいっちゃうのです。十代にいっちゃうと、いろんなものが、パンドラの箱みたいに、ワーッと出てくるんです。

（『図書新聞』昭和四五年一二月一二日号、同四六年一月一日号）

小さな胚として三島のなかに居ついた〝浪曼的衝動〟は懐かしくても、三島に対して苛烈《かれつ》で苛酷だった。

❖召集にまつわるそれぞれのふるまい

三島は遺書を書いて、昭和二〇年二月、入隊地の兵庫加古川の原籍地に向かった。しかし肺浸潤と誤診され、「皇軍ノ貔貅《ひきゅう》」となることをあっさり放棄し、逃げるように即日帰京の途についた。いっぽう、前年罹患《りかん》した肺炎からまだ恢復《かいふく》していない三六歳の保田は、昭和二〇年三月に赤紙を受け取った。当時召集の上限は四〇歳だった。それは東京から故郷奈良桜井の入隊地にわずか二日の間に移動・入営せよとの懲罰的なものだった。軍歴のない中年の病弱者が徴用でなく召集されるのは稀《まれ》だった。しかし保田は、見張りの憲兵が、「急がずとも」と言うのに、さっと身づくろいし従容《しょうよう》と西下した。そこから海路を経て、朝鮮半島から畜馬用貨車にゆられて大陸を往き、応召の地である華北石《かほくせき》門《もん》にたどりつくと軍病院の硬い床《とこ》に身を横たえた。これが、ときを同じくして三島、保田の二人の身に降りかかった召集にまつわるそれぞれのふるまいである。保田は、兵となったら、「大君《おおきみ》の辺《へ》にこそ死なめ」の古人の志のみでいいと言った。

文化文芸上の戦争の論としては、我々が戦場へゆく心構えにつきる。しかも「大君の辺にこそ死なめ」と古人が謳ったそのままを、今日の忠勇の将兵はそのままに生きているのである。古人が「大君の辺にこそ死なめ」の志は、ただ大君のお傍《そば》で死にたい、他の何も考えない言挙《ことあげ》はしないということであった。しかるに我々の今日の戦争論が、その討死の意義を、世界史とか世界観という西戎間《せいじゅう》の思想で云わねばならぬ原因はどこにある。けだし説く者の文明開化的意識とともに、聞く人々にもそれが多く残っているからである。

（「大東亜戦争と日本文学」）

一時の体調不良で国家から兵士として disqualify（不適格）され生き残った三島と、国家から死んでこいと戦場に送り込まれ、しかし生きおおせた保田。保田は、みずからの理想を自身の身持ちであらわした、運命にいさぎよくしたがった文人といえる。三島の保田へのルサンチマンは複雑で深甚だったろう。「戦後互いに一度も会う機会がなくとも、保田の三島についての言説は、三島本人にさまざまに届いていたであろう」（『保田與重郎と昭和の御代』）と福田和也は言う。それによって三島のなかにも保田への思いが、地中深く蔵されたマグマのように秘かに溜め込まれていたのだろう。そのマグマが一気に噴出したのが、昭和四三年の埴谷雄高との座談の場だった。そして間歇泉が突然噴き出すように、自決の一週間前、最後の最後にそれが語られ、その飛沫の跡が市ヶ谷に残されたのだ。三島は生前、ついに保田から受容したものを明言せず、仄《ほの》めかしもしなかった。「保田」を封印する必要がなくなっても、いくつもあった出会いが三島の記憶のなかで隠滅されつづけた理由もここにあるのではないか。

❖三島へのオマージュがちりばめられた『天《あめ》の時雨《しぐれ》』

では、保田はその三島をどう見ていたか。『天《あめ》の時雨《しぐれ》』からいくつか引いてみる。三島の自決直後に保田が書いた一文で、三島へのオマージュがちりばめられている。

・この二十数年、私は三島氏の世評には盲目だったが、その作品や言説については、真剣に考え、かりそめだったことはない。私の尊敬する人々の三島氏に対する批判は、片言隻句《へんげんせっく》の感想も、深厚《しんこう》にうけとって自己風に考えた。

・三島氏は人を殺さず、自分が死ぬことに精魂をこらす精密の段取りをつけたのである。人を殺さずして巨大機構を根柢で揺り動かした。怖れた者は狂と言い、不安の者は暴と言い、また行き詰まりと言い、壁に頭を自ら打ちつけたものと言ったりしている。想像や比較を絶した事件として。国中のみならず世界に怖ろしい血なまぐさい衝動をあたえた点近来の歴史上類例がない。

・精神史的な意味で言えば、神風連この方、五・一五事件、二・二六事件、相沢中佐事件、中野正剛氏の自刃、山口二矢《おとや》少年の自決、これらとも、一個重々しい点で異なるものがある。三島氏が晩年異常の感動を以て対した蓮田善明氏の自殺の場合とも、同じく微分されたところに異なりがあって、この微なるものに、極大の広さと重さを私は感じるのである。

・三島氏は壁に突き当たったのでなく、好んで激突したのでもない。その人自身が壁だったのだ。壁は玉であって、玉は玉砕するゆえに尊しという、東洋五千年の文明観の精髄をその身にしていたと思われる。石は割れるが、玉は砕ける。これが生命観とか霊魂観を象徴する。

・私は三島氏の壮年の顔を知らない。私の知っているのは、少年一七八歳の紅顔美少年の俤《おもかげ》である。そのことは今の私の慰めであろうか、哀しみであろうか、しかし当時から文学的才能は本人の知らぬはげしいものがあった。これは、四十五歳の今日に言うのではなく、素質だった。

・いたいたしいほどの少年の天才の成長を願って、その異質を大切にするあまり、危ぶむこともあった。彼の感受性の鋭さは、感動とけじめなく、そういうときの彼は、生命を彼岸に放出するように、己を無くし空《むな》しうすることが易々だった。自然に空しうなるのだ。

・彼の変革精神の根柢は、既成の政治的右翼思想ではない、人道の救いをはるかに展望している人の負目があった。近世末期のわが国学が味わった昧爽《まいそう》の感銘を、私は三島氏のある一時の心《しん》裡《り》に立ち入って感ずるのである。

・三島氏の武士の思想は、三島氏以前の武士道とは全く異質のものにて、それは史的に驚くべきものである。三島氏晩年の思想の基本にあった即位大嘗祭の天皇、日本の文化という一線は、既成武士道では全く考えもされていない。発想上のどこにもないのだ。しかもこれだけが第一義のものである。

・彼がその若い晩年で考えた、天皇は文化だという系譜の発想の実体は、日本の土着生活に於いて、生活であり、道徳であり、従って節度とか態度、あるいは美観、文芸などの、おしなべての根拠になっている。

・三島氏が最後に見ていた道は、陽明学よりはるかにゆたかな自然の道である。武士道や陽明学にくらべ、三島氏の道は、ものに至る自然なる随神《かんながら》の道だった。そのことを、私はふかく察知し、粛然《しゅくぜん》として断言できるのが、無上の感動である。

・三島氏らは、ただ一死を以て事に当たらんとしたのである。そのことの何たるかを云々することは私の畏怖《いふ》して、自省究明し、その時の来り悟る日を待つのみである。私は故人に対し謙虚でありたいからである。

・私は三島氏の少年の俤《おもかげ》を思っては、幾日も悲しみに耐えなかった。その悲しみを越えて、次第に崇高のものに移ってゆくのを知ったとき、私は形容しがたい深い悲しみをさらに新しく知った。

・三島氏の文学の帰結とか、美学の終局点などという巷説《こうせつ》は、まことににがにがしい。その振る舞いは創作の場の延長ではなく、まだ分かっていない命の生まれる混沌の場の現出だった。

・総監室前バルコニーで太刀に見入っている三島氏の姿は、此の国を守り伝えてきたわれらの祖先と神々の、最も悲しい、かつ美しい姿の現《うつつ》に現われたものだった。

・豊麗多彩の作家は最後に天皇陛下万歳の声を残して、此の世の人の目から消えたのである。日本の文学史上の大作家の現身《うつそみ》は滅んだ。

・わが国の文学の歴史を見ていると時々尊くて不思議な人物が出てきた。私は三島氏にそういう今世の一つの典型を味わっている。私は自著の「日本の文学史」に後記をしたため、「三島氏の檄文竝《ならび》に命令書は、日本文学史の信実である」と誌した。これは今も、私のおしつめた思いである。

保田は三島を追悼して書いた数編をあつめて『天《あめ》の時雨《しぐれ》』と題し上梓した。保田邸のある京都の地は、三島自決当日の夜、「時雨定めなく降り、夜半を過ぎてから明け方には本降りに降り増した」という。そこからとられたタイトルである。保田はその時雨を、「国中の人々が彼の死に泣いた泪《なみだ》の量に比べていた。そして人々のついに寝しずまったあとの激しい降りは、わが御祖の神たちの泪だったであろう」と記している。保田は昭和四三年に岡潔と対談（「教育・自然・芸術」）したなかで、時雨についてあらまし次のようなやり取りをしている。

岡　寺田寅彦が漱石のところに遊びに行って「先生、俳句とはどういうものですか」と聞いた。漱石は言下に「俳句とはたとえば、時雨るるや黒木（註・割木）積む家の窓明かり〈凡兆〉」というようなものだろうと。

私はそれを聞きまして、さすがは漱石だなあと思った。あの連中だいたい時雨が好きなんでして、時雨となったら真剣になるんです。時雨のよさというものは、なんとなく過去世が懐かしいという気持ちなのです。そういったものが日本民族の本質だという気がするのです。

保田　なんかね、団欒《だんらん》しているでしょう。そういうのを遠く離れて時雨られながら見ていますと、なんとなく自分も子どもの時があって、団欒していたんだというような気になる。そうすると、しみじみと時雨の味がする。そんなふうだろうと思うのですけれどもね。過去世が懐かしいというような気持ちではないだろうかと思うのですがね。それがずっと日本の芸術を通しての民族の本質といいますか、日本的情緒が深々としてうまい。その深みは民族の歴史の非常に長いことからきている。

書題にした『天の時雨』の含意は滋味深い。保田は、「三島由紀夫の死」という一文も草している。保田は『日本の文学史』で、戦後作家としてただ一人三島を取り上げていた。文学者としての三島を、戦後文学では、「三島由紀夫だけが文学及文学者として、後の世に伝わってゆくだろう」と断定し、「誠実さにより感動へ全身投入し、これを直ちに飛躍し変貌させてしまう天才だ」（『戦後文学観』）とした。三島らしくないと世評された檄文を、「日本文学史の信実」と感動し、三島を日本文学の至上の宝と称揚した。

❖「日本文学の持つ眩《まばゆ》い光と、もっとも深い闇」

埴谷雄高との座談のなかで三島は、保田は戦後生きのびず、「死んだら」との留保をつけ、「小型ゲバラ、小型キリストだったかもしれない」と喝破した。三島が保田をチェ・ゲバラのような思想家、イエス・キリストのような導師と見ていたなら、思想家・導師としての保田は、どのようなものを三島にもたらしていたのだろう。伊沢甲子麿は、本章冒頭に置いた林房雄との対談の引用のとおり、保田が三島に及ぼしたものは「保田與重郎の尊皇論」だと指摘している。それをもう一度引く。

（三島は）清水文雄先生を通じて、保田氏に傾倒し、保田與重郎の尊皇論の影響を受けてますね。

そして三島先生の天皇観も、保田與重郎の天皇観が、それをつちから原動力になったんだと思いますがね。

（『歴史への証言』）

伊沢は、三島が、「伊沢さん、日本人全部が左翼になっても、たった二人だけでも、日本の天皇様をお守りしよう。そしてあくまでも戦おうじゃないか」（同）と言って彼の手を握りしめたとも述べている。このくだりにはいささか脚色もあるのではないかと思われるが、三島における「天皇」は最重要の論点である。晩年に書き出し、未完に終えた『日本文学小史』で天皇について述べている。

（戦前・戦中）古事記的な神々の力を最高度に発動させた日本は、しかし、当然（戦後）その報いを受けた。その（敗戦）あとに来たものは、ふたたび古事記的な、身を引裂かれるような「神人分離」の悲劇だったのである。

「ふたたび古事記的な、身を引裂かれるような『神人分離』の悲劇」とは、いわゆる「人間宣言」と呼ばれる天皇の詔書発出である。最初の「神人分離」は神話時代にあったと三島は論じる。

「古事記」の景行天皇の一章は、本来の神的天皇なる倭建命《やまとたけるのみこと》と、その父にして人間天皇なる景行天皇との、あたかも一体不二なる関係と、同時にそこに生ずる憎悪愛《アンビヴァレンツ》が、象徴的に語られているようにも思われる。命の悲劇は、自己の裡《うち》の神的なものによって惹《ひ》き起こされるのである。命は、神的な怒りをそのまま、雷霆《らいてい》の行為に現わしてしまったのであった。純一無垢《むく》、あまりにも適切に大御心《おおみこころ》に添うたことが、天皇をいたく怖れさせたのである。

これがおそらく、政治における神的なデモーニッシュなものと、統治機能との、最初の分離であり、前者を規制し、前者に詩あるいは文化の役割を担わせようとする統治の意志のあらわれであり、又、前者の立場からいえば、強いられた文化意志のあらわれである、と考えられる。

「古事記」は神人分離の文化意志によって定立されたものだ、と私は見る。

祭政一致的な根源的な詩は、このときすでに、リチュアル（儀式）からの徐々たる背反による抒情性の萌芽を「葦芽《あしかび》の如く」含んでいた。そのかぎりにおいて、古代文学における抒情の発生は、スポンティニァス（自発的）であるとともに、強いられたものである。（『日本文学小史』）

三島はなぜ『古事記』に着目したのだろう。

私がはじめて「古事記」に接したのは、小学生のころ、鈴木三重吉の現代語訳によってであった。そこにあらわれる夥《おびただ》しい伏字が、子供の心に強い刻印を捺《お》した。これを完本で読む日が来れば、自分は、日本最古の文献のうちに、日本および天皇についての最終的な秘密を知ることになるであろうという予感を抱いた。（同）

三島が『古事記』に着目したのは幼少時、「日本および天皇についての最終的な秘密を知ることになるであろうという予感を抱いた」からなのだ。しかし、「この予感は半ば当り、半ば当らなかった」と述べている。重要なのはこれに続く天皇家にふれた箇所である。

私は、「古事記」を何か暗いものと悲痛なもの、極度に猥褻《わいせつ》なものと神聖なものとの、怖ろしい混淆《こんこう》を予感せずに再読することができない。

私は、日本人の真のフモール（気質）と、また、真の悲劇感情と、この二つの相反するものの源泉が、「古事記」にこそあるという確信を深めた。日本文学の持つ眩《まばゆ》い光と、もっとも深い闇とが、ふたつながら。そして天皇家はそのいずれも伝承していたのである。（同）

「日本文学の持つ眩《まばゆ》い光と、もっとも深い闇」を天皇家が「伝承していた」という。

❖ヤマトタケルノミコト

清水文雄が学習院中等科時代の三島を、日本武尊《やまとたける》にからめて回想した談話が残っている。

（三島君が）三年の夏休みに、何か本を読んでその感想を書くように宿題を出したことがありますが、その文章を読んでまた驚いたのです。『古事記』を読み、日本武尊《やまとたける》の思国歌《くにしのびのうた》に触れて実に素晴らしい感想を書いてきたのです。私は感動して読んだことを覚えています。

その年出版された保田與重郎の『戴冠詩人の御一人者』のなかの日本武尊を読むように（提出文に）書き込んでおきました。

よく日本浪曼派との関係がうんぬんされますが、それから特に保田與重郎などに親しみをもつようになっていったのではないかと想像されます。本人にたしかめないことには分からないのですが…。

ただ影響されたとかいいますが、三島君には同じような歴史の命をつかむ何かがすでに備わっていたのではないかと思います。（談）（「わが教え子三島君のために」『潮』昭和四六年二月号）

「本人にたしかめないことには分からない」と言っても三島はもうこの世にいない。生きていて恩師が訊いても素直に認めなかっただろうが、中学生の三島に、「歴史の命をつかむ何かがすでに備わっていたのではないか」と看て取るとは鋭い観察眼である。「日本人の真のフモール（気質）と、また、真の悲劇感情と、この二つの相反するものの源泉が、『古事記』にこそある」と「確信」するものをじっさいに三島は持していたのだから。三島が一三歳のとき、『戴冠詩人の御一人者』は上梓された。

日本武尊が上代に於ける最も美事な詩人であり典型的武人であったということは、僕らの英雄の血統、文化の歴史、ひいては文芸の光栄のために云われることである。

しかるに僕らの先人は、日本の血統をあまりにも尊重したために、この半ば伝説の色濃い英雄の、悲劇と詩については、明治の国民伝説の変革の中からも省略していた。

詩人として現された日本武尊の悲劇、ついに英雄の悲劇を形づくったもの、たとえばその最後に三度陵《みささぎ》を白鳥となって飛び去り、ただ明衣《あかは》（註・天皇の浄衣《じょうえ》）をとどめたのみ、止むなく時の天皇が武部《たけるべ》（註・日本武尊の功績をたたえるためにつくられた軍事で朝廷に奉仕する部民。名代《なしろ》・子代《こしろ》という部民に属するが実態はよくわからない）という血統を残すための仮形《かりがた》を作ったということは、あり得ぬ不思議を描いたのでなく、切なる真を倒言して、「言霊の論理」によって描かれたものである。

（『戴冠詩人の御一人者』）

『日本書紀』に、日本武尊が死後白鳥となり陵《みささぎ》から飛び立ち、棺《ひつぎ》は浄衣《じょうえ》のみだったというくだりがある。三島はこのくだりに、いたく情動していた。未発表原稿（昭和一七年二月〜四月執筆）のなかに、「青垣山の物語」と題したヤマトタケルノミコトの東伐と薨去《こうきょ》を叙した作品がある。三島は東文彦にあてた手紙で、書いた意図を述べている。

エピロオグに当る第拾章の場面は陵《みささぎ》からとび出た白鳥を追って、おおぜいの（日本武尊の）御妃たちや御子たちが、野こえ山こえ、いばらに足をやぶられ乍《なが》ら、そして美しい哀歌を口吟《ずさ》みながら、浜まで泣く泣く追いかけてゆくところで、白鳥は雲のなかにみえなくなって終ります。

古代の悲劇のいみじさは、現代の神経では涙というもので味わうことは出来なくても、それ以上の、おそらくギリシャ人たちが味わった感動以上の、ほとんど神を見たような宗教的感動を以て味わうことができるように思われます。

（昭和一七年五月一日付）

荒ぶるヤマトタケルノミコトを詩人と措定したのは、『日本文学小史』を著した三島より保田の方が先なのだ。保田は続ける。

日本武尊の悲劇の根本にあるものは、武人の悲劇である。神との同居を失い、神を畏《おそ》れんとした日の悲劇である。言あげと言霊の関係をつくる、神を失ってゆく一時期の悲劇として、この説話は古事記中でも重大な意味を言霊したのである。ここで尊《みこと》は武人であり詩人であった。尊はまことに日本の民族の血統的な悲劇を詩情したのである。

尊はなすべきことをなし、あわれむべきものをあわれみ、かなしむべきものをかなしみ、それでいて凜質《ひんしつ》（註・天性の性質）としての美しい徒労にすぎない永久にあこがれ、いつもなし終えないものを見てはそれにせめられていた。

それはすぐれた資質のものの宿命である。このために言挙げしては罪におちた。しかし尊は詩人であったから、その悲劇に意味があった。まことに尊は戦のあとの地上の凱歌《がいか》の如きを軽蔑していた。

（『戴冠詩人の御一人者』）

「保田による〈詩人〉とは歌を詠わずとも、その日常や生涯をもって〈詩人〉と評価することである。保田からでる〈詩人〉とは一級の褒め言葉と考えて良い」（谷口敏夫「保田與重郎『戴冠詩人の御一人者』の構造可視化」『京都光華女子大学研究紀要』平成二三年一二月号）のだ。保田の「詩人」は独自なものであり、それは悲劇を背負った〝宿命者〟の謂いである。保田はこの尊にぞっこんだったのだ。

「人神分離」はつとに保田與重郎が『戴冠詩人の御一人者』で論じた主題だった。（佐藤秀明「三島由紀夫の『古事記』解釈」『季刊文科』67、平成二七年）

『戴冠詩人の御一人者』が書かれたのは戦前だった。三島の「人神分離」の立論は保田と異なる独自のものだが、その趣旨からしてこの書を思い起こさずに『日本文学小史』第二章「古事記」の項を書いたとは思われない。

❖保田と三島の結び目

一〇代の三島は、「武人であり詩人であった」尊《みこと》とその「武人の悲劇」に憧憬《しょうけい》していた。そして後年、自らがヤマトタケルノミコトになろうとする思いを強くしたのだろう。「『奔馬』の主題がヤマトタケルノミコトの挿話に対応している」（磯田光一）ことは明らかだ。この意識が「天皇」を突きつめて考え、論じる契機になったのだろう。松本徹は、三島が、双子の兄大碓命《おおうすのみこと》を虐殺した（『古事記』中つ巻）日本武尊《やまとたける》を取りあげた件について明快に説いている。

（三島は）日本武尊は神的天皇であり、純粋天皇となり、景行天皇は人間天皇であり、統治天皇となって、分離したとするのである。

ただ分離してまったく別々の存在になったのではなく、互いに「理解の不可能」を抱えながら、「人間天皇と、つまり統治的天皇と、文化的、詩的、神話的天皇とが一つの人間でダブルイメージを持ち、二重構造をもって存在」するようになったのである。

その後統治権は天皇から臣下に移り、天皇は統治から隔たり祭祀のみにかかわるようになった。しかし後鳥羽上皇や後醍醐天皇による朝廷の復権の企《くわだ》てがあり、後醍醐天皇は古代の祭政一致の再興を掲げて一時的にだがそれに成功した。幕末にも祭政一致の旗印をかかげることが明治維新のエネルギーとなった。昭和維新をとなえた者たちも同様だった。

この祭政一致の主張に、わが国における独自な革命原理を、三島は見出していた。天下安寧を祈念する祭祀と統治が一体となった「まつりごと」こそ、疑いもなく政治のゾルレン（当為）であり、その実現を求めてこそ正統性を持ちえる。すなわち、わが国では天皇が正統な革命原理を保持しているのであり、在るべき政治を要求して革命を唱えるなら、天皇を奉じることになるはずだというのである。全共闘の学生たちに向かって三島が、君たちは天皇を認めるべきだし、天皇と言いさせすれば、私と手を結ぶことができると言ったのは、これゆえである。

天皇を空白としてとらえる考え方があるが、政治を権力の一元的世界ととらえるなら、そのとおりであろうが、実際はけっして「空白」でない。たえず政治本来の理念、ゾルレンを示しつづけて、存在しつづけているのである。『「道義的革命」の論理』から引用すれば、三島はこう言っている。「（天皇を国家の中心とするという）国体論自体が永遠のゾルレンであり、天皇信仰自体が永遠の現実否定なのである」「日本天皇制における永久革命的性格を担うものこそ、天皇信仰なのである。（「三島由紀夫にとっての天皇」『三島由紀夫研究①』鼎書房、平成一七年）

先に『「道義的革命」の論理』を引いたさいに述べたが、三島の天皇思想は「変革の思想」であり、つねに現実否定の性格を有する、ゆえに天皇を国家の中心とする「天皇信仰自体が永遠の現実否定」であり、「日本天皇制における永久的革命的性格を担うものこそ、天皇信仰」なのである。ロマノ・ブルピッタは、保田の天皇観の特質を民族意識の深層から湧き上がる社会復興の動的エナジーととらえる。

保田與重郎の天皇主義は過去の称賛に甘えた静的なものでなく、文化の深層から新しい民族意識を生み出そうとする動的な思想なのである。彼の保守の精神は、〝保守革命〟を思わせる「維新の父、革命の母」であり、したがってかれは決して旧社会体制を復興させようと考えたのではない。（『不敗の条件』）

三島は、保田の天皇主義、この思念（詩念）、「維新の父、革命の母」という「〝保守革命〟を思わせる」「保守の精神」の衣鉢をついでいる、と私には思われる。ブルピッタは、保田の持っているもののなかに、人に冷静さを失わせ感情に走らせる危険性があると指摘する。感受性が人一倍強い一〇代の三島は、保田の持つ危険な〝放射能〟を浴びた。これが三島の心性に共鳴し、その能動的ニヒリズム（埴谷雄高との座談で、「脱却一歩手前で止まるのがデカダンスだと思う。もし一歩脱却しようとしたら、もう能動的ニヒリズムになる」と言っている）を成長させ、ついに偉大な〝英雄〟、ヤマトタケルノミコトの道に向かって走らせた。成功や勝利ではなく、ただ死を求めさせた。このようにおもう。

三島は保田から、文学的なものよりそれ以外のもの、天皇についての思想を核とした〝浪曼的衝動〟を注入された。これに強く揺さぶられ、刻苦し〝武人〟の肉体をつくり、これを受肉化していった。このことが三島の晩年の実行動にまっすぐにつながっていった。思想面で三島と保田が相互に通じ合っていた一点は、武人であり詩人にして、民族意識を生み出そうとする動的な革命思想たる〝カミ（天皇）〟だった。三島と保田はこの部分で、しっかりと結ばれていたのではなかったか。

❖滅びのあわれさ

保田は自家の行事として本居宣長、伴信友、そして伴林光平《ばんばやしみつひら》の年祭（祥月命日の追悼）を行っていた。伴林光平は幕末の天忠（誅）組の変で捕えられ斬首された。戦中の昭和一八年、保田は伴林が獄中でつづった遺書『南山踏雲録』を評註した。伴林の詠んだ「神さぶる大和島根によせくとも砕けてかえる沖つ白波」をとり上げ、「神を讃うる雅歌」、「万有に亙《わた》る道の祈りの歌」と絶賛した。

「神さぶる大和島根によせくとも砕けてかえる沖つ白波」と、攘夷を神州不滅の思想から謳《うた》われた一首がある。国学の攘夷歌は、不滅の信念から出る。従ってそれは情勢論的な攘夷ではなく、絶対攘夷論として、馭戎《ぎょじゅう》という思想となって現れるのである。しかもかかる攘夷は憤りのあらわれだから、時にふれた熱禱歌《ねつじゅか》となる。その意味で精神は神を讃《たた》うる雅歌である。個人の信念の悲歌ではなく、万有に亙《わた》る道の祈りの歌である。

『南山踏雲録』は大和義挙に敗れ、幕吏に捕えられるまでの五一歳の老僧・老学者の敗走記である。とりわけ伴林の「〈滅び〉のあわれさ」に保田はつよく情動した。大久保典夫は、保田と三島、それぞれの「〈滅び〉」について述べている。

保田氏くらい徹底して歴史的必然としての滅びへの道を唱えた人はいないのである。晩年、三島由紀夫は『朱雀家の滅亡』で戦争末期の「承詔必謹」の精神を実存分析し、侍従長朱雀経隆の滅びとしての忠節を見事に劇化した。保田氏が『南山踏雲録』に感銘したのも、道（主義）に殉ずるものの〈滅び〉のあわれさであったように思われてならぬのだ。

（「日本浪曼派と維新思想――「南山踏雲録」について」『国文学　解釈と鑑賞』昭和四六年一二月号）

桶谷秀昭は保田が『天の時雨』で示した「私の持する歴史」とは、「没落の相」を持した英雄たちの「悲劇的な最後」だと述べている。

ここで、「私の持する歴史」というのは、保田與重郎が長年抱いてきた「英雄と詩人」という想念における歴史上の詩人、思想者であろう。大津皇子、後鳥羽院、大塩平八郎といった名が「天の時雨」にみえるが、保田與重郎が英雄という像に抱くアクセントは、没落の相であり、人間を超えた偉大さが取るに足らぬ者によって足をすくわれて倒れる悲劇的な最後である。

（「三島由紀夫と保田與重郎」『三島由紀夫全集』月報）

世人には悲劇であり、敗北と見えても、〝英雄〟の行動に敗北はない。保田の「私が持する歴史」のなかの偉大な「英雄と詩人」、「没落の相」を持した英雄たちの列に三島は飛び込んでいったと言えるのではないだろうか。さきに記したように、戦後追放された保田がようやく中央文壇に復活を遂げたのは、終戦から二〇年近くたってからだった。昭和三八年、『新潮』で、「現代畸人伝」の連載を始め、続けて『芸術新潮』に「日本の美術史」を書いた。「豊饒の海」の連載は昭和四〇年スタートした。三島はその巻二「奔馬」に伴林の漢詩を、アイロニカルな文脈のなかで引いた。三島が保田與重郎を持ち出して埴谷雄高を辟易《へきえき》させた〝デカダン座談〟の数カ月前に書かれた連載箇所である。戦前・戦中交わった保田を想わないで伴林の詩を引かなかったわけはないだろう。晩年の三島は自死に向かいつつ、戦前と戦後のあいだに、自らの連続性を見出そうと格闘していた。

保田が復活をとげた第一作「現代畸人伝」は、大和や京で日本の伝統文化のなかに生きている市井の「畸人」たちの言行をつづったものだった。それはつまり、「保田氏にとっては、〝戦後〟とよばれる二十年間は、実質的には存在しなかった、ということである」（大岡信「現代畸人伝」）。さきの大戦のさなか、幕末の同郷大和の義士に情動し、『南山踏雲録』を書き、日本の青年たちを奮いたたせた保田はどこにいったのだ、との思いをこめて伴林の漢詩を引いたのではなかったか。野口武彦は、「三島由紀夫の視野には伴林光平の姿は入っていなかったようである」（「幕末と三島由紀夫」『新潮』平成一二年一一月臨時増刊号）と言っている。が、保田経由だったためか屈折してはいるがその視野には入っていた。

三島は、蓮田善明についてはすなおに讃仰《さんぎょう》し、保田與重郎との関係性は最後まで否定した。それは、保田についていえば、戦前戦中のことを忘れたようにしていたからだろう。なにより自分同様、戦後を生き永らえたからだろう。よって、自分同様、許しがたく、関係性を認めたくなかったのだろう。

保田は木曾義仲に愛着を寄せ、滋賀大津の義仲寺《ぎちゅうじ》をしばしば訪れていた。荒れるにまかされていたのを哀しみ、三浦義一らの援助を得て再建した。芭蕉の墓所としても有名な義仲寺だが、保田の密葬はここで行われ、分墓もおかれた。保田は、愛して已《や》まなかった芭蕉と、「偉大な敗北」の勇者として魅かれた義仲と一緒にこの寺に葬られている。

第三章

黙契《もっけい》——蓮田善明〈はすだぜんめい〉

❖田原坂《たばるざか》公園の歌碑

そう云えば思い出す、あれは（昭和）四十三年の秋ごろだったと思うが、或る雑誌の会合の席で、たまたま蓮田（善明）のことが話題にのぼり、そのとき三島が誰にともなく、蓮田には死ぬ時が恵まれていたと言ったのを憶《おぼ》えている。ここであらためて兇暴な死の形という蓮田と三島の深い「縁」をいうつもりはない。ただ早熟の少年・三島の文学的出発点は「文藝文化」の中からであった、終末のみやびの美意識からのものであったことを確認しておきたかったまでのことである。一言でいえば「文藝文化」のラディゲ、そこに三島由紀夫の出発点があったのである。

（野島秀勝『ラディゲの死』新潮文庫解説、昭和五五年）

本章では、〝三島由紀夫〟の出発点が『文藝文化』の「終末のみやび」にあったこと、なかんずく、その同人の一人、〝蓮田善明〟にあったことを徹底して述そうと思う。三島のあの死にいたった〝生の貌《かたち》〟の最重要のワン・ピース、源泉と思われるからである。

昭和四一年夏、三島由紀夫は『奔馬』の取材のため、明治初期に神風連が決起した熊本の地を訪れていた。三島は熊本行の前に、ドナルド・キーンと奈良の大神《おおみわ》神社を訪れていた。御神体の三輪山に登り、滝に打たれ、座禅をした。神官に求められ、色紙に、「清明」、「雲靉靆《あいたい》」としたためた。「清明」はのちに石に彫られ碑となり境内に置かれた。「雲靉靆」は、このあと向かう熊本、そこの出身の蓮田善明をおもってのものだったろう。これについては本章のあとに記す。そこから単身広島に向かい、学習院時代の師清水文雄に会った。江田島の旧海軍兵学校に立ち寄り、特攻兵士たちの遺書に涙した。そして八月下旬の夕刻、急行「有明」で熊本に入った。前年電化延伸されたばかりの熊本駅頭に、満面笑顔の快活な三島を出迎えたのは、荒木精之、蓮田善明夫人、旧知らだった。熊本での三島については序章に記した。荒木は清水文雄から紹介された郷土史家で、文芸誌『日本談義』を主宰していた。清水は熊本出身だが、荒木の名を知ったのは同じ熊本出身の蓮田善明を介してだった。蓮田が日露戦役勃発の年に生まれた町は、神風連決起の翌年起こった西南の役の激戦地、田原坂《たばるざか》と指呼《しこ》の間《かん》にあった。その町はずれに、乃木将軍が軍旗を奪われた千本桜がある。田原坂公園には、蓮田と旧制熊本県立中学済々黌《せいせいこう》と広島高等師範学校の学友で、熊本商科大学教授・同大学付属高校長をつとめていた丸山学が中心となり、没後一五年を経て建てた蓮田の歌碑がひっそりたたずんでいる。歌は、蓮田と広島高等師範の同学の栗山理一が、彼の遺稿「おらびうた」から選び、彼らの恩師斎藤清衛《きよえ》が染筆したものを石に刻した。「おらびうた」は従軍作家としてジャワのマランにきていた佐藤春夫に、出征してスラバヤにいた蓮田が同地での面会を請い、手ずから託した一巻の歌稿で

田原坂公園の蓮田善明の歌碑（筆者撮影）
ふるさとの駅におりたち眺めたるかの薄紅葉忘らえなくに

ある。この歌碑は、「単なる文学碑でなくて、蓮田善明の遺髪がその下に埋められている」（「蓮田善明文学碑の成立」『日本談義』昭和三六年三月号）。つまり髪塚なのだ。碑の裏面には蓮田の履歴が記されていて、栗山が草したものに斎藤が手を入れた。碑のある高台からは有明海の眺望がうつくしい。

蓮田は戦前戦中、成城高等学校（現在の成城学園大学）尋常科（旧制中学）の国語科教師だった。そして清水、職を東京の同校他に得て関西から移ってきた栗山、池田勉と同人誌『文藝文化』を編み、そこに論文を発表し、著書をたてつづけに刊行する熱意の国文学者であった。そして清水同様、三島の図抜けた才をつとに認めていた。昭和一三年応召して中支戦線に出征し、一五年負傷して帰還した。昭和一八年、再度応召し南方戦線に出征した。そして敗戦直後の八月一九日、閑院宮による聖旨伝達の朝、上官の連隊長を射殺し、自裁した。享年四一。連隊長を射殺したのは、軍旗の訣別《けつべつ》式の訓話で、「敗戦の責任を天皇に帰し、皇軍の前途を誹謗し、日本精神の壊滅を説く」言辞があったからだという。関係者の証言などからほぼ事実のようだ。いっぽう、連隊長に通敵行為があったからだともいわれるが、これはさだかでない。神風連と一〇代の三島とのあいだに、若くして逝った文学仲間東文彦を通じての結縁があったことは第一章に述べした。蓮田は、一〇代の三島に神風連を刻印させたもう一人の文学上の先達であった。

❖「神風連のこころ」

蓮田が「神風連のこころ」と題した批評を『文藝文化』に寄せたのは昭和一七（一九四二）年で、

これは森本忠の著書『神風連のこころ』を論じたものだった。森本は蓮田が済々黌に入学したときの一年先輩で、四修（通常五年を四年で卒業）で旧制五高に進む優秀さだった。「森本氏は、私と同郷の人であり、中学も同じ済々黌で、たしか私より二、三年先輩に当たる」（「神風連のこころ」『文藝文化』昭和一七年一一月号）。蓮田は肋膜炎で一年休学し、森本は飛び級したので、卒業年次が「二、三年先輩に当たる」ことになったのだ。五高を出た森本は東大英文科に進み、卒業すると東京朝日新聞の記者となり、小説や文芸批評を雑誌に書き、郷土史、とくに神風連と宇気比《うけひ》についても深く研究した。

（神風連は）挙兵のことも時日の決定もすべて神占によって決している。森本氏の『神風連のこころ』はこの蒼古《そうこ》なる精神を叙し、さらに、この精神がそのとき以来曲解誤解の中に埋もれていたことの中に非常に重大なることを見出して、現代の思想界に投じている。

一つは、神風連の思想の純正さが、明治維新の深部における真髄の精神であること、従ってそこから神武創業に復《かえ》る維新が展開さるべきであったことであり、一つは然《しか》るにそれが歪曲された発展の時勢の下で神風連を一個奇狂のものたらしめた、その新思想がお手盛りに合理化した開化主義の過誤について、森本氏は精細剴切《がいせつ》（註・ぴったり当てはまる）に論明し、今日日本のいで立つ情熱そのものを以て叙述している。私はこの書自身何か神俫《しんらい》（註・神がのりうつった）の書と読まれ、感動に堪《た》えなかった。

（蓮田善明「神風連のこころ」）

蓮田はここで、「神風連の思想の純正さが、明治維新の深部における真髄の精神である」、しかし

「それが歪曲された発展の時勢の下で神風連を一個奇狂のものたらしめた」と述べている。そして森本はこのことを、「日本のいで立つ情熱そのものを以て叙述している」、よって「神徠の書と読まれ、感動に堪えなかった」と激賞している。蓮田はこういうパッショネイトな文章を書く人だった。同人誌『果樹園』を主宰していた小高根《おだかね》二郎は、『蓮田善明とその死』（昭和四五年、筑摩書房）に、蓮田が「神風連のこころ」に書いた恩師「石原先生」にまつわる印象深いエピソードを引いている。そこで蓮田は、師の話が、「非常に清らかな、そして絶対動かせない或るものを、今日まで私に指し示すものとなっている」と恩慕の情をこめて述べ、「興奮すると少年のように頬を紅くされて何か歯がみするように急ぎつつ話された先生の表情さえ思い浮かんでくるようである」と懐旧《きゅうかい》している。

　私ども中学の子どもであった時、神風連一党の墓地桜山に参拝したことがある。おぼろげな記憶で、何か特に祭式でも執り行われた時であったような気がする。

　それは学校として参拝したのであるが、石原先生の何か異常な慷慨《こうがい》に引きずられて其処《そこ》に行って拝ませられたというような、妙な印象がある。

「電線（註・欧化の象徴であった）の下ば通る時や、こう扇ばぱっと頭の上に広げて――」と話されたのも石原先生ではなかったろうか。

　私の記憶には他の誰とも思いつけないので、うろ覚えとして記しておくだけだが、私にはこの話がずっと、非常に清らかな、そして絶対動かせない或《あ》るものを、今日まで私に指し示すものとなっている。

神風連の精神的中核をなす国学者林櫻園《はやしおうえん》も決して門戸の狭い学者ではなかったし、首領太田黒《おおたぐろ》伴雄《ともお》や長老斎藤求三郎の如きそれを証しているから、此の電線の話は伝説かも知れないが、精神としてはそんなことをやる者が多かったと思われる。

今一つは廃刀令の話である。日本刀を腰から離しては大和魂がすたるのだ、と憤激したという、それが彼等を蜂起せしめた直接動機であったと聞いたように思う。

これもうろ覚えである。私は、興奮すると少年のように頬を紅くされて何か歯がみするように急ぎつつ話された先生の表情さえ思い浮かんでくるようである。

三島は熊本での取材で桜山神社を訪れたとき、そこはかつて蓮田少年が教師につれられて来て、「神風連一党の墓地」を「拝ませられたというような、妙な印象がある」地だったこと、そして「絶対動かせない或るものを」その後の蓮田にずっと「指し示すものとなっ」た地であることをおもい返していただろう。この「石原先生」とは神風連の幹部石原運四郎の遺児醜男《しこお》のことで、蓮田が済々黌に在籍していたときに教鞭をとっていた。

石原は、肥後勤皇党や神風連など、幕末から明治にかけて国事に奔走し仆《たお》れた勤皇家をまつる〝桜山同志会〟の中心人物だった。のちに醜男は父運四郎の加わっていた神風連の事跡を『神風連血涙史』に著した。三島は、昭和一〇年刊行の同書を自宅書庫に蔵していた。

東文彦の祖父石光真清《まきよ》も蓮田と同じ熊本市内の生まれだった。昭和一七年、真清が亡くなると、文彦ら遺族はその遺稿集を編み、『城下の人』として、一八年夏に出版した。病床の文彦は表紙絵と挿絵を担当した。三島は結核を患っていて会えない文彦の母から託された『城下の人』を手にし、神風連との不思議な結縁を思ったことだろう。そこには神風連の副首領加屋霽堅と幼少期の真清が交流しているくだりがあった。その不思議な結縁は二〇数年の時を刻んで〝必然〟となっていった。

❖『興国百首』

序章で触れたが、単行本『奔馬』のカバーには加屋の筆墨が使われた。蓮田は『興国百首』（撰を依頼され編んだ短歌集で、月刊雑誌『現代』に連載された）に加屋の一首を撰び、解説をふしている。

徒《あだ》なりと人な惜しみそもみぢ葉のちるこそ赤き心なりけれ

加屋霽堅は（神風連の）副首領格である。剛直誠実の一面、文藻《ぶんそう》豊かな人であったらしい。享年四十一。神風連の精神がおのずから歌われているということができる。朗誦《ろうしょう》して実に心に曇のない、妙な言い方かもしれないが、心ののびのびと広くなって行くところがある。何度も誦んでみたくなる歌である。「徒なりと人な惜しみそ」とは無駄なことと人よ惜しむなかれ、の意。

この句は「あだなりと人なとがめそ……」とも伝えられるが、三島の辞世の句「散るをいとふ世にも人にもさきがけて散るこそ花と吹く小夜嵐《さよあらし》」はこれに響いていると感じられる、とはすでに述べた。この加屋の歌は蓮田の愛誦歌だったのだろう。加屋が仆《たお》れたのは満だと四〇で、蓮田が戦地で自裁したのとひととせ違うだけだった。蓮田はまた、神風連の志士たちの師林櫻園《おうえん》の歌も『興国百首』に撰して遺漏のない解説をふしている。

白鳥の天かけりけむあと尋《と》めて身のなき骸《から》を世にな残しそ

明治維新は単なる倒幕でなく、皇国の尊厳の自覚に基くものであった筈であるが、その志士達が政府要路に立ちながら維新政府は拝欧的傾向著しく、それが時流という形で流れ始めた。その中にただ一つ最も純粋に皇国の尊厳を唱えて、時流からはただ時代錯誤の頑迷とまで目せられつつ、その尊皇攘夷の清節《せいせつ》のみに殉ずる最期を選んだのは熊本の敬神党の人々であった。世にこの一党を神風連と称する。

明治九年三月廃刀令が下るや、謂《い》わば日本魂の決戦を志し神占にうけひ(註・宇気比　序章参照)して、十月二十四日、同志百七十、鉄砲を斥《しりぞ》けて刀槍のみをもって、鎮台及び司令官並びに県令を夜襲し、紅葉と散って行った。

そもそもこの敬神党の思想は阿蘇の霊峰に独自の国学精神を開いた高本順の学統を引く林櫻園の指導によるものであるが、櫻園は弟子を戒めて歌に耽《ふけ》ることを許さなかったけれども、この一挙にあたって一党の人々のおのずから詠み出でた歌の多いこと、前後に比を見ない。

右の櫻園の歌はその著『昇天秘説』の思想を歌ったものであるが、それはともかくとして、非常に清らかな美しい歌である。白鳥が天翔《あまかけ》ったというのは古事記にある倭建命《やまとたけるのみこと》の御最後の伝承によるもので、少年の日から西に東に寧日《ねいじつ》なく征旅にましまして、東国御征討の御帰途、ようやく都に近い伊吹山で御病態に陥らせられ、遂《つい》に御かくれになったが、その御魂は白鳥となって「天翔りて飛び行《して》ましぬ」とある。この神意に充ち充ちた皇子の御精神の跡を慕い興国を思う心が、深い信仰として歌われているのである。

三島少年は戦中蓮田が撰した『興国百首』に目を通し、そのとき以来心に刻んでいていたのだろう、『奔馬』に櫻園のこの歌を引いている。そこに倭建命、神風連、そして蓮田善明へのオマージュをこめたのだろう。三島とヤマトタケルノミコトについては前章の「ヤマトタケルノミコト」の項で論じたが、本章の「運命的な黙契」の項でも論じる。

❖「神風連はひとつの芸術理念」

蓮田は批評「神風連のこころ」で、「神風連の人びとは非常にふしぎな思想をもっていたのである」、それは、「日本人が信じ、大事にし守り伝えなければならないものだけを、この上なく考え詰めたのである」と述べている。

神風連の人びとは非常にふしぎな思想をもっていたのである。それは維新の後の他のあらゆる暴動と全く出《い》ずる所を別にしている。それ故同じ熊本の士族でも、神風連の挙は無意味とし、翌十年の西郷南洲の軍に投じた者が多かった。簡単にいえば後者のほうは政治的不平に出で、何らか政治運動の一種であった。神風連はただただたましいのことだけを純粋に、非常に熱心に思いつづけたのである。日本人が信じ、大事にし守り伝えなければならないものだけを、この上なく考え詰めたのである。

蓮田は、「神風連はただ魂だけを純粋に、非常に熱心に思いつづけた」と説いた。三島は後年、この蓮田の書きつけに響いた発言をしている。熊本を訪れるまえに行った林房雄との対談で、「神風連はひとつの芸術理念」であり、「日本精神というものののいちばん原質的な、ある意味でいちばんファナティックな純粋実験はここだと思う」と熱く語っている。第二章の冒頭に置いた保田與重郎の神風連についての言葉をみてほしい。彼らが「旗揚げ」した運命は、「肉体をかけて行った」「芸術的な「全生命的表現」、つまり「詩的表現の極致」であると看《み》た保田。三島はこれらと同じことを述べている。

僕はこの熊本敬神党、世間では神風連といっていますが、これは実際行動にあらわれた一つの芸術理念でね、もし芸術理念が実際行動にあらわれれば、ここまでいくのがほんとうで、ここまでいかないのは、全部現実政治の問題だと思いますよ。

それでは彼らがやろうとしたことはいったいなにか、といえば、結局やせても枯れても、純日本以外のものはなんにもやらないということ。それもあの時代だからできたので、いまならできないが、食うものから着物からなんからかんまでいっさい西洋的なものはうけつけない。

それが失敗したら死ぬだけなんです。失敗するに決まってるのですがね。僕は一定数の人間が、そういうことを考えて行動したということに、非常に感動するのです。

思想の徹底性ということ、思想がひとつの行動にあらわれた場合には、必ず不純なものが入ってくる。必ず戦術が入ってきて、そこに人間の裏切りが入ってくる。それがイデオロギーというものでしょうが、そうして必ず目的のために手段を選ばないことになっちゃう。

だけれども神風連というものは目的のために手段を選ばないのではなくて、手段イコール目的、目的イコール手段、みんな神意のままだから、あらゆる政治運動における目的、手段のあいだのかい離というものはあり得ない。

それは芸術における内容と形式と同じですね。僕は日本精神というもののいちばん原質的な、ある意味でいちばんファナティックな純粋実験はここだと思うのです。もう二度とこういう純粋実験はできないですよ。


（『対話・日本人論』番町書房、昭和四一年）

「結局やせても枯れても、純日本以外のものはなんにもやらないということ」、「失敗したら死ぬだけなんです」と言い、この「思想の徹底性」に、「僕は一定数の人間が、そういうことを考えて行動したということに、非常に感動する」と称揚し、「もう二度とこういう純粋実験はできないですよ」と断言している。しかしそう断言しながら、すでにこのとき、三島の心の内に自らの〝純粋実験〟へのやむにやまれない気持ちが鬱勃《うつぼつ》と突き上げていたのだ。三島はさまざまなルートを使って防衛庁や自衛隊幹部にアプローチし、障害を乗り越え周囲の反対を振りきって、この林との対談の翌年、通算四五日間の体験入隊を実現した。

蓮田が『文藝文化』に「神風連のこころ」を寄せた、その同じ号に三島の「みのもの月」と「伊勢物語のこと」が載っている。『定本三島由紀夫書誌』によれば、三島は昭和一七年出版の森本忠著『神風連のこころ』を晩年まで自宅に蔵していた。一七歳の三島は、蓮田の批評「神風連のこころ」でも神風連を知り、『神風連のこころ』を読み、〝神風連〟が何ものかを心の内にしかと刻んだのだろう。三島は熊本で荒木からその森本忠に引き合わされた。このとき森本は熊本商科大学で教えていた。荒木は、「森本氏は神風連の宇気比《うけひ》についてはかねてから、一家言をもっていた。それは傾聴すべきものであり、私はぜひ三島氏の耳にも入れておきたかったのである」と森本を紹介した事情を『初霜の記』に記している。蓮田善明の遺志が荒木を動かし、三島と森本の出会いをセッティングしたかのように思いなされる。

❖秘蔵されていた「花ざかりの森」直筆原稿

三島が取材で入熊《にゅうゆう》した翌日の夜、「料亭おく村で三島氏の招待で蓮田善明未亡人の敏子さんと、森本忠氏とを加えて清談のひとときを過ごした。森本忠氏との間には宇気比《うけひ》について質疑などが交わされた。三島氏はすでに大三輪《ママ》神社で古神道について研究もしてきているところから、話は機微なところに入っていった」（荒木精之『初霜の記』）。三島は蓮田夫人とその夜、四半世紀前に蓮田が『文藝文化』に書いた「神風連のこころ」などを話題に懐旧談にふけったことだろう。蓮田が自決した一年後、終戦の翌年に催された偲ぶ会の話も出たことだろう。そして「花ざかりの森」の原稿の話も出たかもしれない。じつは蓮田家は平岡公威少年がはじめて〝三島由紀夫〟名で発表した「花ざかりの森」の直筆原稿を戦後ずっと秘蔵していたのだ。

「花ざかりの森」の作者は全くの年少者である。どういう人であるかということは暫く秘しておきたい。それが最もいいと信ずるからである。

若し強いて知りたい人があったら、われわれ自身の年少者というようなものであるとだけ答えておく。

日本にもこんな年少者が生れて来つつあることは何とも言葉に言いようのないよろこびであるし、日本の文学に自信のない人たちには、この事実は信じられない位の驚きともなるであろう。

この年少の作者は、併し悠久な日本の歴史の請《もう》し子である。我々より歳は遥に少いがすでに成熟したものの誕生である。

此作者を知ってこの一篇を載せることになったのはほんの偶然であった。併し全く我々の中から生れたものであることを直ぐ覚《さと》った。そういう縁はあったのである。

これは「花ざかりの森」が掲載された『文藝文化』昭和一六年九月号の編集後記のくだりである。書いたのは発行兼編集人の蓮田善明だった。この言葉とともに〝三島由紀夫〟という不世出の作家が生れた。いや蓮田の言葉が〝三島由紀夫〟を生み出したといってもいい。そしてその自決という最期も決したと言っていいかもしれない。それほど三島由紀夫、本名平岡公威少年にとってインパクトのある〝激賞〟（「「花ざかりの森」出版のころ」昭和三三年）だった。このとき平岡少年は一六歳で、学習院中等科の五年生だった。国文科の教師清水文雄は蓮田らと日本浪曼派の流れを汲む『文藝文化』の同人で、彼らは鋭意の国文学者だった。その清水に平岡少年は「花ざかりの森」を持ち込んだ。

> まもなく学校が夏休みになったので、（蓮田善明・池田勉・栗山理一、それに私の四人の）同人相携えて伊豆の修善寺温泉へ出かけた。編集会議を兼ねた一泊旅行であった。新井旅館に落ちつくと、私は他の三君に、携えていった「花ざかりの森」の原稿を廻し読みしてもらった。三君の読後感も、私の予想通りで、〈天才〉がわれわれの前に現われるべくして現われたことを祝福しあい、それを『文藝文化』九月号から連載することに一決した。（『三島由紀夫全集』月報、昭和五〇年）

清水はこれ以外にも、「花ざかりの森」の『文藝文化』への掲載経過について、「ここ（註・蓮田善明による編集後記）に書かれてあることは、同人全員の思いの適切な代弁である…」（『文學界』昭和四六年）と述べている。しかし善明の次男太二《たいじ》（熊本市内の慈恵病院院長で、通称〝赤ちゃんポスト〟の創始者。病院は長兄晶一（故人）との共同経営）は、「花ざかりの森」の掲載に当初は同人全員が賛成したのではなかった、と母敏子から聞いていた。善明はその同人（たち）を説得して「花ざかりの森」の掲載に漕《こ》ぎつけた、と敏子に話していた。和を尊ぶ清水はほんとうの経緯を伏せたというのだ。ということは、清水は四人の同人のあいだで「(掲載は)一決した」と言っているが、じっさいはすんなり決まらなかったのが真相のようだ。もしそうなら、蓮田はこの後記を読者だけでなく、当初掲載に難色をしめした同人仲間にもむけていたことになる。おそらくこのことは三島の知れるところとなり、蓮田に謝するおもいはよけい高まったことだろう。

それまで『文藝文化』に小説はまったく掲載されていなかった。ほとんど研究・評論で、ほかには随筆、書評、そして若干の短歌・詩・俳句という体裁だった。だから修善寺での編集会議で、三島の小説掲載について異議か難色をしめした同人(たち)がいたのは当然だろう。掲載について、その彼(ら)からいろいろ注文がついたとかんがえられる。なんと言ってもまだ中学生の(習)作だ。賛成派の清水や蓮田からもあれこれリマークや注文がついて不思議はない。「花ざかりの森」の掲載を契機にしてその後も三島の小説だけが採用された。三島は小説以外にも詩や評論や随筆も載せているから同人同等の待遇である。破格のあつかいを受けることになったのだ。

清水の人柄をうかがわせるエピソードを紹介しよう。彼が後に奉職した広島大学の教え子で国文学者の堀江マサ子によると、清水はある時期、教室関係の学生に自殺者が相ついだことに心を痛めたという。そこで彼らが孤立しないようOBも加えた光葉会という校友サークルを立ち上げ主宰した。清水が得意なフォークダンスやハイキング、小旅行をする活動的な愉しい集まりだったという。

❖ペンネーム「三島由紀夫」

さて「三島由紀夫」というペンネームがうまれた行く立てだが、清水は先に引いた全集月報に記している。

掲載するにしても、彼がまだ中学生の身であること、それに御両親の思わくなども考慮して、今しばらく平岡公威の実名を伏せて、その成長を静かに見守っていたい――というのが、期せずして一致した同人の意向であった。（略）

旅館の一室で、だれからともなく言い出したヒントは、「三島」であり「ゆき」であった。東海道線から修善寺へ通ずる電車に乗り換える駅が「三島」であり、そこから仰ぎ見たのが富士の秀峰であったことが、ごく自然にこの二語を選ばせたのであろう。それがその席で「三島ゆきお」までは固まったと思うが、「三島由紀夫」まではゆかなかったと記憶する。（略）

（平岡君は）『文藝文化』に掲載することは喜んで承知したが、筆名の一件を切り出すと、はたして「平岡公威ではいけませんか」と反問してきた。しかし、同人の一致した意向を伝えると、案外素直に、それではどういう名前がよいかと意見を求めてきた。

どういう名前をと聞かれて、さきの試案の経緯を一通り説明したうえで、「三島ゆきお」はどうかと、おそるおそる言ってみた。しばらく考えていたが、やがて持ち合わせの紙片に〈三島由紀雄〉と書いて、「これはどうでしょう」と言った。私は字面から見て、「雄」は重すぎると思ったので、それを消して「夫」と改めて彼の手許《てもと》に返した。「それでは、これに決めます」という彼の一言で、〈三島由紀夫〉の筆名がうまれたのであった。

同人の一人、池田勉も、「『三島』という姓が誰の口からともなく、自然にすらりと生れ出た。（略）仰ぎ見た富士の白雪のさわやかなイメイジも残っていて、三島の姓につづいて『ユキオ』という名も、風の流れるように、そして雲のおりてくるように、姓と名とは自然に結びついた。『花ざかりの森』の原稿は、こうして三島由紀夫の筆名を得て、清水から作者の手もとに帰った」（『ポリタイア』昭和四八年）と恩寵《おんちょう》のように筆名がうまれたと述べている。

❖行方知れずになった原稿

「花ざかりの森」は原稿用紙七〇枚余の短編で、これが〝三島由紀夫〟の処女作となった。処女作でありながら、そこにはすでに後年の〝三島文学〟の文体の装飾性、作品構成、展開の仕方の萌芽が見られる。さらに遺作となった長編『豊饒の海』のモチーフまで含まれているのだからおどろかされる。モチーフは〝憧れの系図〟で、語り手の「わたし」が明治大正昭和初期、室町末期、平安朝の自分の祖先について追憶する物語風の作品である。

三島は後年、初めての、そして最後になる、と思い詰めていた小説集『花ざかりの森』が出せた当時をつぎのようにかえりみている。

私は来年（註・昭和二〇年）匆々《そうそう》、いつ来るかわからぬ赤紙を覚悟せねばならぬ立場にあった。そこへ、思いがけず、短編小説集「花ざかりの森」を引受けてくれる出版元があらわれた。私は何よりも、自分の短い一生に、この世へ残す形見が出来たことを喜んだ。

（『うえの』昭和四三年）

学習院院長（校長）山梨勝之進にもいぶかられたが、三島が士官に志願しなかったのは、この小説集を出すためだったのだろう。士官を志願するとただちに入営しなければならない。出版に血道をあげている最中に志願の期限は過ぎてしまった。昭和一八年末から、小説集をだすことにのこりわずかと思いなした人生を賭していた三島には、そのための時間がどうしても必要だったのだ。小説集の出版が決まると、三島は原稿の回収に腐心した。雑誌に載ったものを書籍にするには、ふつう活字になったものを切り貼りして元稿にする。しかし三島はなんとしても原稿を取り戻そうと躍起になり、清水に手紙を書いた。

　この間富士氏（註・富士正晴、小説集『花ざかりの森』の企画者）にお目にかかりました処、拙作の企画届は来年の正月すぎと申すこと、それまでに、富士氏のところへ、原稿を、本に組めるように編集した上、届けてくれと云っておられました。いつぞや、文藝文化を切抜いて富士氏へお送りしようと申すことで先生に御相談申上げました時、（略）「花ざかりの森」「みのもの月」「世々に残さん」の原稿は、文藝文化に皆載りましたもの故、いずれも文藝文化の印刷所にあるか、蓮田さんのお宅にあるか、もしくは先生の御手許にあるものと存じます。この（「祈りの日記《にき》」を含めた）四作の原稿をお返しいただければ幸せでございますが、（略）なにかのお序での節にでも印刷所の人になり、その旨御命じ下さいませせば幸甚でございます。

（昭和一八年一一月四日付清水文雄あて封書）

三島の依頼を受けた清水は、さっそく出征した蓮田の留守宅に問い合わせた。三島は同月一二日付で清水に、「蓮田さんの御留守宅から、「世々に残さん」の一部の原稿と二つ三つの詩稿を御返送下さいましたが、お葉書の文面によりますと、これで全部とか。残りは先生の御宅へまいっているのでございましょうか。――」とハガキを出し、戻された中に肝心の「花ざかりの森」がなかったことを伝えている。夫人は夫が出征した直後、依頼をうけて探したが、送り返したものしかなかったのだろうか。かくして「花ざかりの森」の原稿は戦後行方知れずになり、戦災などで失われたものと思われていた。もし誰かが所持していたなら、年月を経て相続した親族が換金しようと古書市場に出すものなのにそれもないからだ。しかしそれは、ずっと九州熊本にあったのだ。

❖原稿発掘の経緯

手がかりになったのは、今から五一年前の書きつけだった。「『花ざかりの森』の原稿は今も（熊本）植木町の蓮田未亡人の手許にある筈である」（『日本談義』昭和四二年七月号）というくだりを見つけたのだ。これを書いた丸山学は、善明とは中学と師範学校の学友だった。ときあたかも三島はノーベル賞の最有力候補にあがっていたから、受賞したら直筆原稿の価値はいやがうえにも急騰する。そんな思いがこんな憶測を書かせたのだろうか。いや、断定をさけているが、しかと知っていたのだろう。

私は可能性は低いと思いながらこれを確かめようと平成二八年の八月、善明の長男晶一にひさしぶりに連絡をとった。しかし晶一はなんとその四日前に心不全で亡くなっていた。享年八六。代わりに太二が対応してくれた。私は『日本談義』のことを言わず、ただ、「所有されている方をご存じですか」とだけ訊《き》いた。持っているならこれまでずっと秘してきたわけだから疑心暗鬼になったろう。すぐには所有していると明かさなかった。しかし、そうとおもわせる含みのある返答があった。しばらくしてから所持していることを明かした。ずっと長兄の晶一が一手に管理していたのだそうで、その死の直後に突然問い合わされたこともあって、どう返答するか戸惑っていたのだろう、と思った。しかし所持を明かしながら、閲覧をもとめてもなかなか諾の返事がなかった。あとから分かったのだが、私の問い合わせがあってから、急きょ地元の施設に移管する手続きをしていたのだ。病院の共同経営者の兄が亡くなったのだから、重要な決断や煩瑣《はんさ》な庶務がかなりあったろう。兄の遺言にある（と施設側は聞いている）といって急ぐことはないのだ。結果として私が移管の後押しをしたようだ。それがひと段落して、ようやく閲覧を許可する知らせがあった。現地に飛んで話を聞くと、移管を急いだのは〝赤ちゃんポスト〟を開設したときにマスコミが殺到した騒動に懲《こ》りていたからだった。それと私が、「もし持っているなら山中湖の三島文学館に寄贈してほしい」と言い添《そ》えたせいもあったようだ。晶一が父善明の遺稿や遺品のおもなものは同施設に寄託していた。太二は三島の原稿もそこにあると思っていたという。私からの問い合わせに原稿の所在を確認したら兄の遺品のなかにあった。つまり兄が秘蔵していたのだ。秘蔵することにしたのは晶一の判断だったという。三島の原稿を持っているはずだ、と言われたことで不快な思いをしていたそうである。いずれにしても、この原稿を熊本の地にとどめておけば三島の処女作を世に送り出した中心者として蓮田善明の名が後世に著《しる》く伝わる。そういう思いもはたらいたようだ。

太二によると、善明が出征時に東京から熊本に送った荷物は、蔵書、受けとったあまたの書簡、雑多な書類や資料など、それらすべてをかなり大きな容器に入れて梱包《こんぽう》したものだったという。夫人は夫から、日本が敗戦したらこれこれを焼却するよう言い残されていた。それは士官として一回目に出征したときの軍の機密文書だったようだ。戦後夫人はそれを竈《かまど》で長い時間をかけて燃やしていたという。おそらくそのときに「花ざかりの森」の原稿を見つけたのだろう。三島の文名が九州熊本に届いたのは『潮騒』や『金閣寺』の書かれた昭和三〇年前後以降だったろう。その三島は今からちょうど半世紀前の昭和四一年、『奔馬』の取材で熊本を訪れていた。そのとき三島に会った夫人は原稿のことを話さなかったのだろうか。いや話したら三島が、「そのまま持っていてかまいません」と言ったのだろうか。太二はこたえてくれた。

母は原稿がこちらにあることは知っていました。三島さんが熊本に来られたとき、もし原稿返還のお話があればお返ししていたと思います。原稿が私どものところにあることは三島さんも当然ご存じのはずで、そのときに返還のことはお話にならなかったと推察します。兄が亡くなるまえに、今後原稿をどうすべきか話し合いました。話し合いましたが結論が出ないまま亡くなりました。

私が太二から聞いた最後の部分は、先に記した施設側から聞いたこととくい違っている。

❖「三島由紀夫」誕生の瞬間

熊本で閲覧したときに私が撮ったタイトルの入った一枚目の原稿画像にあるとおり、平岡少年は「清水から作者の手もとに帰った」原稿用紙にインクで書いた〝平岡公威〟の本名を鉛筆で二本線で消し、その右に、終生使うことになる筆名をやはり鉛筆で記していた。おそらく、清水に呼び出されて筆名を決めたときに、その場で手持ちの鉛筆で書き入れたのだろう。これが自作の原稿に〝三島由紀夫〟と付した嚆矢《こうし》となった。そして三島由紀夫の処女作となった。作家三島由紀夫誕生の瞬間である。

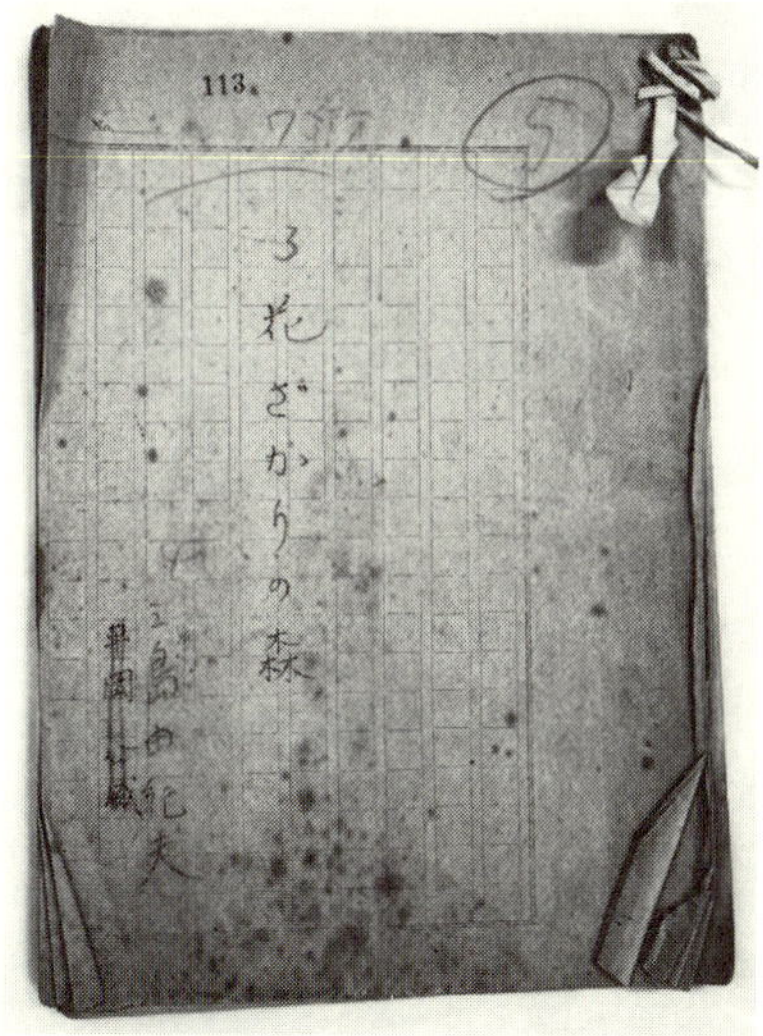

七五年を経て発掘した「花ざかりの森」肉筆原稿（筆者撮影）

蓮田家には「花ざかりの森」のほかに、「みのもの月」四三枚（『文藝文化』昭和一七年一一月号）、「壽《ことほぎ》」一二枚（同一八年一月号）、「世々に残さん」一〇五枚（同一八年三月～一〇月号）の直筆原稿もあった。

作品は四つの章で成り立っている。私が発掘した原稿は、「序の巻」九枚、「その一」一五枚、「その二」一七枚、「その三（上）」一五枚、そして〝「その三（下）」一九枚〟、と言いたいところだが、残念ながら最後のこの部分はなかった。なかった原稿枚数を「一九枚」としたのは理由がある。「その三」には三島文学館が所蔵している異稿がある。その一枚に「昭和十六年七月十九日擱筆《かくひつ》」とある。これは清水や蓮田たちが修善寺で廻し読みしたものの最終部と推定できる。この推定を裏づけるものがある。三島が東文彦にあてた一日違いの同年七月二〇日付のハガキだ。「小説出来上りました故早速お送り申し上げます」と書き送っている。原稿の文字のインクが乾くか乾かないかという状態で送ったのだろう。三島は清水には、それから八日あとの同年七月二八日付の手紙で、「扨《さて》突然ではございますが、先日完成した小説をお送り申し上げます故、御高覧下さいませ」と書き送っている。それまで両者に対してしていないことをしている。送られてきた原稿を即座に読んだ文彦の高評を得て、勇躍師に送ったのだろう。よほど高揚していたのだ。

三島は文彦に、「―例の小説の書きなおしは一旦完成しましたが、又、手をいれています。「その三」の部分です。前二十一枚だったのが三十四枚になり十三枚ふえました。すこしはゆったりしたようです」(昭和一六年八月九日付)と伝えている。三島文学館に出かけ、「その三」異稿を閲覧すると本文は二一枚だった。この枚数は文彦に伝えた『その三』の部分です。前二十一枚だった」と一致する。そしてそれらは〃№42〃から〃№62〃とノンブル(通し番号)されている。ということは清水や蓮田が修善寺で目を通した「花ざかりの森」は計六二枚で、掲載稿は一三枚ふえて計七五枚になったことになる。だから未発掘の「その三(下)」の枚数は一九という計算になるのだ。

❖「てうど」

発掘稿からおもしろい発見もあった。三島は原稿のいくつかの仮名遣いを校閲者に手直しされているのだ。たとえば三島は「血すじ」と書いているが「血すぢ」と直されている。「こわさ」も「こはさ」と直されている。当時の三島はいささか仮名遣いにうとかったようだ。あるいはノンシャランだったようだ。もっとも興味深いのは「てうど」が「ちやうど」と直されていることだ。三島はいまの仮名遣いで「ちょうど」と書くところを旧仮名遣いで「てうど」と書いている。それが計七箇所あるのだが、はじめの四つの「てうど」の「て」にだけ斜線がうすく入れられ、その横に「ちや」と書きこまれ、「ちやうど」と直されているのだ。三島自身が直したのなら黒く塗りつぶすのだが、それは控えめに直されていた。おそらく編集長の蓮田、もしくは清水が手を入れたのだろう。三島は『仮面の告白』(昭和二四年)にもこの表記を使った。後年これを誤りだと指摘した北杜夫に激怒し、江戸時代の能にあると反駁《はんばく》したという。しかし国文学者にも馴染《なじ》めない表記だったのだ。ふつう古語で「てうど」は、調度を意味する名詞である。江戸期のひらがな表記はかなりみだれていたが、それを早熟な文学少年は鵜呑みにおぼえてしまったのだろうか。なお三島が愛好した泉鏡花は「ちやうど」と記している。

「出版業界では〝超一流〟として知られた」(『週刊新潮』平成二八年一〇月二〇日号)校閲部の〝負の実績〟をひとつあげよう。それは右にふれた北杜夫と三島のエピソードのくだりである。北は阿川弘之との対談でこう述べた。

「『仮面の告白』に「ちょうど」を「てふど」と書かれているけど、あれはやっぱり文法的には「ちやうど」でしょうと（三島さんに）言った。しかしその後にね、「少しは辞書を引いてください」って言っちまった。そうしたら、次の日に奥野（健男）から電話があって（註・奥野の太宰論出版パーティーに伊藤勝彦に連れられ北が参加）「三島さんがきみの紹介した北とかいう生意気な奴、ああいうのをおれに紹介しないでくれって言ったって。その時に、三島さんは確か、しかし江戸時代の能の中に「てふど」とちゃんと出てるとおっしゃったんで、僕もちょっとギックリして…

（『小説新潮』平成七年一月号）

この「てふど」は痛いくらいの誤記だ。対談を本にし、それから文庫にしたときもそのままにした。三島は『仮面の告白』（河出書房）で、「花ざかりの森」同様、「てうど」と書いた。「てふど」ではない。新潮文庫の『仮面の告白』（昭和二五年）では「ちやうど」に直されているが、この対談の文字起こしで校閲部は北の発音のまま「てふど」とし、そのチェックをずっと怠ったのだ。

この「てうど」に関連して他にもおもしろいことを発見した。三島の鼻っ柱の強さがうかがえるのだ。発掘原稿と掲載文を比較すると、初回掲載分にある四つの「てうど」はさきに記したように「ちやうど」に直されている。しかし掲載二回目以降に三つある「てうど」は直されていないのだ。おそらく三島が（意地を張って？）「てうど」のままを主張し、それを蓮田や清水は（苦笑しながら？）寛恕《かんじょ》したのだろう。いっぽう、昭和一九年に上梓された初の作品集では、すべて「ちやうど」になっている。版元が直したようだ。

❖処女小説集『花ざかりの森』出版

三島由紀夫初の小説集『花ざかりの森』の出版は昭和一八年の初夏ごろから目論《もくろ》まれていたようだ。その仕掛け人は、蓮田善明、その人だった。

昭和一八年五月三日　富士正晴より蓮田善明宛「——おはがき有難く拝見いたしました。一度是非あなたとお逢いしたく存じます。文藝文化に新しく入られた三島大変面白く存じました……

（安藤武『三島由紀夫「日録」』未知谷、平成八年）

三島氏の著作の件色々話をすすめてみましたが原稿（文藝文化の切り抜きでも宜しいが）が入用といって来ました。それでお手数ですがおまとめの上可及早くわたくしの方へお送りくだされば倖せです。書店は京都ですが本屋としての格は品良い店です。十中八迄うまく行くつもりです。

（昭和一八年八月一四日付富士正晴の蓮田善明あて手紙『三島由紀夫展カタログ』毎日新聞社、昭和五四年）

蓮田はすぐ三島にこの吉報をしらせた。

京都の詩友富士正晴氏があなたの小説の本を然《しか》るべき書店より出版すること熱心に考えられ目

当てある由。もしよろしければ同氏の好意をうけられたく。原稿をまとめて御送り下さい。なお清水君に御相談下さい。

（八月一六日付ハガキ　同）

蓮田善明は三島の本の出版のことを伊東静雄に相談し、伊東は蓮田に富士正晴を紹介した。富士は石書房、七丈書院の出版企画、作家の原稿取りに月一回大阪から東京に出張していた。富士は東京で三島と会い、出版の話をすすめ、秋にはまとまり、早くて一年後ということになった。しかし小説集の企画者の富士が出征したことで出版は遅れそうになった。伊東静雄の弟子で詩人の田中光子に、「発兌《はつだ》（出版）はひょっとすると八月初旬あたりになるのではありますまいか」（昭和一九年七月八日付。玉英堂で筆者が閲覧）と旅先からノン気に書き送っていたが、じっさいに上梓されたのは一〇月だった。しかしそのいっぽう、刷り部数の予定は、当初の二千から三千、そして四千へと増えた。農林官僚だった父親のコネで用紙が確保できたからだ。三島は戦時のために前月高校を繰り上げ卒業し、その年だけの特例で東大に推薦入学していた。見本ができるとさっそく師の清水に持参した。本の冒頭に「清水文雄先生に献《ささ》ぐ」と入れていたからだ。

なかなか見ばえのする立派なものが出来た。用紙は和紙で、二百五十頁足らずなるに、随分分厚な感じである。小生に献《ささげ》らる意味の言葉が最初に付してあるのは面はゆい。

（昭和一九年一〇月二一日の清水の日記『清水文雄「戦中日記」文学・教育・時局』笠間書院、平成二八年）

出版に奏功した三島は、翌月上野池之端の料理屋で出版記念の宴を張った。

雨月荘は家の知合いで、そのころ表立っては出せない御馳走を並べてくれ、お客もめずらしい支那料理を喜んでくれた。清水文雄氏、栗山理一氏、徳川義恭氏、七丈書院主人がお客であったと思う。（略）七丈書院はかなり趣味的な本屋で、装幀の贅沢を許してくれ、学校の先輩の徳川義恭氏が光琳のつつじを模した扇面の原色版の表紙を作ってくれた。（『文學界』昭和三三年七月号）

富士は、蓮田が三島を慈《いつく》しみに満ちて見、別れぎわには恋々《れんれん》としていた、と回想している。

思い出すことは林（富士馬）と三島と三人で蓮田善明の家へ訪ねて行ったことだ。蓮田善明が三島を見る目がひどく慈《いつく》しみに満ちていたこと、駅まで送って来た蓮田が三島と別れる時に恋々《れんれん》としているような感じがあったのを覚えている。（『ポリタイア』昭和四八年）

蓮田の慈愛は三島に通じていた。小説集の「跋《ばつ》に代えて」で蓮田へのおもいをすなおに、切々と綴《つづ》っている。

蓮田善明氏は再び太刀を執られて現に、戦《いくさ》の場に立っておられるが、氏が都にあって古道にいそしんでおられた傍《かたわ》ら、「文藝文化」「四季」などの誌上に、励ましの御言葉を賜ったこと、一人歩きの覚束《おぼつか》ない身にそれぞこに石がある木の根がある躓《つまず》くなどことごとに御心遣《つか》いの濃《こま》やかであったこと、それぞれに身に沁《し》みて、遥かに御武運の長久を祈りつつ懐かしさに堪《た》えない。

三島は晩年、「この本の上梓をどんなにか喜んでくれたにちがいない蓮田氏」と、哀切なおもいを綴っている。

集まった客はみな、当夜そこ（註・昭和一九年の出版記念会）にいるべき重要な客のいないことを残念がった。それは「文藝文化」の指導者ともいうべき蓮田善明氏である。この本の上梓をどんなにか喜んでくれたにちがいない蓮田氏は、すでに出征しており、九ヶ月後ジョホールバルで、通敵行為を働いた上官を射殺して、ただちに自決するという運命にあった。（『うえの』昭和四三年）

「通敵行為を働いた上官を射殺し」と記しているが、さきに記したように私の調べたかぎりでは通敵行為があったか定かではない。当日宮様が現地入りし武装解除を伝達することになっていたが、矛をおさめず継続戦闘しようとする兵隊たちがいた。〝承詔必謹《しょうしょうひっきん》〟の蓮田はその指揮官にまつりあげられ、板挟みになり自決の道をえらんだともいわれる。確かなのは、この上官の軍旗の訣別式での訓話に「敗戦の責任を天皇に帰し、皇軍の前途を誹謗し、日本精神の壊滅を説く」言辞があったことだ。

以上のように、三島由紀夫の「花ざかりの森」の直筆原稿が三四半世紀ものあいだ、蓮田善明の親族によって秘蔵されていたのには、両者に深い縁《えにし》があったのである。「三島ゆきお」という筆名は、さきに記したように蓮田ら四人により案出された。そして蓮田は、そこに秘《ひそ》かに風土記にある「夢野の鹿」の背に降りつもった「雪」も重ねていた。それを蓮田が『文藝文化』に書いた一文から感知した三島は、院内誌『輔仁会雑誌』に「夢野乃鹿」を書いた。そして後年『豊饒の海』四巻の外函、そして『春の雪』扉絵に鹿の画を配して、そこに〝蓮田善明〟を塗りこめていた。これは私の解釈だが、「夢野の鹿」の項で詳しく述べる。筆名の由来のせいなのか、三島は生前、自分だけの墓を海のそばの富士山が見える寺にさだめていた。そしてそこに自らの等身大の裸体ブロンズ像を立てることを遺言していた。三島の死後、ブロンズ像は完成し、三島家に引き渡された。三島の骨はそのために分骨もされていた。これについては冒頭の「プロローグ」に展《の》べた。

❖種田山頭火《たねださんとうか》との出会い

蓮田は昭和九年三月、広島の友人宅で放浪の俳人種田山頭火《たねださんとうか》と偶会《ぐうかい》していた。蓮田はそのときいったん教職を辞し、妻子を熊本の本宅に残して、単身で広島文理科大学で学んでいたのだ。その前年末に刊行された山頭火《さんとうか》の句集『草木塔』をすでに読んでいて、熊本の妻に、「乞食坊主の山頭火という男の（早稲田大学を出て、結婚もし、子もあるが、今は一人で山口の田舎に庵を作って、時々行脚している、五十四になるそうだが、それでいて、例の高松のミス・ニッポンに気があるという快僧）俳句集、等、うれしいものをよんだ。雨のふる　ふるさとは　はだしであるく　といった俳句だ」と書き送っていた。

「蓮田にとって、山頭火との出会いはまさに感銘ふかいものだったらしい。蓮田は終始、山頭火の話すことばをメモにとり、長く心に刻みこんだ。蓮田の後年の論考数篇は、このときの山頭火との出会いによって触発され、書かれたものである」。（村上護『放浪の俳人　山頭火』講談社、昭和六三年）

蓮田の師斎藤清衛は昭和八年三月、広島高等師範学校の職を辞し、漂泊詩人にあこがれて旅に出ていた。斎藤は山頭火と文通し出会いもしていた。蓮田は師が共鳴した、あるがままに生きる山頭火に自らもつよく共鳴した。山頭火は昭和一五年に没したが、戦後も二〇年あまり世にほとんど知られなかった。しかし蓮田はその俳才を夙《つと》にみとめ愛したのだ。

❖〈恋闕《れんけつ》のこころ〉

神風連、そして蓮田善明を理解するキー・ワードの一つは〈恋闕《れんけつ》のこころ〉だとおもう。これは三島由紀夫の最期を解するキー・ワードでもあるとかんがえる。村上一郎は〈恋闕のこころ〉について、「このくらいひどく希求され、そしてたちまちに忘却、無視されてしまった精神はない」と嘆いた。

〈恋闕のこころ〉というくらい、もはや遠く忘れ去られている精神はない。このくらいひどく希求され、そしてたちまちに忘却、無視されてしまった精神はない。かつての身もだえするほどの希求は、まるきり嘘であったのか、いや、ひとが、まるきりの嘘、何の根拠も持たない観念に、心身を焦がし生命を賭けられたはずはない。つまらぬ迷信だとて、何らかの根拠はもっている。ましてや国とつながり、ひとのいのちを左右する精神であったものに、根拠がないわけがない。では、どうしていま、恋闕のなんぞという文字さえ忘れはてたように、ひとはこれを忘却・無視してしまったのか。論議さえも行われずに、或る観念も忘れはて、とりたてて批判もなければ、問題にもしないというのは、よくよくのことでなくてはならない。（「浪曼者の魂魄」『日本浪曼派研究』昭和四三年）

〈恋闕のこころ〉とは天皇に対する至誠の情であり、「御命令なき忠義」と言い換えてもよいだろう。お上《かみ》へのいさぎよい、そして一方的な真心である。これを理解するのに打ってつけの喩《たと》え話が『奔馬』にある。国学院大の予科学生飯沼勲が連隊長の洞院宮殿下に述べている言葉だ。

忠義とは、私には、自分の手が火傷《やけど》するほど熱い飯を握って、ただ陛下に差上げたい一心で握り飯をつくって、御前に捧げることだと思います。

その結果、もし陛下が御空腹でなく、すげなくお返しになったり、あるいは、「こんな不味《まず》いものを喰えるか」と仰言って、こちらの顔へ握り飯をぶつけられるようなことがあった場合でも、顔に飯粒をつけたまま退下して、ありがたくただちに腹を切らねばなりません。

又もし、陛下が御空腹であって、よろこんでその握り飯を召し上がっても、直ちに退って、ありがたく腹を切らねばなりません。

何故なら、草莽《そうもう》の手を以て直に握った大御食《おうみうけ》として奉った罪は万死に値するからです。

では、握り飯をつくって献上せずに、そのまま自分の手もとにおいたらどうなりましょうか。飯はやがて腐るに決まっています。これも忠義ではありましょうが、私はこれを勇なき忠義とよびます。勇気ある忠義とは、死をかえりみず、その一心につくった握り飯を献上することにあります。聖明がおおわれているこのような世に生きていながら、何もせずに生き永らえているということがまず第一の罪であります。

その大罪を祓《はら》うには、瀆神《とくしん》の罪を犯してまでも、何とか熱い握り飯をこしらえて献上してみずからの忠心を行為にあらわして、即刻腹を切ることです。死ねばすべては清められますが、生きているかぎり、右すれば罪、左すれば罪、どのみち罪を犯していることに変わりはありません。

三島は林房雄に、「僕の天皇に対するイメージは西欧化への最後のトリデとしての悲劇意志であり純粋日本の敗北の宿命への洞察力と、そこから何もかも汲みとろうとする意志の象徴です」(『対話・日本人論』)と語っている。この思想には臣下の処身としての〈恋闕のこころ〉のありようが示されている。小高根二郎は、「『英霊の聲《こえ》』の〈などですめろぎは人間《ひと》となりたまひし〉という声は、まさしく蓮田善明の声であるといっていい」(『蓮田善明とその死』筑摩書房、昭和四五年)と言う。文学的修辞としてなら、三島と蓮田、二人の〈恋闕のこころ〉から発せられた声と言ってもいいだろう。蓮田は終戦の四日後に自決した。私はむしろ玉音放送への抗議の諫死《かんし》だったと解す。蓮田は、「純粋日本の敗北」に臣下の処身として自決し、「悲劇意志」としての天皇に〈恋闕のこころ〉を示したのだとかんがえたい。熊本での神風連取材行は、三島の〈恋闕のこころ〉のボルテージをいやがうえにも高めた。『奔馬』を書きあげた三年後、神風連と同じく電気波動を介さず、肉声で赤心を叫び、腹を切り、〈恋闕のこころ〉をあらわにした。しかしそれは一瞬光り輝く閃光《せんこう》となり、瞬《また》く間に宙《そら》に消えゆくことになったのだ。

❖「前に立てるもの」

一〇代の三島が東文彦にあてて、蓮田についてやり取りをしている手紙がいつくもある。三島は信頼する文学上の先輩に素直な気持ちをじつに真摯《しんし》に書き送っていた。まだ当時はおおやけにされることを意識しないで書いていたからだろう。

「文藝文化」の蓮田善明という人は、「日本人が文学を感ずることの早さ」ということを云っておられますが、これは実に卓説だとおもい、ことごとにそれを感じております。たとえば、源氏物語の巻々の名の、「桐壺」「帚木《ははきぎ》」「夕顔」「若紫」「須磨」「明石」「澪標《みおつくし》」などという言葉はそれを見ただけで内容から雰囲気までわかってしまう気がしますし、浄瑠璃や歌舞伎の題名（あのディコラティヴな）も精神分析的にいえば、この心理をねらったものといえますし、物名、歌枕の類、俳句の季題、昔の役名、人名、等々、日本の文学にこうした傾向の占める位置ははなはだ大きいと思います。

「漢字」もそういう意味でどうしても廃したくないものがむずかしい字画の字のなかにあります。たとえば「艶」「聲」「翳」「鬱」などゝという字には、我々は十分「文学を感じている」のではないでしょうか。

尤《もっと》も蓮田氏はそれが美点であると同時に欠点でもあることを認めています。しかしこういう考え方をしてみると、日本文学の技巧の頂点も、外国でいう技巧のような唯物的方法論的なものでなく、技巧がそのまま日本人の魂にかよっているような気もいたします。そんなことからこのごろ私は「日本の技巧の極限」ということ、「荒唐無稽な美の心理的な矛盾のなさ」というようなことを考えております。

（昭和一七年九月一日付）

蓮田氏の説へのお話、面白く拝見しました。しかし結局私は詩人の魂を信じます。蓮田氏よりも佐藤春夫氏を。蓮田氏は日本文学を思想という立場で考えることを極力避けていられるにしても評論などになると、やはり常識が出てこられるのでしょう。

尤も「日本の伝統」について蓮田氏が語られたのをきゝましたが常に「先に立てる」ということをいわれる。その「立てるもの」に神をみることにより、極端にいえば、例の路傍の石ころも、一匹の鼠も、「私」という名の赤児も皆仏になるように、荷風が江戸文学を、佐藤氏が漱石などを常に、「前に立てている」ことに、詩人の血脈を信じつゝ大きな意味をおいておられるようです。

こういう議論からすれば、とにかく今の文壇には、「前に立てるもの」を持たぬという点で、徒《いたずら》に万葉に走ったりする浮薄の点で、つまらぬ人々もたくさんいるのではありますまいか。

（昭和一八年五月二二日付）

文彦からの手紙が公開されていないので、「蓮田氏の説」と彼の「蓮田氏の説へのお話」がどんなものか分からない。もしかする前者は、昭和一八年三月号の『文藝春秋』に載った蓮田の「言霊《ことだま》の幸《さき》わい」だったかもしれない。三島が蓮田の「前に立てる」という言いたてについて、それは「神をみることにより」云々といっているからだ。この文章は『蓮田善明全集』に入っていないのでかいつまむ。

言論は正しくなければならない。併《しか》し皇国の言論の正しさとは、所謂《いわゆる》理性的な論理的正しさをいうのではない。

理性的な正しさというものは、実は一歩々々神意から離れ退《の》きつつ神と己との間、及び己の足跡について辻褄《つじつま》を合せようとしては更に又歩々後退しているのである。

言論の正しさとは飽くまでさかんなる息吹、いきおい振るいにある、無窮《むきゅう》の興隆の歴史の言論としてさかんなるものでなければならない。そのような国の言論としてのさかんさを、言霊《ことだま》の幸《さき》わいというのである。

かかる言霊の幸わう「ふるさと」においては、真直ぐに「宝祚《あまつひつぎ》（註・皇位）」の天壌無窮を勅《みことのり》したまい、また「六合《りくごう》を兼ねて都を開き」とか「八紘を掩《おお》いて宇《いえ》と為さん」とかと令《みことのり》したまう神言《かみごと》とあらわれて、皇神《すめかみ》の歴史の言葉となっているのである。

（『文藝春秋』昭和一八年三月号）

蓮田は、日本という「皇国の言論の正しさとは」「理性的な論理的正しさ」でなく、「言霊の幸《さき》わう」「さかんなる息吹、いきおい振るい」のある詔勅、つまり神の言葉のような、皇神の国の「無窮の興隆の歴史の言論としてさかんなるもの」のことであると言っている。

三島は文学的に深く結ばれていた文彦とのあいだで、保田についてのやり取りに比べると、蓮田についてより掘り下げて語りあっている。蓮田は他校の教師だが、『文藝文化』を通じて親しく交流し、目もかけられていたから当然だろう。

❖運命的な黙契

『文藝文化』は昭和一三年七月に創刊され、昭和一九年に七〇号まで重ね、戦時下に紙の供給が制限されて終刊となった。棟方志功が表紙とカットを描くようになるのは昭和一五年一〇月号（二八号）からで、装丁に気品と香《かぐわ》しさが加わった。そこから〝三島由紀夫〟は巣立ったのだ。〝発行兼編集人〟は出征中であっても「蓮田善明」であった。蓮田は三島の才をしかととらえていた。「花ざかりの森」の連載は『文藝文化』昭和一六年九月号から四回にわたった。初回の号の蓮田による「後記」はつとに知られている。これはすでに引いたが再びかかげる。

この年少の作者は、併《しか》し悠久な日本の歴史の請《もう》し子である。我々より歳は遥に少いがすでに成熟したものの誕生である。此作者を知ってこの一篇を載せることになったのはほんの偶然であった。併し全く我々の中から生れたものであることを直ぐ覚《さと》った。そういう縁はあったのである。

第二章で、三島が中等科三年生（昭和一四年）の夏休みの課題作文で、『『古事記』を読み、日本武尊《やまとたける》の思国歌《くにしのびのうた》に触れて実に素晴らしい感想を書いてきた」（清水文雄『潮』昭和四六年二月号）ことにふれた。そのとき蓮田は一度目の応召で渡支していたが、同年六月号の『文藝文化』に日本武尊の思国歌を引いた一文を寄せていた。

「死ね」と我に命ずるものあり。この苛酷なる声に大いなるものの意志が我に生き及ぶのである。戦争とか死とかに関する此の年頃の安物の思想で愚痴《ぐち》るなかれ。この「死ね」の声きく彼方こそ詩である。

弾丸に当たる。眼くらみて足歩み、斃《たお》れんとして足下に一土塊、一草葉を見る、或《あるい》は天空に一片の雲を見ん。此の土塊、草、雲、即ちそれ自ら詩である。窮極の冷厳、自然そのもの。併《しか》し生命を踏み越えて凍った精神である。

日本武尊、御父天皇の「死ね」との御命にて御遠征の帰途、疲《こわ》い労《くたび》れ給いて死に臨み、御歌よみし給いて

倭《やまと》は　国のまほろば　たたなづく　青垣山　隠《こも》れる
倭し　美《うるわ》し

又

はしけやし　吾家《わぎえ》の方よ　雲居立ち来も

（『文藝文化』昭和一四年六月号）

三島と蓮田が日本武尊の思国歌を取りあげた、この同時性について、小高根二郎は、「運命的な黙

契というよりほかに言葉がない」と言っている。

蓮田はまさしくおのが応召という賜死《しし》の運命と、日本武尊の遠征の賜死とを重複し、憧憬している。この蓮田の日本武尊と思国歌とが、二か月後、夏休みの宿題を執筆する平岡少年に投影することがなかったであろうか？

清水が平岡を担当してまだ、二、三か月にしかならぬ日のことである。『文藝文化』を貸与することなど考えられない。これは蓮田・平岡自身、ともに知りようのない運命的な黙契というよりほかに言葉がない。

後年、蓮田は三島由紀夫の『花ざかりの森』を発表するに際し、作者を紹介して、「われわれ自身の年少者」と呼び、「全く我々の中から生まれたものであることを直ぐ覚《さと》った」といったが、それはこの運命的な黙契をさしたものだと思われる。

（「三島由紀夫と『文藝文化』」『国文学　解釈と鑑賞』昭和四六年一一月号）

〝黙契〟は蓮田がしばしば用いた言葉だった。蓮田善明は〝黙契〟の人だった。三島は昭和一七年、日本武尊を描いた「青垣山の物語」を草していた。これについては前章の「ヤマトタケルノミコト」の項でふれた。

❖激越な慷慨《こうがい》家

三島は、『昭和批評体系第2巻昭和10年代』の月報（番町書房、昭和四三年）で「『文藝文化』のころ」と題して、当時の蓮田を、「烈火の如き談論風発ぶり」と回想し、「後年はげしい右翼イデオローグの汚名を着た」と評した。

　この出版のためには、私の「文藝文化」時代の話も、単なる少年時代の思い出話ではすむまいと思って、書庫の奥から、ようやく保存に堪《た》えてきた十六冊の「文藝文化」を取り出してきた。私と「文藝文化」との縁は、同人の一人清水文雄学習院教授の紹介によって、拙作「花ざかりの森」が連載されたときにはじまる。

　私はこれが機縁になって、たびたび寄稿を許され、のちには同人の集まりにも出席するようになった。清水氏の純粋、蓮田善明氏の烈火の如き談論風発ぶり、池田勉氏の温和、栗山理一氏の大人のシニシズムが、それぞれ、相映じて、たのしい一団を形成していた。

　今、「文藝文化」をひもといて興味があるのは、同人たちの折に触れた編集後記の発言である。なかんずく、後年はげしい右翼イデオローグの汚名を着た蓮田善明氏の、多少せっかちな、一本気な「優美な」発言である。

三島が「多少せっかちな、一本気な」と形容し、それにカギ括弧をつけて〝優美な〟と言っているのは同人誌の蓮田の後記についてである。蓮田はおおやけの場でも、「せっかちな、一本気な」ふるまいを見せていた。『日本浪曼派』の同人伊藤佐喜雄が昭和一八年に軍人会館（戦後、九段会館に改称）で開かれた日本文学報国会（戦時中の国策団体）のできごとについて、「蓮田さんは、席に座っている石川（達三）氏をいきなり指さして、今の石川氏の発言には、自分は賛成できない、と大喝し」、「喚《おら》び泣きの文学、慟哭《どうこく》の文学こそいま生まれなければならないのだと、蓮田さんは力説し」、ために、「以後、蓮田さんの名は、神がかりという冠称《かんしょう》を付して呼ばれるようになった」と書き記している。

石川達三氏が登壇して、われわれ文学者も、おおいに国策協力の線に沿って、作品活動をしなければならない、という趣旨の発言をした。次いで、蓮田さんが登壇した。短軀ではあるが、きっちりと国民服に身を包んで、堂々と胸を張った姿は、国文学者というよりも、やはり精悍《せいかん》な軍人の印象が強かった。

蓮田さんは、席に座っている石川氏をいきなり指さして、今の石川氏の発言には、自分は賛成できない、と大喝した。古事記にある須佐之男命《すさのおのみこと》のように「青山は枯山と哭《な》き枯らす」ほどの壮大な文学を、われわれは創造しなければならない。喚《おら》び泣きの文学、慟哭の文学こそいま生まれなければならないのだと、蓮田さんは力説したのである。

石川氏の発言は、戦争のその段階において、別に間違ったものではない、と私は思った。むしろごく妥当な発言であった。だから、石川氏は、いきなり自分を叱りつけて、おらび泣きの文学をなどと絶叫する蓮田さんを、ただ呆《あき》れて眺めていたに違いない。当の石川氏だけでなく、会場にあふれた日本文学報国会の、殆《ほとん》どすべてがそうであったろう。

私はというと、お先走りにも、蓮田さんのスピーチが終わったとき、けんめいに拍手していたのだ。気がついてみると、拍手したのは会場で私ひとりだった。蓮田さんの名前は、文壇でまだ殆ど知られていなかった。私の席の近くには、人民文庫（註・プロレタリア文学系の雑誌で、武田麟太郎、高見順、田宮虎彦、田村泰次郎などが依拠）の作家や評論家たちがかたまって坐っていたが、「蓮田善明って何者かい？」というふうな囁《ささや》きが聞かれた。以後、蓮田さんの名は、神がかりという冠称を付して呼ばれるようになったのである。（『日本浪曼派』昭和四六年）

伊藤佐喜雄は日記に、登壇した蓮田はまず、「冒頭須佐之男命《すさのおのみこと》の長歌を朗唱」してから、「このような慟哭の文学こそ今必要なのだと石川氏を睥睨叱咤《へいげいしった》」（『蓮田善明とその死』）したと記している。蓮田は壇上で国思歌を朗々と謳っていたのだ。三島は、参加をゆるされた『文藝文化』同人の集まりでの蓮田を、「激越な慷慨家」、「怒りが目の前で発現して、私にもよくわからぬ別の方向へ迸《ほとばし》っている壮観を見るばかり」（同序）と評したが、時を同じくして蓮田は軍人会館の壇上でもそれを呈していたのだ。いっぽう、一〇代の三島はまだ、「（蓮田）氏の怒りの対象については関知するところではなかった」（同）と言う。当時の三島は二一歳年長の蓮田をひたすら、「古代から近代までの古典を潺湲《せんかん》として流れる抒情を、何ら偏見なく儒臭なく、直下にとらえて現代に齎《もたら》しうる人と考えていた」（同）だけだった。

❖「自分の文章はきたなくて、きたなくて」

だが同年代の『文藝文化』の仲間たちはその激しやすい性向に手を焼いていた。栗山理一、池田勉はそんな蓮田について、「晩年、この両魂（荒魂《あらみたま》と和魂《にぎみたま》）が均衡を破って荒魂のみが烈《はげ》しく先行するような印象を与えた」と語りあっている。

栗山　仕事の面では僕なんかある意味のジェラシーは感じました。それは一つの刺激なんでしょうから。ただ、蓮田の場合でいえば、晩年近くなってかなり烈しくなってきたでしょう。それに対して、僕は蓮田にブレーキをかけた方がいいんじゃないかと思って、危惧の念を洩らしたこともあるんです。それを、どの本かの後書のところに、蓮田が触れているところがあります。ちょっとついていけないなという感じを晩年の蓮田にはいだいていました。

池田　蓮田の（本居）宣長に対する心酔のしかたは、とにかく漢心《からごころ》（註・ふつう漢意と書かれ、シナの思想文化に感化されたさまを批判していう）を打ち払うということが非常に大きな問題になるんです。漢心というものをどのように蓮田がとらえているかということで、蓮田という人間がよく分かると思うんです。結局、蓮田にとって文章を書くということが、自らの漢心を打ち払っているのだというんですよ。打ち払われた漢心が文章に出ているというんです。近代人ですから、意識する、しないにかかわらず、いろいろの合理主義的な漢心というものは心の中にあるわけです。それを書いて打ち払うことによって、自分の何かを絶えず新たにしていこうとか、見出していこうとか、そういうところが蓮田にはあったんじゃないかと思うんです。とにかく自分の文章はきたなくて、きたなくてと蓮田はいうんです。それはおそらく自分の合理主義的な漢心のようなものを、絶えず打ち払っていることばだったと私は思うんです。蓮田の持っていた非常に近代的な、知的な分析力はすぐれたものです。しかし、その知的といわれるものが、自分にとっては近代の合理主義的な知性に過ぎないという直覚、したがってそういうものを打ち払わねばならないということが、いわゆる漢心を打ち払うことだ。そういうふうに宣長の漢心というものを解釈していたと思います。人の漢心を打つんじゃなくて、まず自らの漢心を打ち払う。だから、ときには人の漢心を見て、つい情勢にかられては、烈しくこれを面罵《めんば》することにもなったのではないかと思います。

栗山　蓮田に『忠誠心とみやび』という本があるんです。一般的にいって忠誠心と雅びとはなかなか結びつきにくいと思うんです。蓮田はある意味では職業軍人よりも純粋な武人だったと思います。それと雅《みや》びという文学世界との結びつき、これが蓮田を解く大きな鍵じゃないかと思うんです。蓮田には『本居宣長』という本もありますし、ずっと早い時期の『鷗外の方法』の中にも宣長のことを書いています。そこで私なりに宣長のことを考えてみますと、宣長は『古事記伝』や『鈴屋答問録』の中に荒魂《あらみたま》と和魂《にぎみたま》ということを書いていますが、これが忠誠心と雅びの問題に結び付くと思うんです。宣長の考え方によりますと荒魂と和魂は二つの作用として働いているんだけれども、これを善悪とか正邪とかいうふうに対立概念としてとらえてはいけない。つまり一つの作用は他の作用を否定したり、超克したりするものではなくて、かえってつねに共存すべきものだというのが、宣長の理解のしかたなんです。蓮田の晩年、この両魂が均衡を破って荒魂のみが烈しく先行するような印象を与えたことは、あの戦況下においてはやむを得ない仕儀だったんじゃないかというように思います。

（『雅《みやび》を希求した壮烈な詩精神』蓮田善明　その生涯の熱情」『浪曼』昭和五〇年新年号）

かにする文章がある。

「自分の文章はきたなくて、きたなくて」と蓮田は言っていたという。「それはおそらく自分の合理主義的な漢心《からごころ》のようなものを、絶えず打ち払っていることばだった」とはまことに烈しい、そして自己に厳しい人である。じつは蓮田の言っていることは宣長の精神なのである。それをつまびら

宣長は、漢意《からごころ》によって、国文を読んではならぬ、と教えた。漢意を通して国文を見るなとくどくどと、彼が語るのを聞いていると、いくら繰返し言っても足りはしない。聞き手のもう解かったという言葉など信用出来はしない。此のくどさこそ、この学者の良心に、確信に、要するに、この人の人格に繋がるものだ（略）

（小林秀雄『考えるヒント』）

蓮田は、池田が語っているように本居宣長に熱く傾倒していたが、つぎにかかげる文章から、その傾倒ぶりがよくうかがえる。

日本の鬱結《いきどおり》を覚えて堪《た》え得なかった宣長は、鬱結をはらって、清らかに大いなる大和心の光を

まさやかに仰いで、いのちに満たし、そして、正統の伝え人たらんとする慷慨《いきどおり》の中に、はらうべきものを、一すじに思い求めた。
そのはらうべきものとして彼が挙げたのが「漢意」であった。「道を学ばんと心ざすともがらは第一に漢意儒意を清く濯《すす》ぎ去って、やまと魂をかたくする事を要とすべし」（ういやまぶみ）「学問して道を知らんとならば先ず漢意を清く除き去るべし。漢意の清く除こらぬ程はいかに古書を読みても考えても古の意は知り難く、古の心を知らでは道は知り難きわざになんありける。」（玉かつま）これが宣長の国学の第一要諦であった。（「からごころ――鈴の屋のまなびごと」『文藝文化』昭和一七年四月号）
蓮田は、「日本書紀はこの神話に対して、明らかに漢意漢文献を借用して、見え透いたさかしらなる説明を加えようとしているが、古事記は殆ど全く漢意なく、古伝説のままであり、その撰録の動機も亦古伝説の尊重にあった」（「本居宣長に於ける《おほやけ》の精神」）とも主張していた。蓮田は『古事記』を現代語訳している。栗山は、「蓮田の持っていた非常に近代的な、知的な分析力はすぐれたものだったが、「自分にとっては近代の合理主義的な知性に過ぎないと」「直覚」し、それを追い出すには、「漢心を打ち払うことだ」と思いつめ、これをつねに自分に厳格に課していた。それが、「ときには人の漢心を見て、つい情勢にかられては、烈しくこれを面罵《めんば》することにもなった」と擁護してもいる。
著書のタイトルにもした〝忠誠心とみやび〟の心意をうかがえば、〈みやびが敵を討つ〉と同義だろう。これについてはあとの項で論ずる。

栗山理一が指摘したように、二つの作用として働いている荒魂《あらみたま》と和魂《にぎみたま》を、善悪、正邪という対立概念としてではなく、一つの作用は他の作用を否定したり、超克したりするものでもなく、つねに共存すべきものだという本居宣長の思想に心酔していた蓮田善明に通底するものが、三島の思想にも見られる。どんなに純粋性のある行動でも現実世界では無効であり、言葉の世界はしょせん虚構に過ぎない。ではどうするのか。両者と相渉り、単独では無効なものどうしを掛け合わせる挙に出るしかない。それではたして「あめつち」すなわち現実界を動かせるのか。

三島は、純粋性のある行動が現実世界では「無効」であってもかまわず、それでよしとする「精神の尊厳」を重んじるとした。それを死の数カ月前に口述した「革命哲学としての陽明学」(『諸君!』昭和四五年九月号)で説いた。そこで、西洋の哲学政治思想、中国の儒教朱子学思想、そしてその両者を摂取した近世以降日本の思想潮流を説き、明治維新後の近代化のなかで朱子学的伝統とマルキシズムや大正教養主義の間に埋没した陽明学の存在を指摘し、昭和四五年当時の時代状況を犀利に腑分けし、「彌縫《びほう》的な平和にたぶらかされ」、「心の死、魂の死を恐れない」大衆社会とそのなかで停滞堕落した政治状況を摘出した。そして、それを打ち破るために必要なのは、「日本人の行動様式のメンタリティに潜流」している、「精神の最終的な無効性にしか、精神の尊厳を認めまいとする」陽明学の顕在化であると説いた。そのさまは、まさに単騎で敵陣に飛び込み、手挾《たばさ》んだ偃月刀《えんげつとう》を縦横無尽に振るう猛将のようである。このなかで三島が我々に伝えたかった思いは、次のくだりに尽きているように思う。

大塩平八郎はその『洗心洞箚記』にもいうように、「身の死するを恨まず、心の死するを恨む」ということをつねに主張していた。この主張から大塩の過激な行動が一直線に出たと思われるのである。（「革命哲学としての陽明学」『諸君！』昭和四五年九月号）

三島ははじめて自衛隊への体験入隊をした昭和四二年、中村光夫との四回にわたる対談で蓮田の思想性について、〝文学と行動〟について、熱意の発言をしている。

ぼくはこの間小高根二郎のやっている「果樹園」という雑誌を見たら、ぼくの知らないことが書いてあった。戦争中、丹羽文雄が「海戦」（註・海軍の報道班員として重巡洋艦「鳥海」に乗り組み、第一次ソロモン海戦に従軍した丹羽が、その見聞をまとめた小説）を書いた時に、ぼくを非常にかわいがってくれた先輩の蓮田善明が丹羽を攻撃した話が出ている。

丹羽という男はいかに頑迷固陋《がんめいころう》な男か、海戦の最中、弾が飛んでくるなかでも一生懸命メモをとって海戦の描写をしている。これは報道班員として任務を遂行しているわけで、そのために丹羽は名誉の負傷までしている。

ところが蓮田は丹羽を非難して、なぜそのときおまえ弾運びを手伝わないかといっておこっている。蓮田という人はああいう性格だから、じつにいやな印象を人に与えたかもしれないし、みな怒ったろうと思う。

だけどそこにはかなり重要な思想が入っていて、本当に文学というものは客観主義に徹することができるだろうか、文学者はそういうときにキャメラであるのか、単なる「もの」を記録する技術者であるのか、あるいは文学とはそういうときにメモをとることをやめて弾を運ぶことであるか、という質問を蓮田がしているのじゃないかとぼくは思う。

（『対談　人間と文学』）

三島は、丹羽のこのふるまいを、翌四三年に発表した『文化防衛論』のなかの「国民文化の三特質」の項でも取りあげている。

戦後ただちに海軍の暴露的小説『篠竹』を書いた丹羽氏は当時の氏の本質は精巧なカメラであって、主体なき客観性に依拠していたことを自ら証明した……

前年の対談での発言からも、三島が丹羽を肯定してこれを書いたか否かは明白だろう。三島との対談で中村は、「そうは思わぬ」と言いつつも、「だけど、あなたがそこへ出した設問は大事だと思う。蓮田さんのいっていることから一歩掘り下げた非常に大事な問題で、結局その問題というのは丹羽文雄にも『海戦』にも関係なくて、文学の本質論だね」と応じている。三島はつづけて、蓮田の嗚び《おら》（詩的慟哭）には「文学の問題のいちばん簡単な比喩」が提示されていると説く。

それは一種の極限状況として比喩は簡単になると思う。文学の問題のいちばん簡単な比喩がそこで提示されていると思う。そこで感銘が深かった。なるほど、こういうところで突きつめたら文学がどういうものかわかるのじゃないかと思った。

あの戦争を考えれば、あれは総力戦だろう。総力戦というのは人間をあらゆるフィールドにおいて機能化してゆくものですね。大砲を撃つ人は大砲、報道班員は文章によって記録あるいは報道し、あるいは軍宣伝のために利用される。そういう近代的な総力戦では丹羽は正しい任務を果たしている。

だけど文学というものは絶対そういう機能になりえないものだということを信じたい。そうすると、文学が絶対に機能になりえないということを証明するためにはどうすればいいかということになると、そのとき弾を運べばいいじゃないかという結論になっちゃう。いかに邪魔でも、どいてくれといわれても。


蓮田は、たしかに昭和一八年『新潮』五月号に寄せた「文学古意」で丹羽のふるまいを批判している。

丹羽は戦うべきだった。弾丸運びをすればよかったのである。弾丸運びをしたために戦闘の観察や文学が中絶してしまうと考えることも誤りである。弾丸運びをしたために或る場面を見失うだろう、しかしもし弾丸運びをしたとしたら、そこに見たものこそ、本当の戦争だったのである。

蓮田は、文学者もともに戦わなくてはならない、そうすることによって「本当の戦争」が見える、といっているのだ。三島は、「『果樹園』という雑誌を見たら、ぼくの知らないことが書いてあった」（昭和四二年）と言っているが、これを読み落としたか、忘れてしまったのだろう。

❖「日本人のいのちを大事に」

最初の応召で戦傷を負い大陸から生還した蓮田は、『文藝文化』昭和一六年三月の「編集後記」に、「日本人のいのちを大事にしてほしい」、「そこから気宇を大にしてほしい」と記した。

久しぶりに、生きて、編集後記を書く。まず述べたいことは、どうか、日本人が、自重《じちょう》自愛してほしいということである。たぐいない日本人のいのちを大事にしてほしいということである。日本人のいのちを働かすために、希《ねが》わくは自重自愛し、天壌とともに窮《きわま》りないいのちを愛惜し、そこから気宇を大にしてほしい。

昭和一三年一〇月　成城学園で召集令状（初回）を受け、当日行われていた秋の運動会でそれを報告する蓮田善明（成城学園より入手）

支那戦線で貫通銃創を負った蓮田の、「日本人のいのち」をかけがえのないものと思いなす真情のあらわれだ。出征からもどって独り阿蘇山麓へ出かけ、泊まった温泉宿での体験から小説『有心《うしん》』のモチーフを得たり、この「編集後記」を書いたりしていた頃、成城高校に復職した蓮田は、校友会誌『城』に「純粋技術への決意」という論攷を寄せていた。文芸批評家の岩田英哉が安部公房の研究調査中に発掘したものである。そこでは、戦争に勝利するための哲学的な思想論を述べている。これも一巻ものの蓮田全集にないのでかいつまんでみたい。

この頃ほど、正論を吐きたいと苦慮したことはない。私はただ嘆くことよりほか知らなくなった。正論を思うて、水に鳴く蛙のように嘆いていることより自分の発想法を知らなくなった。言葉もなく思うのである。

そのような日に私は明治天皇の御製を拝誦した。畏れあることであるが、正論と感佩《かんぱい》した。たとえば八紘一宇《あめのしたをおおいていえとせん》とは神武天皇御創業の御発想である。このような大きな言葉はたとい日本人でも、臣下では使いこなせないものである。単に一政治家の理想としてならば、たちまちに力弱くなる。

私たち近代の教養をうけたものは、たとえば言葉というものは、人間共有物で自由に使っていいと考え習ってきた。しかしそのような精神は、言葉をじつに安っぽいざらざらしたものか、この私の文章のように言葉の香もないところへ飛びついてしまったりしている。

今日言葉は詩人が用い、又「敷島の大和心」を言うに堪《た》え難《がた》い汚いものになってしまった。現代の言葉は言霊《ことだま》の幸《さき》わう大和言葉の歴史から脱落している。

外国人が八紘一宇ということを信じ知り得ないのはもちろんのことである。ヒットラーが言う

「今後千年」という最大限以上には誰も考え得なくなった。八紘一宇を言う日本の指導者さえ「ヒットラーは千年を考えている」と言って国民を鞭撻《べんたつ》している始末だ。

この百年、千年の分からなくなった現実を考え抜き得ないで学者が歴史の必然を考えて歴史的現実などを説いてみたところで、すでに正論でなくて路傍の傍言にすぎない。分からなくなっているものを乗り越え得る正論ではあり得ない。

むしろ今日は科学の方が乗り越える力を持っている。今日日本はただシナと戦ったり独伊と締盟しているだけではない。日本の魂（文化）を賭けている。日本は勝ち得るか、それを信じるのは科学兵器のことになってきたありさまである。機械（科（化）学・技術）乏しくては絶対その民族は滅びるよりほかない事実に面している。

否機械自ら、人類（勝利者をも含めて）も滅ぼすであろうというところに、現代の機械の極限の、人間に対する厳粛さがある。機械が歴史を脅かしているのである。

機械は堂々とそれほどに現代の正論である。日本だけでなく、機械を用いてその民族の生存を勝ち得ようとする思想に機械が歯向かうのである。機械が生き残った民族をも喰い滅ぼすであろう「千年後」を想像する。

この機械を作り、機械を作る人間を作ったものこそ即キリスト教を生んだ倫理ではないか。キリスト教と科学思想とは、別戚ではない。智彗《ちすい》とは、はじめから神々から追放されるものであったことは、キリスト教神話もギリシャ神話も同じである。

ソクラテスが毒杯を飲んだ遵法の精神と日本人の奉公の精神とは似てまったく異なる。アルキメデスは死刑に臨んで砂上に幾何学図形を画いて一心に見つめていたという。科学とはこのような人間の子孫のものである。こんな死に方をした人間が日本人にあるか。

日本人は死に臨んで太古より現代まで、雲を見ていることが多いというのが私の知っているところである。日本は機械を取らざれば、彼らの餌食にさえなるであろう。ただ我も機械を用いて撃ち返せばいいということではすまない。

明治天皇亦「知識を世界に求め、大いに皇基を振起すべし」という御誓文を立てあそばされた。この御誓文は私にはじつに深く拝誦される。

私は想像する。科学がかつてのシナやインドの思想のように、臣道のものとしてはたらく日を。そしておそらくは古事記のイザナギ、イザナミ二神の清明な身体正知のような認識として（アダムとイブのような隠匿され罪悪とされた暗くする認識としてでなく）科学の知識が人類を亡ぼすためでなく人類に光をひらくために正論となる日を私は安らかに信じ得る。

それは千年先のことである。現在においては二神のような清明な智をよろこぶ民族として、かつまた正大なる大君の御光をたてまつる臣民として、彼らの智を収め正してやる国民としての自信と覚悟とをもって、まず今日技巧化し特許術化した己が技術を純粋にすることに専念したい。

文化ということもこの純粋な技術への決意覚悟をもってから考え直してみることができる。

（「純粋技術への決意」『城』第三七号、昭和一六年八月五日発行）

ここには蓮田の日本民族への切実な危機意識がこめられている。飛躍のある難渋な論述だが、死地をくぐりぬけて来た蓮田の、さらに先鋭化した思想性がうかがえて興味深い。この一文を見た蓮田の息子晶一は、初見だと私に語った。さきに書いたように、晶一は、私とこのやり取りをした一年後の平成二八年夏逝った。

❖「夢野の鹿」

蓮田は『文藝文化』昭和一七年三月号に「夢野の鹿」を寄せた。夢野の鹿とはつぎのような物語に登場する三《みつ》の鹿である。

昔、夢野（現在の神戸市兵庫区）にいたという夫婦の鹿。「摂津風土記」にみえる伝説によると、男鹿には別に淡路の野島に妾《めかけ》の鹿があった。ある夜、男鹿は背に雪が降り、すすきが生える夢を見た。本妻の鹿は偽りの夢判断をして、射殺されて塩を塗られる前兆だといって男鹿が妾のもとに行くのをとめたが、男鹿は妾の鹿恋しさに出かけて行き、途中船人に見つけられて射殺されたという。

（『大辞林 第三版』）

蓮田は、「これを所謂《いわゆる》伝説とも寓話とも言うこと、已《すで》に愚である。これこそ文学であり芸術であるといってよかろう。この文章の表てに出ていないが、野島の鹿の美しさが描かずして眼前に彷彿《ほうふつ》として来る」と評した。三島は翌年の『輔仁会雑誌』一二月二五日号に「夢野乃鹿」を書いた。

止ることから流れることへの転身は、夢みることにとって誕生と復活の朝であろう。すべて夢みることに先行して、礫《つぶて》のように人をうつあの幻は、まさに転身の成就を俟《ま》って現われるであろう。そのとき止る存在は流れる存在となりきるゆえに、止る姿に無限に近づくに従って即ち無限に遠ざかる流れの天性から、それが、一歩一歩が可能のおそろしい断崖である「止る」存在とは似て非なる、「永久に止る」ともいうべき存在の型式をとるときこそ、不朽の語は、はじめて使用に値する。立ちあらわれる幻は、無辺際の可能の海の極まりつくした充実と空虚の末に、すなわち無への無限の接近の大きな消極の頂点に、すがすがしく、暁天の星をさながらの、最高の有が輝きだす瞬間、つと人の目や心をよぎる。そうして人は陥《お》ちるのだ。およそ陥没のなかでもっとも聖らかな陥没、上昇のうちでももっとも美しい陥没を。あの止ることの「可能の海」が、完全の喪失へと身を向けるときに、おそらくそこには完全さがはじめて存在する。はじめて。……

田中美代子が指摘しているが、これは蓮田の「夢野の鹿」にインスパイアされて書かれたものだろう。思念的で哲学的で難渋な散文詩のような文章だが、これをあえて読み解こうとせず、「転身」、「夢みる」、「幻」、「止る存在」、「流れる存在」、「無限」、「可能のおそろしい断崖」、「永久」、「不朽」、「無辺際の可能の海」、「空虚」、「無」、「消極の頂点」、「暁天の星」、「最高の有が輝きだす」、「人は陥《お》ちる」、「陥没」、「喪失」、「上昇」の語彙をならべると、『豊饒の海』のモチーフが浮かびあがってくるようだ。

これに関連して指摘しておきたいことがある。序章に書いたように三島は『豊饒の海』の装幀のすみずみにまで指示を出していた。各巻の外函と扉にそれぞれを象徴する生き物を描かせたが、『春の雪』は鹿だった。月修寺のある奈良をあらわすとの説があるが、そうではなく、「今夜の夢に吾が背に雪零《ふ》り置けりと見き」(『摂津国風土記』)〝夢野の鹿〟なのだろう。そしてそこに〝蓮田善明〟も塗り込めているのだろう。なぜなら蓮田が三島のペンネームの「由紀」に「夢野の鹿」の〝雪〟もかさねていることを感知していたと思われるからだ。

❖右手に軍刀を按《あん》じ、左手に古典

斎藤清衛《きよえ》は広島高等師範学校の教え子である蓮田の『鷗外の方法』に「序」を寄せて、蓮田は戦陣でもなお日本の古典をひもといていたことを記している。

戦地よりの消息によれば、砲声を聞きつつなお万葉集を誦し、塹壕《ざんごう》の中にあってたびたび古事記を繙《ひもと》いている様子である。右手に軍刀を按《あん》じながら、左手に古典を捨てなかったかの維新の国学者志士の俤《おもかげ》を君によって連想するのもあながち不当のことであるまい。

丸山学によると蓮田は最初に出征した中支戦線に持参したのは『古事記』だけだったという。『源氏物語』は妻に頼んで戦地に送らせた。二度目の南方戦線では、『万葉集』『古事記』『古今集』『源氏物語』『方丈記』『発心集』『無名抄』などを読みつぎ、論文を書きついで『文藝文化』の同人たちのもとへ送った。師範学校卒業後志願して一〇カ月の入隊訓練を受けていたので士官（少尉）として応召していた。そのため、前線では将校用の部屋が使え、下士官と異なり、思索し読み書きする環境がそなわっていたのだ。そこで息子たちにあてたハガキ（軍事郵便）もしたためたのだろう、まず初回の応召先の中支戦線からのものをふたつ紹介しよう。

熊本県鹿本郡植木町

蓮田晶一君

事変の二年目を山の上で迎えているところへ、慰問箱が届きました。晶一の病気の時に書いたお膳の絵が入っていました。大へんいい絵です。写真も入っていました。お菓子など兵隊さんと皆で分けてたべました。お砂糖でぜんざいをこしらえました。チョコレートもおいしかった。しかしやわらかくなっていました。ゴマ塩は今度はいりません。羊羹は一番いい。晶一の写真待っています。さよなら

中支稲葉部隊　坪島部隊　河野隊　蓮田善明

熊本県鹿本郡植木町

蓮田太二君

太ちゃん　お元気ですか。お父さんと兵隊さんと大きな大きなお池（クリーク）でお魚とりをしました。支那の人や子供も沢山来ました。三十センチ以上五十センチもある魚がそれこそ何百ぴき

もいて、追いかけると水の上にはね上がるのが、ちょうど銀いろの花が咲くように見事です。晶ちゃんや太チャンのような子供が網や竹をもって捕ります。手でもとります。百姓さんは走って来て鍬でとっています。二三時間で五百ぴきほどとりました。

同　蓮田善明

再度の応召先の南方戦線からのものものもひとつかかげる。

大日本　東京都世田谷区宇奈根八二四

蓮田晶一

太二

新夫君

晶一が読んできかせて下さい。お父さんは、海をわたって、お船で遠い遠い南の島にきています。海は荒れたり、潜水船につけられたりしましたが大丈夫でした。飛魚《とびうお》という魚が青い翅《はね》をひろげて燕《つばめ》のようにとぶのもみました。お父さんは船には強いので少しも酔いはしませんでした。ここは今でも木も草も青々して、赤い花などが咲いています。昼は裸でいたりします。しかしこれから行き先はもっと暑いはずです。ここには黒坊さん、茶色ん坊さん、白んぼさん、いろいろいます。黒坊さんの赤ちゃんは右や左の腰におんぶされています。古戦場に行きますと、激しい戦の跡があり、兵隊さんの苦労がしのばれて涙が出ます。今お父さんのいる家の窓からもその一つの高地が望まれます。　十二月十二日

静一一九六二部隊　鳥越隊　蓮田善明

初回の応召のあいだに三男が生れていたのだ。戦地の善明は、男子の名、女子の名を、三つ四つずつ書き送り、妻の敏子はそこから新夫《あらお》をえらんだ。これら三通は初出のものである。成城高校教師の阿部六郎は同僚の蓮田について、「誠実無双の烈士だ」、そのいっぽう、「戦地で何よりの楽しみは蝋燭《ろうそく》の光で源氏物語を筆写することだった」「これもひとつの真珠だと僕は思った」と述べている。

僕の同僚に蓮田善明という新しい国学者がいる。「鴎外の方法」「予言と回想」という評論集を出している人だ。（略）華やかな秋の運動会の最中に召集を受けて、その場で満場の人に別れの挨拶をして出征し、長く大陸に転戦して帰ったのだが、ますます不動となった信念を沈黙に包んで、（略）焦り立つ世を伝統の心に正そうとして、烈しい生死の思いを古典研究に深めて書き続けている僕の尊敬する人だ。先頃「文藝文化」に書いていた文章で、戦地で何よりの楽しみは蝋燭の光で源氏物語を筆写することだった、もう少しで幾帖か終るところで帰国の命令を受けた時は実に口惜《くや》しかった、ということがあったが、これもひとつの真珠だと僕は思った。源氏物語など戦線に送っては兵士の闘志が鈍るなどという杞憂《きゆう》を抱く人があったが、蓮田君は、誠忠無双の烈士だ。

（『歴史日本』昭和一八年二月号）

❖『鴎外の方法』と『仮面の告白』

『鴎外の方法』（昭和一四年）には、三つの論攷がおさめられている。「小説について—森鴎外の方法」「詩のための雑感」「本居宣長に於ける《おほやけ》の精神」である。私が注目するのは同書のタイトルを副題にした巻頭のものである。なかでも「自己弁護」の章である。「小説について」は鴎外の「青年」を主として論じているが、それよりも「自己弁護」で鴎外の前作「ヰタ・セクスアリス」の主人公の芸術観をめぐって、鴎外の小説への姿勢を論じている箇所に目をひかれた。三島が悩んでいた詩をとるか小説をとるかということ、そしてそのセクシャリティの問題を解くカギがはからずも語られていると思うからだ。

・彼（註・鴎外）が（「ヰタ・セクスアリス」で）明らかにせずして影の如《ごと》くに語り過ごした、見えざる恐るべき「敵」、芸術上の非常に高い要求、（略）彼が計らずも明らかにした自己弁護の消息。これを更に次に訊ねてみよう。併《しか》し便宜上結論から先に言うならば、此の「敵」は詩である。詩に対する自己弁護が小説である。鴎外は、芸術に非常に高い要求なるものをもちつつ、之を敵としてそこに「小説」を書いている。彼は本質的に聡明《そうめい》に小説家であった。（略）

・冷厳なる自然の一片、事実の一片、「言語の音響」を以《も》って、ドグマの如く高く、スフィンクスの如く深く、並びなき聖者の如く正しく秘密を語るもの、それが、鴎外の「小説」の彼方に暗に指している「見えざる敵」であり、「小説」の生成と向き合っている、影の如きものの消息であ

る。―私はそれを「詩」と言う。（略）

・私は唯《ただ》鴎外が小説を語り、小説を峻厳《しゅんげん》に生成し、そして彼自ら飽くまで「小説」芸術に籠《こも》った時、彼の小説の彼方に、こちらを向いている「詩」を、彼が目尻《まなじり》を決して凝視していたことを言うのである。（略）

・鴎外の視線の中の冷やかな敵意ある熱を感ずる時、われわれは又鴎外の後に、「詩」をうち立てねばならないと思うのである。思うに、鴎外の日には、最も完璧なる「小説」を生成すべきであった。そして遂に今日われわれの閲歴は、「詩」を完璧ならしむべき日に至ったようである。この「詩」を荘厳する所にわれわれ日本の変りなき健全なる詩精神にめぐり合い得たことは、実に何たる悲痛なまで、歓ばしい日ぞ！（略）

・「小説」の後に「詩」が来たということに対して、人或《あるい》は之を否定して、明治以来近代の日本の文学史は、詩の後にこそ小説が来たことを述べていると云うであろう。私はそれを否定しない。寧《むし》ろ斯《こ》う言ってもよい。明治の若い日に羽搏《はばた》いた詩精神を虐殺したものをば、脚下に踏みにじって、再び詩精神を迎え、詩精神を瞬《また》かせるまことの小説を生成したのだと言ってもよい。彼が生成した「小説」は、そうした詩精神を迎え得る「自己弁護」であることを、鴎外は望み、信じたのである。彼は「詩」と向き合うことによって、自己を公共ならしめ、自己を生成しようとしたのである。これが彼を所謂《いわゆる》客観的ならしめているのである。（略）

・金井君（註・「ヰタ・セクスアリス」の主人公）はそのうち始まった自然主義を見て技癢《ぎよう》（註・技量、腕前をみせたい欲求）を感じもしない自然主義などの性欲一般説に不図《ふと》孤立的な自分を対立せしめたところから、「ヰタ・セクスアリス」を書き出したのであった。そこに自己を公共的に語り得るや否や、即ち自己弁護、即ち「小説」の緒口《いとぐち》を捉えているのである。（略）

・鴎外の生涯について言えば、その初め詩のある小説を書き、中途より詩のない、語弊を避けて言えば、詩の手前の、詩と向き合った小説を正道と定め、やがては、ムキに、詩を見ぬふりした小説へと進んで行き、所謂《いわゆる》考証もの、歴史ものへと、強いて努めて行ったもののようである。

（略）

・烈しく「小説」の方法を追求すると共に、ムキにも「小説」を「小説」として踏み外すまいとした此の作家を、今日の文学界に招致してみたいのである。私は今日「詩」の新生を見るからとて、「小説」の使命終れりと言うのではない。鴎外に於《お》いて見たように、われわれの「小説」は、寧《むし》ろ「詩」以前にではなく、「詩」の手前に、之と向き合って、今こそ又はっきりと正確に「小説」の生成と領域と使命とに努力を傾注すべき時ではないだろうか。小説は詩を混じ易い。これは相共に警《いまし》むべきことである。詩は愈々《いよいよ》言葉の音響の一断片を以て、唯「花」と言い、「死」と言う一きれを以てさえ完璧に語られる日であり、小説は完璧なるモラルの生成へ世界を呼ぶ日ではないだろうか。（略）

・「小説」を護《まも》り立てるには二つの道がある。一つは西欧の小説の道をソシャクする行き方である。（略）第二の道は、私小説、心境小説を生んだ日本的な或る根柢に関する。（略）以上の二つの小説の道何《いず》れもわれわれを救わない。茲《ここ》に至って再びわれわれは鴎外の小説を思い出す。鴎外は或る異常な小説を書いている。それは相似た立場にありながら、漱石の如く明瞭でなかった。

強いて言えば彼の小説は異常であったとのみ今は言うほかない。その異常さの中に、われわれは彼が小説のために堪えつつあった逞《たくま》しい姿をあれこれと探り見ることも出来るのである。

三島がこれを読んだという拠《よ》りどころは今のところない。しかし蓮田の最期を知ってその著作を丹念に読み返してこの一文に接していたら、戦後の鴎外への深い傾倒、そして三島自身の「ヰタ・セクスアリス」である『仮面の告白』を書くことになる淵源《えんげん》となったのではないか。そして「詩」から「小説」にむかったことの淵源もここにあったのではないか。

❖『有心《うしん》』

蓮田に『有心《うしん》』という小説作品がある。一度目の応召のあと、帰郷した折りの独り旅での体験をもとに構想し書きおこし、ふたたびの応召を受けてから、忽卒《こっそつ》として仕上げられたものだ。大久保典夫は『有心』を、「『生』への哀憐《あいれん》と歓喜がある」「生へのいつくしみと、健康そのものといっていい『好色』がある」と評した。

ここには「死」の戦場からはからずも生還して「生」に触れたひとの、一種とまどいに似た「生」への哀憐《あいれん》と歓喜がある。この小説の最初のほうに「一言もなしに死んでよかったし、そういう死に方で死ぬことのみが今日ではほんとうの文化であると信じていた」という言葉があるが、そういう「死」を所有してしまった彼が、内地に帰還して人間の「生」の美しさに触れ、いわば仮のものにすぎない「生」の蠱惑《こわく》に今更《いまさら》のように目を見張っている新鮮な情感が素朴な簡明さで記されている。

「抽象」とか「思想」というものを観念組織として考えることが習慣になってしまった日本の近代の文化感覚が、その反動として具体的なものに即す写生のレアリズムを生み、それが文学の「描写」に必須《ひっす》の基盤と考えられるようになったとき、思想文学は観念小説の別名になってしまった。

蓮田善明の思想小説は、そういう観念小説とはまったく別の発想において、抽象とか思想とかいうものがどういう状態で生まれるかを描こうとしている。その努力が、たとえば温泉宿の障子をじっと見つめていて、「無」という観念に知らずに陥《おちい》っている、そういう状態から身をもぎ取ろうとする悪戦苦闘においてなされている過程は、まさに現代小説である。

この小説というには思索的にすぎる生活記録は、彼が昭和十五年九月、中支戦線で右腕前膊貫通銃創を負い、年末に帰還して、翌年一月、阿蘇山中腹の垂玉温泉山口旅館に静養中の経験を叙したもので、ここには生へのいつくしみと、健康そのものといっていい「好色」がある。

（「日本浪曼派における古典」）

戦中に書かれたこの作品は蓮田の死後、原稿をあずかっていた清水文雄の手を経て、保田與重郎が主宰する『祖国』昭和二五年五・六月号に掲載され、ようよう世に出た。保田はこの作品の掲載号に、「谷崎以上に美しく清浄な、しかも思想を含んだ『抽象』を知った」と書き添え、亡き作者へオマージュをささげた。戦後保田は蓮田の生まれ育った熊本の地をしばしば訪れていた。

昭和二十九年五月、（保田）先生は熊本に遊ばれ、荒木精之の案内で阿蘇に登られました。阿蘇の大神が外輪山を蹴破られた話が、まのあたりの情景のように思われたと語られ、

火の国の阿蘇の神山神の火の魂依《たまよ》りしずか燃えていませり

（柳井道弘「追慕ノ記」『日本談義』昭和五六年一一月号）

と詠じた。

『祖国』の表紙絵を描いていた棟方志功もこのとき保田に同行していて、保田の歌を板に彫った。このエピソードを載せた『日本談義』は、中央の論壇では編まれなかった「保田與重郎追悼号」だった。同年すでに斎藤清衛が亡くなっていて、保田の死にも接した荒木は深いかなしみにつつまれていた。その荒木も年末の晦日《みそか》に彼らを追いかけるようにこの世を去った。享年七四。

❖黄菊と蜜柑《かぐのみ》

蓮田は、昭和一八年一〇月号の『四季』（戦前から戦中、戦後にかけて断続して刊行された詩の同人誌、一次から五次まである）に、「花にあるうた」（全集未収）を寄せ、三島に次のようなオマージュをささげていた。二度目の応召の直前である。

私は保田與重郎を尊び、棟方志功を尊び、伊東静雄を、林富士馬を尊び、少年三島由紀夫を尊んでいる。それは私を益々古典に向かわしめる縁となりつつ、老成を剝ぎとって行く。

蓮田の三島少年へのおもいの深さがあらわれている。松本徹は三島に影響を与えた文学者を三人挙げ、「蓮田は少年期と晩年の三島にとって、優しい父親の役割を果たした」と言っている。

三島に強い影響を与えた文学者を三人挙げるとすれば、第一に指を屈すべきは蓮田善明である。ついで伊東静雄であり、もう一人は、焼跡で出合った林房雄であろうか。蓮田は少年期と晩年の三島にとって、優しい父親の役割を果したと言ってよかろうと思う。（傍点筆者）

（「日本浪曼派と戦後」『国文学　解釈と鑑賞』昭和五四年一月号）

蓮田晶一は、一度目の応召からもどって来た父善明は以前とすっかりちがって、「厳しさが全身にあったと言う。蓮田の恩師斎藤清衛も、「この男は何をしでかすか分からない―という予感と、それに関する前兆の数々があった」（『祖国』昭和二五年一一月号）と記している。昭和一八年、晶一は二度目の応召を受けて召集地の熊本に向かうそんな父を東京駅頭で、ただ一人見送った。しかし今生の別れとなったそのときの善明は、それまでの厳しい父ではなかったと回想している。

戦時規制の為に、家族として私一人しか許されなかった。汽車の窓越しに見る父は、それ迄の厳しさが全身からすっかり消えて、静かに私に微笑んでいた。私は、そんな父をはじめて見た。

（『蓮田善明とその死』）

その蓮田は途中の大阪駅頭で、松本徹の言う「三島に強い影響を与えた文学者」の一人、伊東静雄に送られていた。伊東は、蓮田の日記帳に、「おほきみにささげしいのち」と壮行の辞を鉛筆で記して戻した。このことや見送り恒例のバンザイ以外にも二人は駅頭でかぐわしく、うるわしいやり取りをしていた。

二十六日夜大阪駅に蓮田君を一人で送りました。詩集と黄菊を捧げ万歳を唱えて別れました。感慨切でありました。

（伊東の清水文雄あてハガキ）

このときのことを蓮田はつぎのようにつづっている。つよく情動していたさまが分かる。

大阪駅頭夜十時近く、下に立つ我に伊東ぎみ迎え寄り、君が新著『春のいそぎ』出来ぬとてたまい、また秋のいろふけまされる黄菊一輪、白き紙につゝめるをそえてわたさる。

われは出《い》だすも耻《はずか》しけれど、たまたま君が序文をこい得たるをのみほこりとせし一冊（註・『神韻の文学』）の此《こ》も今しがた京都駅にて書肆《しょし》主（註・一条書房の臼井喜之介）の特に二部のみ急ぎ本作りせしとてあたらしきを渡されたるが一をさしいだし、語らうことも多くは暇さえなくて再び車に乗り立てば君は声高く、万歳を二かえり唱えたまい、吾は君が賜《た》びし花をうちふりつつ相別れぬ。汽車やがて駅をはなれて闇に出ずるや不図《ふと》思いいでしは君にたてまつらんとてポケットに秘しありし、こは冬のさかりにはいまだ早き青き香蜜《かぐのみ》の、せんすべも今はなければその二つの実をとりいでて深き夜の闇に投ぐ。きみゆかりあらばこのことのはに其をうけ玉えかし。

蜜柑《かぐのみ》を闇になぐればおとなくてしずけき君がおもかげに立つ。

また

よき人のたびし黄菊の水筒《づつ》のくちにさしつつかざしとぞする。

（「おらびうた」）

「この、不思議なばかりの、切なく美しい別れを別れた二人の詩人は、あいだに八年の年月をおいて、相前後して僕らの世界から去っていった」（清水文雄「蓮田善明を憶う」『日本談義』昭和三〇年九月号）。伊東静雄は大阪駅頭でわたされた蓮田の『神韻の文学』序に、「その笑む眸《ひとみ》のまことに美しい人である」と描いている。蓮田は大阪を出たあと、広島駅頭で学友の丸山学と合流した。丸山も応召し、蓮田と同じ熊本の部隊にむかっていた。

三等車の一隅につつましく坐した彼の窓辺には、戦地で将校が使用する図嚢《ずのう》（註・腰に下げる小型鞄）が下っていて、それに大阪で詩人の伊東静雄に会ってもらった黄菊の一輪が挿《さ》してあった。

（『日本談義』昭和四二年七月号）

蓮田は昭和一六年、「日本人のいのちを大事にしてほしいということである。たぐいない日本人のいのちを働かすために」と記した。生還し、生を慈しく思い、『有心《うしん》』に、「美しく清浄な」官能の世界を描いた。しかし再度出征した一八年以降、自決にいたるまで、「若い死によってあたらしい世代は斃《たお》れるのではなく却《かえ》ってあたらしい時代をその墓標のうえに立てるのである」（『大津皇子論』昭和一三年）と書き記した烈しい〝蓮田善明〟に回帰していった。

❖戦後善明を忌避した伊東静雄

かなしいことだが、これは記しておかねばならない。戦後亀井勝一郎が保田與重郎にたいして冷たかったように、伊東静雄も、これだけ親しくこころを通わせた蓮田善明と距離を置いた。富士正晴は書きしるしている。

わたしが（出征した華中華南からもどって）、伊東に再びあったのは、昭和二十一年五月、住吉中学を訪ねてであった。彼はわたしの軍服姿を実にいやがって、わたしをびっくりさせた。戦争中を思い出させるもの一切が不愉快で、少しでも遠去《とおざ》かりたいらしかった。彼にとってわたしは少々過去の、軍国主義の亡霊みたいに見えたのであろうか。伊東静雄は明るく解放され切って、健康そうにのびのびしておって、蓮田善明や保田與重郎のことをこちらが口の端にするのもはばかられるような雰囲気であった。わたしが戦争中、戦争を謳歌していた連中が、早くも、「真の民主主義」

の説教師になっていることを不機嫌に非難すると、それでいいんですよ、庶民はマルクス主義の世になればマルクス主義になびき、また違う主義の世になればその主義になびくのが当然なのだ、それでいいのだのに、あなたは今頃何をいっているのか、うっとうしいなあといわんばかりであった。伊東静雄は映画を見、雑踏を歩き回ってよろこんでいた。彼には今のこの世が、新鮮で快くて、味わい深くて、深い人間のあいだの連帯や同情を感じつつ歩き回っているのが、ともかく愉快であったのだ。（『苛烈な夢―伊東静雄の詩の世界と生涯』現代教養文庫、昭和四七年）

三島は、「伊東氏は戦後、大東亜戦争をはげしく憎み、戦争中に書いた戦争謳歌《おうか》の詩を悉《ことごと》く削除したい意向を洩らしたという」（「伊東静雄」『伊東静雄ノオト』昭和二八年）と記している。

❖〈みやびが敵を討つ〉

さきに三島が『昭和批評体系第2巻昭和10年代』の月報（昭和四三年）に寄せた「『文藝文化』のころ」を引いた。その続きを見てみよう。

今、「文藝文化」をひもといて興味があるのは、同人たちの折に触れた編集後記の発言である。なかんずく、後年はげしい右翼イデオローグの汚名を着た蓮田善明氏の、多少せっかちな、一本気な「優美な」発言である。

その一例。

「いよいよ皇国思想について熱烈の論が燃え立っている。しかしただ思想としての漢意《からごころ》排斥および日本論は、なお未だ漢意と目される。文学としてのやまとごころの大事さに思い至る時が真の皇国古意の開蓄《かいらい》である。私どもの用意しているのは、世上の思想論でなく、その文学のためである」

（昭和十八年五月号・第六巻第五号後記―蓮田善明）

今の人には、真意を読み取りにくい文章かもしれないが、第六巻第十一号（昭和十八年十一月号）に、（二度目の）出征直前の蓮田氏が書いている時勢の論には、傾聴すべきものが含まれている。それは「心ある」という短文であるが、氏は、「万葉集巻四」の、大伴坂上郎女《おおとものさかのうえのいらつめ》の歌、

「あしひきの山にし居れば風流《みやび》無《な》み吾がするわざをとがめたまふな」

他二首を引き、更に吉田松陰の言を引いて、真の愛国とは何かということを説いている。

「夷に説き俗に説くための合理ごとや争いごとはいたずらに怯懦《きょうだ》のことである」

と蓮田氏は言う。「みやび」それ自身が夷俗《いぞく》をうつ心であるから、「みやびある」というのがすなわち「こころあり」ということになり、郎女の別の一首、「鳰鳥《におどり》の潜《かず》く池水こころあらば君に吾が恋う情《こころ》示さね」

の歌意も解けるのである。私の大衆社会憎悪の念は、おそらくその根を、このような氏の教説に負うているのであろう。

三島はここでいささか唐突に、『『みやび』それ自身が夷俗をうつ心であるから、『みやびある』と

いうのが、すなわち『こころあり』ということになり…」と述べている。これはどういうことなのだろう。じつはここで三島は蓮田の〈みやびが敵を討つ〉という言いたてを説いているのである。清水文雄が、「二度目の応召がまぢかに予想されていたころ」の蓮田から、「〈みやびが敵を討つ〉ということばを聞いて、はっとした」と回想している。

蓮田君は終戦まもなく、マレー半島のジョホールバルでピストル自殺をとげましたが、二度目の召集を受けて、昭和十八年秋南方へ向かって出発したまま、ついに帰って来なかったのであります。

二度目の応召がまぢかに予想されていたころ、ある日、ふと彼の口から、〈みやびが敵を討つ〉ということばを聞いて、はっとしたことを思い出します。それは、一見矛盾を含む表現のように見えるこのことばの奥に、一筋のきびしいものがひそめられていることを直観したためと思われます。そのときの蓮田君の心事を、今切実に思いかえすのであります。

（『国語教育研究』昭和四三年）

清水が、「はっとした」のは、「一見矛盾を含む表現のように見える」〈みやびが敵を討つ〉という「ことばの奥に」「ひそめられている」「一筋のきびしいもの」を「直観したため」だった。清水の言うとおり、「そのときの蓮田君の心事」は「切実に思いかえす」べきものだったのだ。そして清水は翌年〈みやびが敵を討つ〉を、「みやび」は、「やさしさときびしさ、この相表裏する二つの契機を内包」していて、「正雅ならざるものに対する時」、「「みやび」は一転して破邪《はじゃ》の剣となる」、「非常事態に対処する「ますらお」の決意を表明した言葉」だと解いている。

抱擁と拒絶、やさしさときびしさ、この相表裏する二つの契機を内包するところに、みやびの真姿があったのである。一見女々《めめ》しい柔軟体の様相を呈しながら、利己・欺瞞《ぎまん》・倨傲《きょごう》・俗悪――など、すべて正雅ならざるものに対する時、「みやび」は一転して破邪《はじゃ》の剣となる。

したがって〈みやびが敵を討つ〉とは、非常事態に対処する「ますらお」の決意を表明した言葉であった。そしてそういう雄心は、遠征の途次、戦陣にある時、寸暇を得ては、やさしい手弱女《たおやめ》ぶりの歌（総じて文芸）を物することによって養われたのである。

（「かたくなにみやびたるひと」『蓮田善明二十五回忌追悼文』昭和四四年）

❖みやびあるこころ

三島はさきに引いたように、蓮田が、「大伴坂上郎女の歌、他二首を引き、更に吉田松陰の言を引いて、真の愛国とは何かということを説いている」と述べている。あとに引く（「心ある言」）が蓮田は「愛国」ではなく「憂国」と言っている。しかし文意からして径庭《けいてい》はないだろう。蓮田にとり、愛国（心）とは「みやび」（あるこころ）だった。みやびの心とは歌を詠むこと、歌心を指している。蓮田は戦陣でいくつも「手弱女《たおやめ》ぶりの歌」を詠んで「ますらお」の「雄心」を養っていた。

しきしまのやまとのうたはみやびたるふることぶりにたゞにあらはる
敷しまのやまとのうたは皇《すめろぎ》の大御すがたをよむにぞありける
皇は神にしませば天に足り国に足らしてみやびせすかも
歌言にから文字ごゑのいる時はすてゝうたはずと心さだめよ

（「おらびうた」『文藝文化』昭和一九年終刊号）

蓮田が清水たちに書き送った歌には、「やさしい手弱女ぶりの歌を物することによって養われた」「雄心」を噴出させた「おらび」もあった。

アッツの英霊に捧ぐ
北の海　霧たちわたる　鬼神と　たふれしひとが　いまはの息か
サマットの　山のとりでは　かたくとも　くだかむ君が　いまはの雄たけび
止めあへず　皆人音哭《ねな》く　ますらをの　ををしき最期《いまわ》　神をも泣かしむ
あたのたま　肩をくだくと　聞く時し　一時に胸に　せき来りけり

（「うた」『文藝文化』昭和一八年九月号）

さきに述べたように、蓮田にとり愛国（心）とは「みやび」（あるこころ）だった。晩年、三島は、「実は『愛国心』という言葉があまり好きではない」、「大和心で十分ではないか」と述べている。

実は「愛国心」という言葉があまり好きではない。この言葉には官製のにおいがする。また、言葉としての由緒ややさしさがない。愛国心の「愛」の字が私はきらいである。自分が逃れようもなく国の内部にいて、国の一員であるにもかかわらず、その国というものを向こう側に対象に置いて、わざわざそれを愛するというのが、わざとらしくてきらいである。日本のような国には、愛国心などという言葉はそぐわないのではないか。……大和心で十分ではないか。

（「官製のいやなことば」『朝日新聞』昭和四三年一月八日）

これは「やまとごころの大事さに思い至る」べきとの蓮田の思想と軌を一にしている。三島は『文化防衛論』のなかで「みやび」についてかなり過激なことを言っている。「非常のときには、『みやび』はテロリズムの形態をとった」と言い、「『国と民族との非分離』を回復せしめようとする変革の原理として、文化概念たる天皇が作用した」と述べているのだ。これはあきらかに蓮田の影響と思われる。

「みやび」は文化的精華であり、それへのあこがれであったが、非常のときには、「みやび」はテロリズムの形態をとった。すなわち、文化概念としての天皇は、国家権力と秩序の側だけにあるのみではなく、無秩序の側へも手をさしのべていたのである。もし国家権力や秩序が、国と民族を分離の状態に置いているときは、「国と民族との非分離」を回復せしめようとする変革の原理として、文化概念たる天皇が作用した。

（『文化防衛論』昭和四三年）

これに続けて、「西欧的立憲君主政体に固執した昭和の天皇制は、二・二六事件の『みやび』を理解する力を喪《うしな》っていた」と述べている。三島の「みやび」は、蓮田の〈みやびが敵を討つ〉、つまり「漢意を打ち払う」、「夷俗をうつ」に通じている。「みやび」とは、ほんらい清水文雄が解いたように、「抱擁と拒絶、やさしさときびしさ、この相表裏する二つの契機を内包」し、「正雅ならざるものに対する時」、「一転して破邪の剣となる」ものだったのだ。三島にしたら、昭和天皇はこの『『みやび』を理解する力を喪っていた」ことになる。「昭和天皇」ではなく、「昭和の天皇制」と表現したのは武士のなさけだろう。

さきに蓮田の『有心《うしん》』にふれたが、「〝有心〟は〝無心〟に対する語で、中世歌論に用いられ、後者が滑稽で卑俗を旨としたのに対して、心深く優雅を尊ぶ」ものである（清水文雄「蓮田善明のこと」『日本談義』昭和二六年六月号）。蓮田は、〈みやび（優雅）が敵を討つ〉と言い、卑俗とたたかうきびしい姿勢をとった。蓮田は当初、「みやび」を「皇神《すめかみ》の」「楽しみ給《たま》う姿」と、ごく一般的に解釈していた。

みやびというのは、宮びであり、御家《みや》びであることは言う迄《まで》もない。皇神《すめかみ》の大御手《おおみて》ぶりである。皇神の振舞い給《たま》い、楽しみ給う姿である。又その皇神のふりに「神習う」（「古事記」）ことである。それ故《ゆえ》神を祭るにも神の御心に足らうように、ゆたかに、おおらかに、みやびて、うるわしくなければならない。

（『本居宣長』）

しかしのちにはこの「みやび」を、外敵を討ち払うことだと思いいたるようになる。

この「みやび」は、言いかえるならば、皇神のみこころとみてぶりは、めぐみとして民の心々に滲《にじ》み透って血肉になって芽ぐみ生きているので、大君は民のこころを御心ひとつにいたわりたまい、民は思いと思うことに禽獣《きんじゅう》や「えみし」心をはらって「みやび」がちなのである。尊皇攘夷というのは、そういう最も自然なことなので、また尊皇攘夷というその最も自然なこの心に、愉しい天地をあげての雅心が大らかに息通《いきどお》っているのである。（「忠誠心とみやび」）

蓮田の「みやび」はさらに研ぎすまされていった。

（吉田松陰は）「一友に啓発されて矍《かく》然としてはじめて悟れり。従前天朝を憂えしはみな夷狄《いてき》に憤りをなして見を起こせり。本来すでに錯《あやま》れり。真に天朝を憂うるにあらざるなり」と述べている。これは全く又天朝をいっぱいに仰ぎ奉っての言申しであろう。（略）真の憂国は松陰の言にまで至って全しというべきか。「みやび」と申すことも、ここに於《お》いてのみまことなのである。「みやび」は本宮廷のみてぶりであり、「みやび」はそれ自身夷俗をうつ心である。「天祖《てんそ》の勅を奉じ列聖《れっせい》の徳を戴《いただ》き、これを一心に断じ、これを万世に得」たるの心に於いて夷を「諭《さと》し之を誅《ちゅう》し之を殲《ほろぼ》す、豈《あに》特に一時の定めのみならんや」という。これは遂に最後に「只今の時勢に頓着するは神勅を疑うの罪軽からざるなり」の一意に達した松陰の信であった。さればこそ「みやびある」を「こころあり」というのであろう。（「心ある言」『文藝文化』昭和一八年一一月号）

晩年の三島は蓮田が「みやび」のなかに見いだしたファナティックなものを、内なる知識人に向け、さらに先鋭化させ、外敵だけでなく間接侵略者に対する「テロリズムの形態」をも認めるようになっていった。

❖「おらびうた」

本章冒頭でふれた故郷熊本の町の石碑に刻まれた、「ふるさとの駅に下り立ちながめたるかの薄紅葉忘らえなくに」（『文藝文化』掲載表記のママ）は蓮田が戦地で佐藤春夫に託した、「黒いクロス表紙の懐中冊子」の一歌である。それは「おらびうた」として『文藝文化』昭和一九年終刊号に載せられた。佐藤春夫はそのいきさつを同号に寄せている。蓮田の自決する九ヶ月弱前の最後の姿を描いているので、長いがかいつまむ。

二三日前から（ジャワの）マランのホテルにいた。午睡《ひるね》を兼ねて蚊帳《かや》のなかへもぐり込んだ。不意に入口の扉があけられ、明るい外光を背景に誰やらつかつかと入って来た。互いに鄭重《ていちょう》に一礼を交わしてのち、先方は国防色の防暑服の胞のかくしから一通のハトロン紙の封書を取り出して差し出した。蓮田善明氏から僕に宛てたものである。封を開いて、蓮田氏がお召しによって只今出征の途次スラバヤにいる事実を知った。氏は僕の南方派遣後間もなく応召して南征の途々《みちみち》僕に会う機会を捉えようと昭南（シンガポール）以来手を尽したが、スラバヤでやっと滞在中の消息を得たがマランの地に到る余裕もないから、（同地にむかう者に）この書を托したという意味で、言外に面会を切望する意が溢《あふ》れていた。僕も亦《また》一たび相見《まみ》えて君が行を壮《さか》んにしたい意が大いにある。

翌日—たしか暮れの二十九日であったかとおぼえている—朝九時にマランを発った。十一時を少し廻ったころ、軍服姿に軍刀を提げた蓮田氏が我々の居る屋内を眩《まぶ》しげにのぞき込んでいるのを見つけて招じ入れた。腰の刀を壁にもたせかけながら、こうして外すのはいいがなれないから時々うっかり忘れて出るので、大切なお忘れ物などと追いかけられるのは不体裁なもので、などと笑って椅子についた。話題の三分の一は一身に関した一別以来のお互いの行動、旅程などであったが三分の二は国と戦とに関するものであった。蓮田氏は同僚や部下の勇敢をたのもしく楽しげに語って、何しろこういう仲間を相手ですから、我々のへたな頭でへたなかけひきをするよりはいつも突っ込んだ方が要領がいいわけで、…と云った一句のなかに、いかにも蓮田氏らしい面目と覚悟とを感じて今も思い出す。

僕は蓮田氏がさなきだに多端な軍務にあって然《しか》も慌ただしい征途に自分に会おうと心を労してくれたのに対して何か餞《はなむ》けをしたいと思いながら、何の用意もないのを本意なく思っていると、蓮田氏の話の一端で氏が夜光時計がなくて軍務にも困っているが坊間（街のなか）にこれを求め得ない一事をはしなくも知った。僕は自分の使い古したものではあるが手首にあったのを解いて君に使ってもらうことにした。蓮田氏は僕から受けとった時計を手首に巻き終わるとやおら立って軍刀にそえて外して置いてあった図嚢《ずのう》に何やらさぐっていたが、取り出したのは黒いクロス表紙の懐中冊子であった。

遠征の途《みち》すがらものした詠草であるというが見ればところどころやや長い詞書《ことばがき》のあるものもある。その冊子を僕に預けようと申し出て蓮田氏が言うには、それにつけてもこれが魚腹に葬られるのを惧《おそ》れますから御保存をお願いしましょう。これをお持ち帰り願って同人の清水にでも見せて下さい。そうして蓮田は欣然勇躍《きんぜんゆうやく》して前線に赴いたとお伝えください。といいながら窓外にうつろう日かげを見ていたが時計の三時半になっているのを見てから、そろそろ帰って出発の用意でもしましょうか、宿は市外の営舎に兵と一緒ですが、この地にもあと二時間ばかりとなりましたから、と挙手の礼をすると、壁にもたせかけた軍刀を腰間《ようかん》に下げて玄関口に出た。僕が君の武運長久を祈ると、君は僕の平安を祝して再び挙手して別れ去った。

（「遭遇、スラバヤに於ける蓮田善明君」）

「おらびうた」には歌碑にあるような望郷や家族を思慕する歌がたくさん詠まれていた。それらは蓮田と佐藤春夫の戦地での神の恩寵のような偶会によって後世につたえられた。はたちあまり離れた才人同士は、それぞれの〝恩寵〟で『文藝文化』の最後の冊でつながり、日本文学の将来について〝黙契〟を交わしていたことになる。「おらびうた」が掲載された『文藝文化』終刊号に三島の「夜の車」もあった。一九歳の三島が、「年少であることは何という厳しい恩寵であろう。まして熟し得る機能を信ずるくらい、宇宙的な、生命の苦しみがあろうか」と記した「夜の車」には、後世の〝三島由紀夫〟の萌芽のほとんどがみられると三島は後年書いている。これについては第二章に記した。

❖靉靆《あいたい》の雲を慕う

三島は昭和一九年一〇月、処女作品集『花ざかりの森』を上梓した。そのとき、これを祝して『文藝文化』の同人である師たちを食事会に招いた。しかし、最もそこにいてほしかった一人、蓮田はいなかった。三島は同書の最初に、「清水文雄先生に捧ぐ」と記し、「『跋《ばつ》に代えて』の中で、『文藝文化』誌上に初めて作品が載ったことにふれて、特に蓮田を名ざして感謝の言葉を述べている」（清水文雄「三島由紀夫のこと」『文學界』昭和四六年二月号）。さきに引いたが再度置く。

蓮田善明氏は再び太刀を執られて現に戦《いくさ》の場に立っておられるが、氏が都にあって古道にいそしんでおられた傍《かたわ》ら「文藝文化」「四季」などの誌上に、過分な励ましの御言葉を賜ったこと、一人歩きの覚束《おぼつか》ない身にそれそこに石がある木の根がある躓《つまず》くなとことごとに御心遣《つかい》の濃《こま》やかであったこと、それぞれに身に沁みて、遥かに御武運の長久を祈りつゝ懐かしさに堪《た》えない。

（「跋に代えて」『花ざかりの森』）

終戦直後、蓮田は戦地で自決した。その「蓮田の死の公報が、（熊本）植木町の留守宅にはじめて届けられたのはその死後十ヶ月の昭和二十一年六月十七日であった」（清水文雄『日本談義』昭和二六年六月号）。蓮田の死を知った友人たちは、偲ぶ会を同年一一月一七日、蓮田が奉職していた成城高等学校素心寮で行った。

折から朝来の時雨《しぐれ》ようやく上り、薄雲を透《すか》してさす光が、前庭に散りしく落葉にほのかに映えて、故人を偲ぶにふさわしい日であった。黄菊に飾られた遺影の前で、自決前後の事情につき、私が関係者から聴取しえたところを報告し、そのあとで、こもごも感慨を述べあった。遠く熊本の郷里にあって、この会に出席しえない遺族のためにと用意された冊子に、めいめい追悼の言葉と氏名を誌したが、二十一歳の最少年であった三島君は、つぎのような詩句を書きつけた。墨痕淋漓《ぼっこんりんり》と評するにふさわしい見事な染筆であった。

古代の雲を愛でし
君はその身に古代
を現じて雲隠れ玉
ひしに　われ近代
に遺されて空しく
靉靆《あいたい》の雲を慕ひ
その身は漠々たる
塵土に埋れんとす

三島由紀夫

（清水文雄「三島由紀夫のこと」『文學界』同）

「この会に出席しえない遺族のためにと用意された冊子」は『おもかげ』と命名された。三島は、ヤマトタケルノミコト同様、「賜死の旅へ旅立ち」（『蓮田善明とその死』）、「靉靆の雲」となった蓮田を、「漠々たる塵土に埋もれんとす」身で悼《いた》んだのだ。このときからちょうど二〇年を経て訪れた大神《おおみわ》神社の神主に一筆求められ、三島が「雲靉靆」と書いたことは本章の冒頭にしるした。「靉靆」とは、雲や霞がたなびくさまを言うが、同時に気持ちの晴れぬさまを意味すると辞書にある。敗戦直後は三島にとって、恋が成就せず、妹を亡くし、文学上も行きまどう「漠々たる」、すさんだ時期だった。すでに記したように、行動メモを兼ねた小遣い帳「会計日記」によると、この偲ぶ会の翌月、三島は矢代静一に誘われて出かけた酒宴で太宰治に出会い、後世に残る破れかぶれ的言辞を吐いていた。

蓮田は「雲のたたずまひ」「雲の意匠」など論攷のタイトルに〝雲〟をしばしば入れ、詩にも詠んでいた。そこには、「雲を墓標とする覚悟を自らにしいている姿があり、悲劇においておのれを完璧なる浪曼者に仕立てあげようとする決意が認められる」（小高根二郎「三島由紀夫と『文藝文化』」『国文学解釈と鑑賞』昭和四六年一二月号）。偲ぶ会の参会者の一人池田勉は、蓮田の著『神韻の文学』の「雲の意匠」から「雲」の箇所を引き、そのイメージで三島と蓮田のつながりを指摘している。

「雲―この形定まらず、あくまで定形や定律を否定しつづける雲も、ただ形成以前のつかみどころのない茫漠《ぼうばく》でなく、生命の根元の非常に美しいものをあらわしていると私には信じられてならなかった」

蓮田の魂が想い描き、やがて昇り還っていった、雲の意匠による神話的世界を、三島もはやくから悲願として、心通わせるところのあったことが明らかであろう。

（「蓮田善明―現代作家における神話的世界」『国文学　解釈と鑑賞』昭和四七年一月号）

偲ぶ会の参会者は、この池田、三島、清水文雄、栗山理一、桜井忠温、中河与一、阿部六郎、今田哲夫の八名だった。

中河与一は冊子に、「純粋なる詩人の生涯を思ひて美しさに感動す」としたためた。熊本の荒木精之も筆を執って巻末に、「木草をも枯らすばかりのなげかひのはたてに立ちて神あかりけむ」と記した。三島はその翌日すぐに、清水文雄にハガキを書き送った。

黄菊のかおる集まりで、蓮田さんの霊も共に席をならべていらっしゃるように感じられ、昔文藝文化同人の集いを神集いにたとえた頃のことを懐かしく…

のちに『おもかげ』は棟方志功の「悲しき飛天」の画で装丁された。『文藝文化』発行兼編集人の蓮田は志功に、年ごとに新たな表紙絵とカットを描いてもらっていたのだ。

❖安部公房と蓮田善明

偲ぶ会に参加した阿部六郎は成城高校のドイツ語教師で、学習院に移る前の清水の成城での同僚だった。恩師斎藤清衛の推輓で清水の後任となった蓮田が同校の尋常科（旧制中学）を担当していた時期に、安部公房が満洲の旧制中学から四修（飛び級）で同校の高等科に入ってきた。阿部六郎はその安部公房を教え、多くの影響を与えた。さきに取りあげたように、蓮田は昭和一六年、校友会誌『城』に「純粋技術への決意」という論攷《ろんこう》を寄せていた。そこで、「死刑に臨んで砂上に幾何学図形を画いて一心に見つめていた」アルキメデスに批判的に言及した。『安部公房外伝』を書いた岩田英哉は、安部は蓮田のこの文章を読んでいただろうと指摘している。安部公房はある座談で終戦時の満州での体験（戦中、いったん奉天《ほうてん》の実家に戻っていた）を語りながら、蓮田が言及したアルキメデスの死にぎわに肯定的に言い及んでいる。

なかなか凄いものなんですよ。強盗が入ってきて、ぼく自身も耳スレスレに弾丸を打たれたこともあるし、相当な目に遭《あ》った。しかし結局知ったことはどんな恐ろしい経験にも耐え得るものがあるということだった。抗《あらが》いに対する反応として身を防ぐことよりももっと痛切なものがあるという体験だった。そのとき感じたんですが、（略）アルキメデスが幾何を解いていたとき後ろから殺されようとした時の話とか、それがどんなに充実した生の瞬間であったか（略）これは個人的な立場にとどまらず、もっと人類的なもの、同時に人類的なものへ引上げられてきていると思う。物を人類的に考えるということ、個人的に考えるということは、どちらか一方だけであってはいけないので、一種の緊張の中に自分を納得させるものが生まれてくるんじゃないかと思ったんですがね。

ぼくが例えばああいう究極のところにやられて、次の瞬間に死ぬかもしれないというようになって、なお自分の中にあるものを信ずることが出来てこそ、われわれは生命に執着し、特攻精神を否定して、平和のために立つということがぼくに意味をもってくるんですよ。

（「二十代座談会　世紀の課題について」昭和二三年）

終戦直後の満州は無政府状態で、敗れた日本人は生命の危険に晒《さら》されていた。安部がその体験のなかで得たのは、自分の命を守ることよりももっと「痛切なもの」があるということだった。安部は、「生命に執着し、特攻精神を否定して、平和のために立つということがぼくに意味をもってくる」と言っている。その安部が対極の思想性をもつ三島と後年親しくなったのには、それぞれが一〇代で親炙《しんしゃ》したリルケ、なかんずく『マルテの手記』があったのはたしかだ（岩田英哉『もぐら通信』第８６号）。それとともに〝蓮田善明〟がこの二人を媒介しつないでいたからかもしれない。安部は、「次の瞬間に死ぬかもしれないというようになって、なお自分の中にあるものを信ずることが出来てこそ」とも言っているから、もともと三島との親和性はあったのだろう。

❖「肉体と言葉をへだてる、底なしの奈落めがけて、あらたな跳躍をこころみようとしているのか」

安部が三島について、その自死の二年前に書いた貴重な一文がある。文学全集の三島の巻に寄せたものだ。当然三島にあてられていた。だから貴重なのだ。

三島君はジェット戦闘機に乗り、その体験をもとにして「F104」という見事な短編を書いた。じつに素晴らしい短編だった。（略）しかし、剣道やボディビル、さらには公開のステージに上っての声楽の披露にまで及んでは、いかに誠意を込めた友情をもってしても、いささか判断に苦しむというのが、いつわらざる本音なのである。（略）ぼくなりの推論だが—推論せざるを得ないわけだが—彼はあんがい、極端な人間嫌いに肉の裏側まで浸りきっているのではあるまいか。一見、露出過多症とも見える、あの肉体表現も、一種の警戒色だと考えれば、説明がつく。周囲に肉体の防壁をはりめぐらせて、他人の侵入をはばもうという魂胆に違いあるまい。（略）ところで、最近の三島君は、しきりとパラシュートに乗りたがっているという。（略）三島君は、肉体と言葉をへだてる、底なしの奈落めがけて、あらたな跳躍をこころみようとしているのか。（略）いろんな意味でぼくには深い関心事なのである。警戒色だろうと、保護色だろうと、それが精神のための城塞《じょうさい》である以上、やはり精神にかかわる事柄なのだから。一歩々々、死に向って歩を進めて行くという点に関するかぎり、肉体も言葉も、さして変りはないはずである。それに「F104」を書いた三島君のことだ、その言葉の翼はどんな墜落でも、より高みへの飛翔へと、たちまち見事な切返しを見せてくれるに相違ないのである。

（「精神の城塞」『新潮日本文学45　三島由紀夫集』月報、昭和四三年）

「F104」はウロボロスの形象イメージではじまる。安部が述べていることに関連する箇所を摘記する。

私には地球を取り巻く巨きな蛇の環が見えはじめた。すべての対極性を、われとわが尾を嚥《の》みつづけることによって鎮《しず》める蛇。すべての相反性に対する嘲笑をひびかせている最終の巨大な蛇。私にはその姿が見えはじめた。（略）私は肉体の縁《へり》と精神の縁《へり》、肉体の辺境と精神の辺境だけに、いつも興味を寄せてきた人間だ。（略）どこかでより高い原理があって、この（註・肉体的行為の）統括と調整を企てていなければならぬ筈《はず》だった。私はその原理を死だと考えていた。しかし私は死を神秘的に考えすぎていた。死の簡明な物理的側面を忘れていた。

（『文藝』昭和四三年二月号）

三島の「露出過多症」は、「極端な人間嫌い」のせいであり、「周囲に肉体の防壁をはりめぐらせて、他人の侵入をはばもうという魂胆に違いあるまい」、「それが精神のための城塞である」と「推論」している。そして、「肉体と言葉をへだてる、底なしの奈落めがけて、あらたな跳躍をこころみようとしている」ようだが、それは、「一歩々々、死に向って歩を進めて行く」、「精神にかかわる事柄」とみている。三島は安部のこの「推論」にどう応じたのだろう。一文のタイトルは、「精神の城塞」である。安部に『城塞』という戯曲がある。この城塞という言葉、そして三島のふるまいを、「精神の城塞」と呼ぶからには、三島への理解、洞察に自信があるのだろう。そしてその三島に共感している証しだろう。

❖「思想を自分に殉じさせた」

安部は三島の死後に古林尚のインタビューにこたえて、「三島君という人は、珍しく対話のできる男でね」、それは、「人格的にエゴイストじゃなかったせいだと思う」、「他者の眼にいつでも自分をチェンジする男だった。だから対話が成りたった」、「ぼくの知っている限りでは、あんなに柔軟な感受性を持った人間も珍しい」と述べている。そして、「最後の何年かの緊張とゆきづまりは、おそろしいものだと思う」と死にむかっていた時期の痛ましさを述べ、三島は、「思想に殉じたんじゃなくて、思想を自分に殉じさせた」と断じた。

古林　三島由紀夫は、作家の友人はみんないなくなった、おれは一人ぼっちだ、文壇では孤立している、としきりに強調していたけれど、そうは言いながらも、安部公房と武田泰淳に対しては、なんとなく心を許すような気持があったようですね。

安部　それはね、三島君という人は、珍しく対話のできる男でね。やはりかけがえのない存在だったと思います。対話ということは、なかなか成りたちにくい。三島君が人格的にエゴイストじゃなかったせいだと思う。他者の眼にいつでも自分をチェンジする男だった。だから対話が成りたった。一年に一ぺんぐらいしか会わなかったけど。ぼくは彼が自衛隊に行くなんて、まったくこっけいだった。ぼくがこっけいだと思っているということを、彼もちゃんと知っていてね。だのに、みんな三島君を意外と硬直した男のように言うね。ぼくの知っている限りでは、あんなに柔軟な感受性を持った人間も珍しいんだが。しかし文学的には、けっきょくあそこまで硬直してゆかざるを得なかった、最後の何年かの緊張とゆきづまりは、おそろしいものだと思う。

古林　ああいう形で死んだというのも、他人がこういうふうにおれのことを思っているから、おれはあえてこうやるんだというような突っ走り方をして、そのあげく最後は引っ込みがつかなくなったということもあるでしょうね。

安部　そうでしょう。だから思想に殉じたんじゃなくて、思想を自分に殉じさせたということだ。ふつう、とかく思想に殉ずるという形でとらえがちだけど、必ずしも思想に殉ずるんじゃなく、思想を自分に殉じさせるということだってあるでしょう。むしろそのほうが多いんじゃないかな。

（「共同体幻想を否定する文学」『図書新聞』昭和四七年一月一日）

❖「その死の上に、時はとどまり、当分過去にはなってくれそうもない」

安部は右の対談で、「三島君という人は、珍しく対話のできる男でね」と言っているが、これについてつぎのようにも述べている。

彼（三島）は言葉のなかに生きていた。あるいは言葉を生きていた。彼自身、作品の前にすでに言葉によって存在する（傍点安部）作家だった…（略）。作家仲間でも真に対話が可能なのは、ぼくが出会ったかぎり、三島君と大江健三郎君くらいのものだった。（略）それにしても、三島君は、まさに対話の名手だった。（略）いわば対話の極致を体験できたのも、三島君との出会いのおかげだったと思う。（略）いま一つ、真の対話の欠かせない要素として、ユーモアの感覚がある。もちろん三島君の死にユーモアはない。あの瞬間、彼はユーモアと一緒に対話の希望も捨て去ったのだろう。（略）あの死に方から、ゆとりのない筋張った人間像を思い浮かべている人のために、これだけは弁明しておきたい。彼の精神はつねに鋭く緊張していたが、けっして硬直はしていなかった。対話とは、一種の弁証法であり、ユーモアはそれを持続させるための潤滑油なのである。（略）思想的にも、文学的にも、ぼくらはつねに対立し合っていた。（略）そのくせ傷つけ合った記憶はまるでない。対立はむしろ対話のための前提になっていた。

（「安全飛行19」『波』昭和四八年五月号）

「あの死に方から、ゆとりのない筋張った人間像を思い浮かべている人のために、これだけは弁明しておきたい」とかばっている。これは親愛の情以外のなにものでもないだろう。「思想的にも、文学的にも、ぼくらはつねに対立し合っていた」、しかし、「傷つけ合った記憶はまるでない」安部の三島へのまなざしはあたたかく、その理解と洞察はまことに深い。自決した三島に対した安部について、堤清二の貴重で重要な証言がある。

だいたいファシストっていうのは、彼のボキャブラリーでは、一番悪い評価の場合になる。（略）安部さんは三島さんのことはファシストだとは言わなかった、絶対。三島由紀夫が死んだときに、僕はその前後の事情をある程度知ってたから、彼はもう非常な関心を持って聞きましたね。三島さんがどういうぐあいだったとか、君はなぜ死んだと思うとかね。お通夜での話とかいろいろすると、非常に納得したり、もっと聞きたがったりで、その時に彼は三島由紀夫の才能はかっていたんだなあと思いましたね。で、おかしいのは三島さんの方もかっているんだよね。

（「贋月報」『安部公房全集２３』）

両者がたがいを「かっていた」ことは、「二十世紀の文学」などの対談にもあきらかだ。安部は三島の死について、「非常な関心」を持っていたのだ。安部は、天上のあるいは泉下の三島に六年を経ても、「反政治的な、あまりに反政治的な死であった。その死の上に、時はとどまり、当分過去にはなってくれそうもない」（『三島由紀夫全集』月報、昭和五一年）と語りかけている。心友をうしなったかなしみの深さがうかがえる。

❖和歌は神随《かんながら》の国ぶり

蓮田善明は先鋭な古今主義者だった。今日に生きる自身の切実な問題意識に応《こた》えるものとして、『古今集』を強く押し出していた。この歌集は自然を抽象した文学世界というより、ぎゃくに、「自然に芸術的秩序を命課する絶対世界の開眼である」と主張した。

文学の噴出点は、凡《あら》ゆる意味の現実自然の素材天質から抽象された文学的世界である。抽象といっても、正しく言えば、自然から抽象されたように見えるが、実は自然に芸術的秩序を命課する絶対世界の開眼である。

これに触れることによってのみ自然も文学の素材となり、素質も文学的天質を発輝する。彼らのうちたてた風雅の秩序は遂に此の現身《うつそみ》の世界を蔽《おお》って、文化世界へ変革をなしとげた。

（「詩と批評」『文藝文化』昭和一四年一一月〜一五年一月号）

九〇五年に編まれた『古今集』は最初の勅撰和歌集だった。七七〇年ごろ成立した『万葉集』ののち、一五〇年近い国風文化文芸の暗黒時代がつづいた。その状況下での天皇の命による最初の和歌集ということの意味は大きい。この時代は神道より仏教、仏教より儒学が尊ばれた。国家運営の拠《よ》りどころを唐の律令にゆだねたために漢学や唐風文化が重視され、『万葉集』より早く八五一年『懐風藻』が編まれ、八一四年に最初の勅撰漢詩集『凌雲集』、八一八年『文華秀麗集』、八二七年『経国集』と漢詩集が陸続として勅撰されていった。しかし士大夫たちは恋の手立てとして和歌にもはげんでいた。和歌はかぎられた状況に押し込められていたといえる。その和歌を陽のあたる大道に引っ張り出したのが『古今集』編纂事業だった。紀貫之が、「(柿本)人麻呂なくなりたれど歌のことゞまれるかな」(「仮名序」『古今集』)と奮闘した気概に、『文藝文化』の同人たちはおおいに共鳴し、三島もこれに同じたのだ。蓮田は『興国百首』の撰を求められて、「和歌は神随《かんながら》の国ぶり」、「すなわち〝神語《かみごと》〟」、「国の本心をのべるもの」であり、ゆえに思想的に興国を述べていなくても、「花鳥風月にみやびを歌った歌もそれと言わずして見事に国の美しいいのちのめぐみに報いたものとなすことが出来る」と心にしみる和歌論を展開した。

和歌は、古来日本の文学の髄心となり、本流となって来たものであるが、今その和歌だけについてみても、和歌は神随《かんながら》の国ぶりというようなものであった。

すなわち〝神語《かみごと》〟の流れであり国の本心をのべるものであった。これは和歌の歴史を以《もっ》て正しくそうである。

従って和歌を詠ずるということ自身が既《すで》に国の心に報《こた》えていることであり、愛国興国ということが出来るのである。

然《しか》るにこのようなことは現代には理解しない人が多いと思う。昔も和歌を私事としたことがあったが、そのようなことの起こった時代には皇国の歴史も実に忌忌《ゆゆ》しい時代に傾いている時代であって、そのような沈痛な時代に和歌に精進せる歌人達は和歌を神(仏)にかけて熱く思ったりした。また幕末の勤皇の志士達がその神ながらの国を思う心を和歌に詠じた所以《ゆえん》も自然のことであった。

右のような次第故《ゆえ》、興国和歌というも必ずしも思想的にその旨を述べたものでなくても、花鳥風月にみやびを歌った歌もそれと言わずして見事に国の美しいいのちのめぐみに報いたものとなすことが出来る。
嘗《かつ》て藤原定家の撰んだ所謂《いわゆる》小倉百人一首は国学の始祖契沖《けいちゅう》によれば正に国の歴史を百人の歌を以て構想したものであるが、周知のようにその中には花鳥をめで男女の情を歌ったものも多く交じっているのであり隠棲の詩僧の歌も少なしとしない。ただその中には脈々と敷島の道のしらべが伝わっているのである。

（『興国百首』）

「和歌は神随《かんながら》の国ぶり」、「すなわち〝神語《かみごと》〟」、「国の本心をのべるもの」を、歌は〝わたくし〟だけのものではない、〝おおやけ〟のものでもある、と言っていると私は解す。「和歌を私事とした」「昔」、「皇国の歴史も実に忌忌《ゆゆ》しい時代に傾いていた」。しかし、「和歌を神（仏）にかけて熱く思ったり」、「神ながらの国を思う心を和歌に詠じ」れば、「和歌を詠ずるということ自身が既に国の心に報《こた》えていること」になり、「愛国興国ということが出来るのである」。〝おおやけ〟の心が大切なのだという信念に発した論明《ろんめい》であると思う。
ちなみに保田與重郎にとって、古典は「新古今」だった。

古典というのは、少なくとも保田の場合は、記紀万葉でなく、新古今であり、鎌倉幕府に対する宮廷のみやびであった。彼は昭和の幕府たる軍閥の武骨に対して王朝宮廷人の特異な美意識を以て抵抗したともいえよう。

（森本忠『日本談義』昭和五六年一二月号）

❖詩的秩序による領略《りょうりゃく》

三島は『日本文学小史』で、紀貫之による『古今集』「序」を、勅撰集の撰者として「みやび」の現実化の責任にあずかった者の自負にあふれた「戦闘的批評」、「熾烈な文章」であると高く位置づけた。そしてそこに「文化意志が凝集している」と評した。そこでは、「バロック的衝動はおさえられ」、「古代の不羈《ふき》な荒魂《あらみたま》は」「完全に排除され」、「文治の勝利がすなわち詩の勝利であり」、「詩的秩序による領略《りょうりゃく》であった」とし、これによって古代の詩人たちが、『『あめつちをうごか』す能力」を得たという。

紀貫之の古今集序は、戦闘的批評によって古典主義を成立させ、理想的な統治と自立的な言語秩序との照応を企《くわだ》て、「みやび」の現実化として勅撰和歌集の撰にあずかった者の自負と責任に溢《あふ》れている、それは優雅な文章というよりは熾烈な文章である。

「やまとうたは、人の心を種として、万《よろず》の言の葉とぞなれりける　世の中にある人、ことわざ繁きものなれば、心に思ふ事を、見るもの聞くものにつけて、言ひ出せるなり　花に啼く鶯《うぐいす》、水に棲む蛙の声を聞けば、生きとし生きるもの、いづれか歌をよまざりける　力をも入れずして天地を動かし、目に見えぬ鬼神をもあはれと思はせ、男女のなかをもやはらげ、猛き武士の心をも慰むるは、歌なり」

この冒頭の一節には、古今和歌集の文化意志が凝縮している。花に啼く鶯、水に棲む蛙にまで言及されることは、歌道上の汎神論《はんしん》の提示であり、単なる擬人化ではなくて、古今集における夥《おびただ》しい自然の擬人化は、こうした汎神論を通じて「みやび」の形成に参与し、たとえば、梅ですら、歌を通じて官位を賜わることになるのである。

全自然（歌の対象であると同時に主体）に対する厳密な再点検が、古今集編纂に際して、行われたとしか考えようがない。それは地上の「王土」の再点検であるとともに、その王土と正確に照応し重複して存在すべき、詩の、精神の、知的王土の領域の確定であった。

地名も、名も、花も、鶯も、蛙も、あらゆる物名が、このきびしい点検によって、あるべき場所に置かれた。無限にむかって飛翔しようとするバロック的衝動はおさえられ、事物は事物の秩序のなかに整然と配列されることによってのみ、「あめつちをうごか」す能力を得ると考えられたのである。

これは力による領略《りょうりゃく》ではなくて、詩的秩序による領略《りょうりゃく》であった。この「無秩序」と考えられたものの中に、もちろん外来文化崇拝という魂の「あこがれ」と、そのあこがれの上に築かれた全行政機構が含まれていた。

実際、古代の不羈《ふき》な荒魂《あらみたま》は、どちらの側により強い投影を揺らしていたのだろうか。それは秩序の担い手として新たに復活したのか？　いや、古今和歌集の成立とともに、日本の文学史の正統たる「みやび」からは、荒魂が完全に排除され、男性的特色はひたすら知的方法論と統治的性格に限定されたのであった。そしてそれすらも支那から学ばれた方法だというのが私の管見である。

文治の勝利がすなわち詩の勝利であり、「あめつちをうごか」す能力は、こうして定立された純粋な文化的秩序にのみひそむというドグマを、貫之の古今集序は、飽くことなく固執する。それは復古には違いないが、あくまで古典主義の確立であり、なまなましい危険な古代そのものの復活ではなかった。文化意志が自意識の果てに、ジャンルの限定を画することを何よりも大切と考えたとき、このような日本最初の古典主義の文化意志は、「我」の無限定な拡大の代りに、「我」の限定と醇化《じゅんか》という求心性の極致にいたるのである。

（『日本文学小史』第五章「古今和歌集」）

❖『日本文学小史』第五章の重要さ

いささか長い引用になったが、これが書かれたのは自決の年である。その年の『群像』六月号に、「日本文学小史」第四章「懐風藻」とともに掲載された。これが書かれただろう三月、四月は、決起の日にちまで決めていなくとも時季を年末から翌年早々に定めようとしていたころである。よって重要なのだ。ちなみに第一章「方法論」、第二章「万葉集」、第三章「古事記」は、前年の同誌八月号に載った。『古今集』「序」には、「汎神論を通じて『みやび』の形成に参与」しようとする「文化意志が凝縮」しており、「詩の、精神の、知的王土の領域の確定」を編纂者はもくろんでおり、「あらゆる物名が、このきびしい点検によって、あるべき場所に置かれた」が、「これは力による領略ではなくて、詩的秩序による領略であった」という。蓮田が古今集を、「自然に芸術的秩序を命課《めいか》する絶対世界の開眼である」、「彼らのうちたてた風雅の秩序は遂に此の現身《うつそみ》の世界を蔽《おお》って、文化世界へ変革をなしとげた」と評した「詩と批評」にあきらかに響いている。「日本最初の古典主義の文化意志は、『我』の無限定な拡大の代りに、『我』の限定と醇化という求心性の極致にいたる」のくだりは、蓮田の『興国百首』の心にしみる和歌論に響いている。死を前提にして書かれた、一〇代に傾倒した『古今集』と蓮田善明へのオマージュにあふれた歌論なのである。

磯田光一は、「『古今集』の紀貫之の序文のうちに、三島氏が『戦闘的批評』を見ていること」は、「注目すべきこと」だと言い、これを「美学的なラディカリズム」と命名している。

ここで注目すべきことは、『古今集』の紀貫之の序文のうちに、三島氏が「戦闘的批評」を見ているということである。ここにいう〝戦闘的〟とは美学的なラディカリズムといってもよく、このラディカルな根拠は、文学の自律性と古典主義美学の確立における貫之の姿勢にあるといえる。「ちからをもいれずしてあめつちをうごかし、めに見えぬ鬼神をも、あはれとおもはせ、をとこ女のなかをもやはらげ、たけきもののふのこころをもなぐさむるは、歌なり」という貫之の言葉は、芸術を一個の独立した〝物〟と見、その美的効果に焦点を当てた文学論ということができよう、また、このような美学が、三島氏の作品においては造型美の尊重としてあらわれていることは、ここに改めてつけ加えるまでもないはずである。

（「悲劇性としての文化意志」『日本文学小史』解説）

自死を決しつつある時機に『古今集』について書き、その「序」を「戦闘的批評」とみたのは、〈みやびが敵を討つ〉と言い、この歌集を最上位に置いた蓮田善明への最後の追悼だったのか。そう考えていいだろう。じつは『日本文学小史』第四章「懐風藻」にも蓮田へのオマージュがこめられていた。これについては、大津皇子《おおつのみこ》の項で述べる。

❖「次に私は、物語における文化の亭午《ていご》について語らねばならない」

同書は第五章の末尾で、「次に私は、物語における文化の亭午（正午）について語らねばならない。その白昼とは、言わずと知れた源氏物語である」と、次に『源氏物語』を取りあげることを予告風に含ませて未完で終った。もはや論じる遑《いとま》がなかったのだ。端から果たされない予告だったのだ。しかし第六章「源氏物語」は書かれていた。雑誌連載時になく、単行本にもないが、遺稿のなかから見つかった。その出だしを引く。

私は物語の正午の例として、源氏物語について語ろうと思う。だからまた、私の語るのは、源氏物語の愛読者たちがその哀愁を喜ぶ「須磨」「明石」のような巻についてではない。私はただ、源氏物語から、文化と物語の正午を跡づければよいのである。

人があまり喜ばず、又、敬重もしない二つの巻、「花の宴」と「胡蝶」が、私の心に泛《うか》んだ。二十歳の源氏の社交生活の絶頂「花の宴」と、三十五歳の源氏のこの世の栄華の絶頂の好き心を描いた「胡蝶」とである。

この二つの巻には、深い苦悩も悲痛な心情もないけれども、源氏物語に於《お》いて、おそらく有名な「もののあはれ」の片鱗もない快楽が、花やかに、さかりの花のようにしんとして咲き続けているのはこの二つの巻である。それらはほとんどアントワアヌ・ワトオ（註・アントワーヌ・ヴァトー）の絵を思わせるのだ。いずれの巻も「艶なる宴」に充ち、快楽は空中に漂《ただよ》って、いかなる帰結をも怖れずに、絶対の現在の中を胡蝶のように羽搏《はばた》いている。

全文は原稿用紙四枚に満たない短さだ。第五章の一八分の一しかない。しかし三島はその掉尾《ちょうび》に予告したことを義理堅く果たしていた。残された時間的制約から、弥縫《びほう》的と思えなくはない最終章だが、結構からして完成稿である。死を決意し、苦渋に満ちた日々を送っていた作家の心中とは対極の境遇（人生の「絶頂」）にある源氏物語の主人公に思いを寄せていて切ない。切ないと思いつつも、「快楽は空中に漂って、いかなる帰結をも怖れずに、絶対の現在の中を胡蝶のように羽搏いている」とは、「プロローグ」で取りあげたブロンズ像のポーズを彫刻家のアトリエでとっていたときの三島の境地を思わせる（詳細は前作第四章）。三島の内奥は幾重もの襞《ひだ》におおわれていて、まことに複雑、そして奇怪だ。

❖死に吾を死なしめた大津皇子《おおつのみこ》

大津皇子《おおつのみこ》は天武天皇の第三皇子（『日本書紀』）で、母は持統天皇（天武帝の皇后）の同母姉で天武帝の妃である大田皇女だった。二皇女とも天智帝の皇女である。持統帝は天武帝の崩御の後、女帝として即位した。その子草壁皇子《くさかべのみこ》は天武帝の皇太子、つまり次の天皇とされた。大津皇子は幼い頃から明敏で、よく学び、武芸にもはげみ、その人柄は慕われ人望を集めたという。天武帝が崩御すると、皇太子を謀叛《かたむ》けんとしたとの内告により死を賜った。先帝崩御から一月を経ていなかった。享年二四。蓮田は、若者の大津皇子は、国家危機に巻き込まれた自らの死のゆくえを、「リアリスティックに見つめた」と言い、磐余《いわれ》の池で処刑された皇子の辞世の歌を、「『生』と『死』を恐ろしいまでに識別している」と絶賛した。

若者は死に臨んで
百伝《もも》ふ磐余《いわれ》の池に鳴く鴨を今日のみ見てや雲隠りなむ

と、「生」と「死」を恐ろしいまでに識別している、更に言えばこれほどに「死」をリアリスティックに見つめたものはこの皇子以前にかつてない。この死に吾を死なしめている。この「死」に吾を迫《せ》めて「生」を鳴くものを見ている。

この詩人は今日死ぬことが自分の文化であると知っているかの如くである。青春はこの覚知を「今日のみ見てや雲隠りなむ」と心情によって歌う。

私は、かかる時代の人は若くして死なねばならないのではないかと思う。我々の明治の若い詩人たちを想いたい。それは世代の戦いである。こういう若い死によって新しい世代は斃《たお》れるのではなく却って新しい時代をその墓標の上に立てるのである。

（「青春の詩宗――大津皇子論」『文藝文化』昭和一三年一一月号）

ここで言う、「今日死ぬことが自分の文化であると知っている」「この詩人」とは蓮田自身でもある。「私は、かかる時代の人は若くして死なねばならないのではないかと思う」とは激越だが、蓮田らしい言辞だ。蓮田は自らを大津皇子になぞらえ、自分の墓標のうえにあたらしい時代が来ると確信して再度戦地にむかった。だが蓮田にとり、「新しい時代」とは必ずしも未来を意味しない。それは〝古代〟だったのだろう。さきに三島の『日本文学小史』第四章にも蓮田へのオマージュがこめられていたと書いた。蓮田へのオマージュとは、大津皇子を取り上げたこと、それ自体を指す。この章は漢詩集『懐風藻』を論じたもので、『懐風藻』にのこる皇子の詩はわずか四首であるから、左にそのまま引用しよう」と、まず大津皇子の漢詩すべてを引き、皇子の和歌と比べて論を展開している。ここでは一句のみ引き、その解説部分を適宜かいつまむ。

朝《あした》に択ぶ三能の士《おのこ》、暮《ゆうべ》に開く万騎の筵《むしろ》。
臠《れん》を喫《は》みて倶に豁矣《かつなり》、盞《さかずき》を傾《かたぶ》けて共に陶然なり。
月弓谷裏《こくり》に輝き、雲旌《うんせい》嶺前に張る。
曦光已《すで》に山に隠る、壮士且《しまし》く留《とどま》連れ。

表面上これらの詩句には、皇子の激越な性格を暗示するようなものは何一つない。しかし、或る詩篇が生み出されるときの感情は、どんな規矩《きく》をとおしてもにじみ出る筈《はず》であり、鑑賞者の側から見ても、大津皇子の伝記的事実を先《ま》ず知って読むと、詩句の風趣が別様に匂い立って来るのである。

「朝に択ぶ三能の士、暮に開く万騎の筵」という詩句には、皇子の行動に賭けた青年らしい意気が溢《あふ》れている。と同時に、素朴にはダンディズムが、現実には比喩が、風土的なものには舶来のよそおいが、所与のたのしみには或る遠い美的理想へのなぞらえが、遠心力として作用している。

このような、或る範例に準拠しようという教養の要請と、自分の行動を通じて異国の英雄像に同化しようという遠い憧れとは、一人の青年の裡《うち》に於《おい》て、（一つの文化の裡に於ても亦《また》）、見分けのつかぬものになっていた。文化はなお古今和歌集に見るごとくひたすら求心的な動きに集中するほど熟してはいないのだ。

この青々とした早期の未熟と、大津皇子の運命とには、一種の抒情的な符合が感じられるので、さればこそ、「月弓谷裏に輝き」などという一句に、いいしれぬ反逆の孤愁がひらめくのである。私が大津皇子を重視するのは他でもない。皇子に於て、その英雄的心情は詩に、その相聞の私情は歌に、その公的な感慨は詩に、その私的な情念は歌に、そして事敗れた英雄が死に臨んだ絶命詞としては詩に、一方、心やさしい詩人のこの世の自然に対する訣別の表明としては、「百伝《もも》ふ磐余《いわれ》の池に鳴く鴨を今日のみ見てや雲隠りなむ」という歌に、という風に、外来の詩的形式と国風の詩的形式を、感慨の性質に応じて使い分けた一青年の明確な意識が見られるからであり、そこには同時にその後のわが文学史を貫流する二元的な文化意志の発祥が窺《うかが》われるからである。

舶来と和風との単なる芸術上のジャンルの使い分けが、神人分離以後の、人間の自意識の証拠物件になり、ひいては、統治目的からはみ出した荒々しい叛逆的な魂の詩化を、外来文化の均整と装飾を借りてのみ、成就しうると考えた過渡期の詩人の魂が、そこに透かし見られるからである。

（第四章「懐風藻」『日本文学小史』）

❖ひとたび叛《はん》心を抱いた者の胸を吹き抜ける風

「或る詩篇が生み出されるときの感情は、どんな規矩《きく》をとおしてもにじみ出る筈であり、鑑賞者の側から見ても、大津皇子の伝記的事実を先ず知って読むと、詩句の風趣が別様に匂い立って来るのである」と言っている。これは、どんな顚末《てんまつ》になるか予断をゆるさない決起をしたのち、その成りゆき如何によっては、自らの作品も「別様に」読み取られることになるのだろう、と気を揉《も》みつつ書いているのだ。三島はこれにつづけて、「ひとたび叛《はん》心を抱いた者の胸を吹き抜ける風のものさびしさは、千三百年後の今日のわれわれの胸にも直ちに通うのだ。この凄涼《せいりょう》たる風がひとたび胸中に起った以上、人は最終的実行を以《もっ》てしか、ついにこれを癒《い》やす術《すべ》を知らぬ」と書いている。皇子に仮託して、自身の胸中の、「男の暗い叛逆の情念」を投射しているのだ。

家持の死に先立つ八世紀半ばに編まれたわが国最古の漢詩集「懐風藻」は、外来文化の幼稚な模倣として、万葉集に比べて軽視されていたが、このような舶来文化に全的に身を委せた詩業のアンソロジーは、それが単に流行や時世粧《じせいそう》（註・はやりのかっこう）であったといわばいえるが、或る外来の観念を借りなければどうしても表現できなくなったもろもろの堆積を、日本文化自体が自覚しはじめたということにおいて重要である。

はじめそれはもちろん一種のダンディズムだった。ダンディズムは感情を隠すことを教える。それから生な感情を一定の規矩に仮託することによって、個の情念から切り離し、それ自体の壮麗化を企てることができる。

政治的言語として採用されたそれ（註・漢文）が、次第に文学的言語を形成するにいたると、支《し》那《な》古代詩の流れを汲む「政治詩」の萌芽が、はじめて日本文学史に生れたのだった。

しかし慷慨《こうがい》詩の結晶は、「懐風藻」においては十分でなかったのみならず、はるか後代の維新の志士たちの慷慨詩にいたるまで、その自然な発露の機会を見出すことができなかった。きわめて例外的に、又きわめてかすかに、それが窺《うかが》えるのは「懐風藻」の大津皇子の詩である。ひとたび叛《はん》心を抱いた者の胸を吹き抜ける風のものさびしさは、千三百年後の今日のわれわれの胸にも直ちに通うのだ。この凄涼たる風がひとたび胸中に起った以上、人は最終的実行を以てしか、ついにこれを癒《い》やす術《すべ》を知らぬ。

遊猟の一見賑やかな情景の中にも、自然の暗い息吹は吹き通うている。恋によく似て非なるこの男の胸の悶《もだ》えを、国風の歌は十分に表現する方法を持たなかった。外来既成の形式を借り、これを仮面として、男の暗い叛逆の情念を芸術化することは、もしその仮面が美的に完全であり、均衡を得ていれば、人間感情のもっとも不均衡な危機をよく写し出すものになるであろう。

それはあの怖ろしい蘭陵王《らんりょうおう》（註・中国南北朝時代、北斉の皇族出身の武将。突厥《とっけつ》や北周との戦いで勇名を馳《は》せたが、後に主君に忌《い》まれて死を賜った。戦勝を記念して作られた楽曲が日本にも伝わり、「蘭陵王（陵王）」は雅楽の曲目として知られる）の仮面と、丁度《ちょうど》反対の意味を担《にな》った仮面なのだ。（同）

三島は、蓮田が絶賛した大津皇子に自己の荒魂を重ねていたのだろう。それは「事敗れた英雄」、「統治目的からはみ出した荒々しい叛逆的な魂」、「この世の自然に対する訣別の表明」などの言い回しにあきらかだ。

❖蓮田と三島の古今観

栗山理一は、復刻版『文藝文化』別冊付録に一文を寄せ、『古今集』をよしとする三島が林富士馬と「はげしく論争したこと」を思い返し、「一貫して変わらぬ三島美学の条理」を再認識している。

そのころ（註・昭和一九年）三島は林富士馬君らを誘って私の家に遊びにくるようになった。あるとき、三島は林君とはげしく論争したことがある。林君は「万葉集」を推賞し、三島は「古今集」をよしとした。

後年になって清水が広島大学を停年で退官した折り、大学の機関誌「国文学攷」が記念特集号を編み、三島が「古今集と新古今集」と題する一文を寄稿している。四十二年一月一日執筆と付記されており、論旨は「古今集」の特質を闡明《せんめい》した卓説である。作家としての出発の頃から一貫して変わらぬ三島美学の条理を改めて再認識したことであった。（「蓮田のこと三島のこと」昭和四六年）

井上隆史は、蓮田の「詩と批評」の論旨と「三島の古今集観との類縁性は一目瞭然だ」と言っている。

「花ざかりの森」を掲載することになる『文藝文化』は、昭和十四年十一月発行の通巻十七号で古今和歌集の特集をした。このうち、「詩と批評」と題する蓮田の文章は出色のものだが、蓮田はそこで子規の否定以来古今集が疎《うと》んぜられて来た風潮に抗《あらが》い、貫之の歌を含む多くの例を掲《かか》げて、〈ここには素材に直情し、素質のひたぶるな進みによって文学が噴《ふ》き出るのでなくて、別に歌の世界、文学の天国が触知され、これを「しる」所に歌が噴涌《ふんゆう》しているのである〉と指摘している。この論旨と三島の古今集観との類縁性は一目瞭然だ（略）（『三島由紀夫　虚無の光と闇』試論社、平成一八年）

三島は自決の年に『日本文学小史』で『古今集』を取り上げたが、その三年ほどまえ、栗山が指摘しているように『国文学攷』に寄せた「古今集と新古今集」のなかでも論じていた。そこでは行動と言葉についてかなり深長なことを述べている。これは和歌論に仮託した、〈日本への回帰〉であり、それは「日本文化の再帰性」を介した「〝蓮田善明〟への回帰」であり、つまり自死に向かいつつある、自らの思想の経緯を物語っていると言える。〈日本への回帰〉と「日本文化の再帰性」については後述する。

❖行動の理念と言葉の理念の縫合

『国文学攷』の「古今集と新古今集」を要約しながら読み解いてみたい。

三島はその少年時代を大東亜戦争の「行動の時代の只中」で過ごした。しかしそれは「行動の適性を与えられなかった」若者にとって身の置き所がない時代だった。

ゆえに「文学に携わろうとする少年」となったが、「『言葉』とは何か、ということを考えるときには」、《力をも入れずして天地《あめつち》を動かし》という『古今集』の序を、蓮田善明の「詩と批評―古今和歌集について」（『文藝文化』昭和一四年一一・一二月号）で教えられ、それが「言葉の明証として立ち現れ」、「それこそは福音だった」という思いを抱き、まったき至福をもたらされた。

そして『古今集』は「私の心の中で、『詩学』の位置を占め」るバイブルとなり、「戦後の一時期に」「一度もひもとく」必要のないほど血肉化した。

それゆえ「最近村松剛氏が浅野晃氏の『天と海』を論ずる文章を書くに当って」、「大東亜戦争末期についに神風が吹かなかったということ、情念が天を動かしえなかったということは、詩にとって大きな問題だが、そういう考えの根源はどこにあるのだろうか、と問われて」、「それは古今集の紀貫之の序の《力をも入れずして天地を動かし》と」「直ちに答え」得たのだった。

それは「私と古今集との二十年以上の結縁《けちえん》」のなせるワザで、「二十年の歳月は、私に直ちにそう答えさせたほどに、行動の理念と詩の理念を縫合させていた」のだった。

「私と古今集との二十年以上の結縁」とは「私と蓮田善明との二十年以上の結縁」の謂《い》いだろう。

三島は「もし当時を綿密にふり返ってみれば、私は決してそう答えなかっただろう」という。「正確に想起すれば、十七、八歳の私の中で、《力をも入れずして天地を動かし》という一句は、ただちに明月記の《紅旗征戎は吾事にあらず》という一句につながっていた」とかえりみている。「紅旗征戎非吾事」とは、藤原定家が政治に関与せず、美の世界に浸ることを宣した言葉だ。同じことを三島は『日本文学小史』のなかでも述べている。

古今集序のその一句は、少年の私の中では、行動の世界に対する明白な対抗原理としてとらえられていた筈であり、特攻隊の攻撃によって神風が吹くであろうという翹望《ぎょうぼう》と《力をも入れずして天地を動かし》という宣言とは、まさに反対のものを意味していたはずである。

つまり二〇年余前の三島にとって、行動をともなう現実世界は言葉の構築する詩的虚構の世界とはっきり分離弁別され、現実世界は我が事ではなく、それに関知しようとはしていなかった。それは戦時という現実世界が虚弱の三島を受け入れようとしなかったからだろう。そこで三島は現実と言葉の世界を精妙に分離し、ひたすら後者の内で生きていた。

「ではなぜ、このような縫合が行われ、正反対のものがひとつの観念に融合し、ああして私の口から自明の即答が出て来たのであろう」と自問する。「それはついに神風が吹かなかったからである。人間の至純の魂が、およそ人間として考えられるかぎりの至上の行動の精華を示したのにもかかわらず、神風は吹かなかったからである」と自答している。この自問自答を経て、行動と言葉、つまり現実と言葉で築いた虚構界は「ついに同じことだったのではないか」、「力をつくして天地が動かせなかったのなら、天地を動かすという比喩的表現の究極的形式としては、《力をも入れずして天地を動かし》という詩の宣言のほうが、むしろその源泉をなしているのではないか」と思い至る。「このときから私の心の中で、特攻隊は一篇の詩と化した。それはもっとも清冽《せいれつ》な詩ではあるが、行動ではなくて言葉になったのだ」と論を展開する。

この文学的修辞の内に、思想変容に襲われて受けた内心の衝撃度がうかがえる。堪《た》えられないほどだっただろう苦渋が伝わってくる。このとき三島にとって、それだけで閉じて自己完結していた言葉の世界、詩的秩序の世界に裂け目が生じ、言葉が現実世界に滲出《しんしゅつ》し、両者の分離弁別が叶わなくなり、言葉だけの世界、行動を伴わない詩的秩序の世界の内だけにとどまれなくなってしまったのだ。特攻隊という「至上の行動の精華」に対して神風は吹かず、それは何の天佑神助《てんゆうしんじょ》ももたらさなかった。それは二〇年近くも前に走った稲妻だった。しかし当時の三島にはそれが見えていなかったのだ。ようやく今になってその雷鳴が三島を襲った。そのとき三島は翻然と内なる〝蓮田善明〟を観じたのだろう。

❖言葉だけしか信じられなくなった

三島は自嘲気味に述べている。

私はこの二十年間、文学からいろんなものを一つ一つそぎ落として、今は、言葉だけしか信じられない境界へ来たような心地がしている。言葉だけしか信じられなくなった私が、世間の目からは逆に、いよいよ政治的に過激化したように見られているのは面白い皮肉である。

つまりこのとき三島の心の内で、それぞれ別々だった、行動で成り立つ現実世界と言葉で成り立つ作品世界が結びつき、絡み合い、入り繰りし、目まぐるしい相互反転を遂げていたのだ。そしてついに三島のなかで、言葉は行動と「縫合」され、作品世界は現実世界と交叉《こうさ》し結びつき、そのいずれかを選択する自由を奪われてしまった。三島は言葉だけの虚構界に安住することを許されなくなったのだ。

「言葉だけしか信じられなくなった私」は、じつははるか昔、蓮田に、「悠久な日本の歴史の請《もう》し子」と呼ばれ、短文だが出色の「古今の季節」を書いた一〇代には〝言葉だけを信じよう〟としていた。そのころは、清水文雄に「花ざかりの森」を『文藝文化』に載せてもらい、同人たちとの古今集の会への参加を許され、その「激論の輪の中で、終始目を輝やかしながら、一人一人の発言に聴き入っていた三島少年」(「古今の季節―学習院時代の三島由紀夫」)だったのだ。

くりかえすが、三島は『日本文学小史』に、『古今集』は「詩的秩序」の支配する「知的王土」と記した。これはさきに引いた、蓮田が昭和一四年『文藝文化』に寄せた「詩と批評　古今和歌集」で、「自然に芸術的秩序を命課《めいか》する絶対世界」と述べた古今観と同一である。『古今集』は一〇代の三島にとって、「詩的秩序」が現実世界を領略している「知的王土」だった。三島は、「今私は、自分の帰ってゆくところは古今集しかないような気がしている」と『群像』昭和四五年六月号に書いた。しかし決起の時季を決めつつあるころだから、書いたこととは裏腹に、もはや『古今集』に還ってゆくことは叶わなくなっていたのだ。「言葉の有効性には何ら関わらない別次元の志を述べて」いる『古今集』「序」の「力をも入れずして天地を動か」す詩的世界、「言語による秩序形成のヴァイタルな力として働く」、「鬼神をもあはれと思わせ」る詩的感動に浸っていた少年の至福のときに戻れない地点にすでに立っていたのだ。それを承知で、「自分の帰ってゆくところは古今集しかない」と書き、その遑《いとま》を希《こいねが》っていたのだ。「無限に向かって飛翔しようとするバロック的衝動」が抑えられた『古今集』の「知的王土」にとどまれなくなっていることを自覚していながら、そこに還りたいと言っていたのだ。じつに悲痛である。言葉はさらに継がれる。

> 「みやび」の裡《うち》に、文学固有のもっとも無力なものを要素とした力があり、私が言葉を信じるとは、ふたたび古今集を信じることであり、「力をも入れずして天地を動かし」、以て詩的な神風の到来を信じることなのだろう。

しかしもう三島には「言葉を信じる」こと、つまり「ふたたび古今集を信じる」ことは不能になっていた。どんなに翹望《ぎょうぼう》しても「詩的な神風の到来」はありえない。それを直覚していた。言葉だけを信じる『古今集』の詩句の世界に浸ることはもはや叶《かな》わず、「詩的な神風の到来」がない世界に自身が立ち至ったことを覚《さと》っていた。その苦渋、絶望のさまは想像するに痛ましい。三島は『古今集』において、「詩の言葉が、天地を動かす」とは「人心を動かして社会変革に寄与するように働く」ことではない、もしそうしようとするなら、「古今集が抱擁している詩的宇宙の秩序は崩壊するの他はない」と言っている。そうなら、「人心を動かして社会変革に寄与するように働く」ことのない詩的宇宙にとどまれなくなり、「社会変革に寄与」しようとする〝三島由紀夫〟はどうなるのか。そのものの崩壊をこそもたらすことになるのだ。『古今集』の詩的宇宙だけを信じてはいられなくなり、「至上の行動の精華」を示そうとするすさまじい情動がこのときの三島を烈しく突きあげていたのだ。生木を引き裂くように自らを処すより他にすべはなくなっていたのだ。

❖紙屑になった現実

三島は、作品世界と現実世界それぞれと自身の関わり方について、未完の『小説とは何か』（『波』昭和四三年五月〜四五年一一月）で詳述している。

世間で考える簡単な名人肌の芸術家像は、この作品内の現実にのめり込み、作品外の現実を離脱する芸術家の姿であり、前述のバルザックの逸話（註・バルザックが病床で自分の作中の医者を呼べと叫んだこと）などはその美談になるのである。

しかし、その二種の現実のいずれにも最終的に与《くみ》せず、その二種の現実の対立・緊張にのみ創作衝動の泉を見出す、私のような作家にとっては、書くことは、非現実の霊感にとらわれつづけることではなく、逆に、一瞬一瞬自分の自由の根拠を確認する行為に他ならない。

その自由とはいわゆる作家の自由ではない。私が二種の現実のいずれかを、いついかなる時点においても、決然と選択しうるという自由である。この自由の感覚なしには私は書きつづけることができない。

選択とは、簡単に言えば、文学を捨てるか、現実を捨てるか、ということであり、その際《きわ》どい選択の保留においてのみ私は書きつづけているのであり、ある瞬間における自由の確認によって、はじめて「保留」が決定され、その保留がすなわち「書くこと」になるのである。この自由抜き選択抜きの保留には、私は到底耐えられない。

「暁の寺」を脱稿したときの私のいいしれぬ不快は、すべてこの私の心理に基づくものであった。何を大袈裟《おおげさ》なと言われるだろうが、人は自分の感覚的真実を否定することはできない。すなわち、「暁の寺」の完成によって、それまで浮遊していた二種の現実は確定され、一つの作品世界が完結し閉じられると共に、それまでの作品外の現実はすべてこの瞬間に紙屑になったのである。私は本当のところ、それを紙屑にしたくなかった。それはわたしにとっての貴重な現実であり人生であった筈《はず》だ。しかしこの第三巻に携《たずさ》わっていた一年八カ月は、小休止と共に、二種の現実の対立・緊張の関係を失い、一方は作品に、一方は紙屑になったのだった。それは私の自由でもなければ、私の選択でもない。

しかしまだ一巻が残っている。最終巻が残っている。「この小説がすんだら」という言葉は、今の私にとって最大のタブーだ。

この小説が終ったあとの世界を、私は考えることができないからであり、その世界を想像することがイヤでもあり怖ろしいのである。

それでこそ決定的に、この浮遊する二種の現実が袂《たもと》を分ち、一方が廃棄され、一方が作品の中へ閉じ込められるとしたら、私の自由はどうなるのであろうか。

私の不快はこの怖ろしい予感から生まれたものであった。作品外の現実が拉致してくれない限り、（そのための準備は十分にしてあるのに）、私はいつかは深い絶望に陥《おちい》ることであろう。

吉田松陰は高杉晋作に宛てたその獄中書簡で、「身亡《ほろ》びて魂存する者あり、心死すれば生くるも益なし、魂存すれば亡《ほろ》ぶるも損なきなり」と書いている。

作家の人生は、生きていても死んでいても、吉田松陰のように透明な行動家の人生とは比較にならないのである。

生きながら魂の死を、その死の経過を、存分に味わうことが作家の宿命であるとすれば、これほど呪われた人生もあるまい。


三島のなかで行動と言葉は「縫合」されて切り離せなくなり、神意のままに宇気比《うけひ》にしたがって散った神風連のように、「手段イコール目的、目的イコール手段」となり、『暁の寺』の完成とともに、「作品世界」は「現実世界」を領略《りょうりゃく》し、後者は「紙屑」となって「廃棄」されたのだ。この二者の、「際《きわ》どい選択の保留においてのみ私は書きつづけているのであり、ある瞬間における自由の確認によって、はじめて『保留』が決定され、その保留がすなわち『書くこと』になる」三島は、「この自由抜き選択抜きの保留に」「到底耐えられな」くなり、さらに、その二者を行き来する自由が奪われたうえは、「生きながら魂の死を、その死の経過を、存分に味わう」「作家の宿命」にいたたまれなくなり、ついに、「吉田松陰のように透明な行動家の人生」に乗り遷《うつ》っていった。つまり自裁するかして、我が身を滅却するの他はなかったのだ。このことについては前作で論を展開した。

❖「雷」「雷鳴」「稲妻」

蓮田善明は伊東静雄の詩「大詔」に、「あの日の歌として冠絶であろう。私はこの詩を誦《じゅ》して又涙をとどめ得なかった」と感激した。

コギト一月号に伊東静雄氏の次の短い詩がある。

大詔
昭和十六年十二月八日
何という日であったろう
清《すが》しさのおもい極まれり
宮城を遥拝すれば
われら儘《ことごと》く
—誰か涙をとどめ得たろう

あの日の歌として冠絶であろう。私はこの詩を誦《じゅ》して又涙をとどめ得なかった。この詩の言葉ことごとく目に吸いこまれるように覚えた。

（「後記」『文藝文化』昭和一七年二月号）

三島は小高根二郎にハガキで、「伊東氏の『稲妻』の詩は何という美しさでしょう！　戦後誰一人伊東氏に比肩する詩人を私は知りません」（昭和三四年八月七日付）と書き送っていた。「稲妻」は伊東が『文藝文化』創刊号（昭和一三年七月）に寄せた詩だ。

暗い、暗い地平を、一瞬にして閃《ひらめ》かし
蒼白な稲妻が、水田の面を走る
征矢《そや》（註・鋭くとがった矢）よりも疾《と》く蒼白な稲妻が
ひっきりなしに水田の面を奔《はし》る
一時にはっとするほど瞳の底に閃《ひらめ》いては
後は、一層暗い闇
その小気味よい光と闇の鬼遊び！

阿部孝子は、三島最後の短編小説「蘭陵王」と蓮田善明があるもので結びついていると指摘している。死後、昭和四六年五月に上梓された『蘭陵王』に、「蘭陵王」とともに小高根の『蓮田善明とその死』に寄せた「序」が収められた。この二つに共通する表象が「雷」「雷鳴」「稲妻」なのである。

「蘭陵王」は昭和四十四年十一月、「群像」に発表された。三島由紀夫が書いた最後の短編である。富士山裾野で私設軍隊「楯の会」の訓練をしている夏のある夜、三島自身とおもわれる人物が数人の隊員とともに、横笛の演奏で雅楽「蘭陵王」を聞く物語である。

当時の三島にあっては「雷」とは蓮田を連想させる景物であり「雷」「野」「花々」には、表現と理解の問題が重ねられていると考えてよいであろう。

「稲妻」とは理解困難な死者の表現であり、「野の花々」とは後世にあってその死者を理解する者たちの比喩である。

要するに作中にさりげなく織り込まれた「雷」というモチーフもまた辿ってみると〈表層と深層〉という問題に結びつく景物だったのである。そしてそれは長い時を超えて表現を理解するという営みを暗示したものなのである。

前掲引用文（註・『蓮田善明とその死』「序」）で三島は、表現者と理解者との関係について述べている。ある表現がなされた後に、時を隔てて理解されることを「稲妻の光」より遅れて「雷鳴が轟《とどろ》く」とたとえるのである。

〈表層と深層〉が食い違う独特の構造は蓮田だけの問題ではなく、当の三島自身の特徴であるといえよう。

三島の場合、派手な筋立てで耳目を欹《そばだ》てる作風ではあるが、その作品はじつは奥深い問題を真《しん》摯《し》に追求している。それは三島の行動の面でもいえることであろう。

表現されたものが時間を超えて理解されるという問題は、三島の作品や行動について未来への展望を暗示している可能性がある。

そしてまた、時を超えて成立する表現と理解の連鎖とは日本の伝統文化継承の問題そのものなのである。

（阿部孝子「三島由紀夫『蘭陵王』の『蛇』―二種類の時間と蓮田善明」『国文学 解釈と鑑賞』平成二〇年七・八月号）

『蓮田善明とその死』「序」は「稲妻」と「雷鳴」になぞらえられた蓮田（＝「雷」）について述べて結ばれている。


雷が遠いとき、窓を射る稲妻の光と、雷鳴との間には、思わぬ永い時間がある。私の場合には二十年があった。そして在世時代の蓮田氏は、私には何やら目をつぶす紫の閃光として現れて消え、二十数年後に、本著のみちびきによって、はじめて手ごたえのある、腹に響くなつかしい雷鳴が、野の豊饒を約束しつつ、響いて来たのであった。

ちなみに一〇代のころの三島は雷が大の苦手だった。「頭上へ錐《きり》をもみ落とすような（雷鳴の）金属的な響き」に、「自分の死を実感」していた。

ある夏の午後、にわかに庭が蒼《あお》ざめて、不吉な突風が繁みをゆるがした。夕立であった。めりめりと空の干割れるような音を立てて雷鳴が近づいてきた。私は性来の雷ぎらいで手や足のうちにじっとりと冷汗のにじんでくるのがわかるのである。私には雷がいつか自分に当たるという動物的予感がするような気がする。
又稲妻がした、と思ったら、頭上へ錐《きり》をもみ落とすような金属的な響きが襲いかかった。そのとき私は、はっと卓の上にうつむいて、自分の死を実感した。まだ空襲のないころである。

（『青年』昭和二三年四月号）

❖伊東静雄への屈折した想い

小高根二郎の『蓮田善明とその死』は、『果樹園』での連載をまとめたものだった。小高根は、「『文藝文化』の四同人中、蓮田善明氏とはついに相見《まみえ》る機会に恵まれなかった」（「『文藝文化』の位置―與重郎・善明・由紀夫―」『復刻版『文藝文化』別冊付録』昭和四六年）。しかし小高根が出征時に蓮田に送った短冊「與重郎　語りあかせる家持の　雄心のほか　論なくもがな」を『果樹園』での連載のために敏子夫人から送られてきた蓮田の遺品のなかに見出す。その短冊のうらには、「一言は　しかとを告げて　いで征きし　小高根二郎はますらをと思ふ」と毛筆で書かれた餞《はなむ》けの歌があった。「まさに魂と魂の抱擁」（同）であった。

小高根は『蓮田善明とその死』で、蓮田の「初雷の夜」（『伝統』昭和一二年四月号）と伊東の「稲妻」

が酷似していることを指摘している。三島は小高根に、彼から送られてくる『果樹園』を毎号熟読していると感謝の手紙を出している。『蓮田善明とその死』に寄せた「序」にも、「(小高根が) 小冊子『果樹園』に「蓮田善明とその死」を連載しはじめたとき、次号をおそしと待ちわびながら私が耽読したのは当然であろう。一行一行が私の心に触れ、ああ、そうだったのか、なるほど、そうだったのか、と二十数年後の今となって、いちいち腑に落ちることも一再ではなかった」と書いている。

「蘭陵王」を書く以前に、そこにある蓮田と伊東の詩が酷似しているという指摘を読んでいたはずだ。しかしそれよりまえから三島は伊東のこの詩を心に刻んでいたろう。「蘭陵王」に、詩「稲妻」の作者も埋め込まれていることはあきらかだ。少年時代、伊東の詩に傾倒していた三島は伊東の「稲妻」から「雷」を伊東の表象にもした。そうすることで、ある種屈折した想いを抱く伊東をも「蘭陵王」と「序」に塗り込めたのだ。伊東への屈折した想いとはこういうことである。三島は『新潮』編集部から、愛誦詩を一つ挙げてほしいと依頼され、伊東の詩を選んだ。そこで伊東の詩才は、「ひどくいらいらさせる」「やりきれない」ものだと屈曲した思いを述べていた。

「新潮」から愛誦詩を一つ挙げよ、と言ってきた。そこで伊東静雄と答えた。

俺にとってあの人の詩句は、着物の中に縫い忘れた針のように、どこかわからぬが、突然、過去から針先をつき出して、肌を刺してくる感じがする。

伊東静雄の詩は、俺の心の中で、ひどくいらいらさせる美しさを保っている。その抒情の冷たい澄んだ響きが、俺のもっとも荒《すさ》んだ心情と記憶とに触れるのだ。それが俺にはやりきれない。

（「伊東静雄の詩——わが詩歌」『新潮』昭和四一年一一月号）

そして「愚かな人だった」、「一個の小人物だった」とまで言い切ったのだ。昭和三六年に刊行された一巻物の『伊東静雄全集』にそれまで未公開だった伊東の日記が収められた。そこに三島について、「俗物」と記されているくだりがあった。昭和一九年五月徴兵検査の途中、関西の伊東を訪ねた平岡少年に対してのものだった。平岡少年は清水にあてたハガキに、「伊東静雄氏にお目にかかり星暗き夜を詩談に時をすごしました。生粋のロマンチストでいられると思いました、日本浪曼派の権化のような方だと思いました」（昭和一九年五月二七日付）と書き送っていた。昭和一七年一一月の『輔仁会雑誌』に、伊東静雄の「真の独りなるひとは自然の大いなる連関のうちに恆《つね》に覚めゐむ事を希ふ」との詩句を引用し、編集後記に、「巻頭言には伊東静雄氏の凛烈《りんれつ》な詩の決意を孤高のまことの意味とその美しさを漲《みなぎ》らせたたぐいまれな詩句をば無断借用させていただいた。（略）私どもは伊東氏のあゆまれた道とそこに咲いた花のかずかずを古典としてうやまうがゆえんである」と記していた。三島は、昭和二八年死去した伊東にささげる一文を保田與重郎主宰の同人誌に寄せていた。

私の文学少年時代は、日本浪曼派の全盛期であったが、この運動には意外に作品的成果が挙がらなかった。（略）そしてある意味では伊東氏の「夏花」の悲愴な韻律が、明治以来この国に幾度か再燃して育たなかった浪曼主義運動の主調音のように思われるのである。

（略）伊東氏に面晤《めんご》したのは、たゞ一度であった。徴兵検査で国へかえった折、氏のお宅を訪ねて、二三時間も話を伺ったであろうか。（略）氏は純潔で、孤独で、わが少年期の師表であった。
（「伊東静雄氏を悼む」『祖国』昭和二八年八月）

その伊東を「あの人は愚かな人だった。生き延びた者の特権で言わせてもらうが、あの人は一個の小人物だった。それでいて飛び切りの詩人だった」（『新潮』昭和四一年一一月号）と言わざるをえなかった。「それでいて飛び切りの詩人だった」と言っても、フォローになっていない。意欲をもって書き下ろした長編『鏡子の家』の評判がはかばかしくなく、心ない編集者の発言から「風流夢譚事件」に巻き込まれ、たてつづけに『宴のあと』で訴訟を起こされ沈鬱な思いをしていた作家にとって、伊東の日記の公開はさらなるパンチになっていたのだろう。しかし『果樹園』で、入営地におもむく蓮田とそれを送る伊東、その二人のうるわしかったさまを知って、「わが少年期の師表であった」伊東へのおもいも「蘭陵王」と「序」にひそやかに塗り込めたのだろう。

❖遺《のこ》されたアポリア、〈日本への回帰〉

「蓮田と三島の古今観」の項で予告した、晩年の三島に見られた〈日本への回帰〉が「日本文化の再帰性」に昇華されていったことを立論する。これから三島が「〝蓮田善明〟への回帰」をなしていったこともおのずから明らかになると思う。「会うたびに私に即刻自殺することをすすめていた」、「私の文学はそれ（自殺）によってのみ完成する、と主張」していた、と三島がその死に接して述懐したのは日沼倫太郎だった。その日沼は〈日本への回帰〉は、「日本近代の知識人をおそった一等重要なアポリアのひとつ」だと述べている。アポリアとは解決が非常に困難な問題のことだ。

〈日本への回帰〉は、知識人の主体の放棄、戦時国家権力への屈従、血ぬられた戦争協力を不可避にまねく精神の動向と、ひろくかんがえられてきた。

〈日本への回帰〉がもつ問題構造は、時代的な転機を捨象すれば、日本近代の知識人をおそった一等重要なアポリアのひとつといえよう。

（「心情的日本ロマン派論」『日本浪曼派研究』昭和四二年）

「〈日本への回帰〉という昭和十年代におこった思潮風潮の実体は複雑である」（桶谷秀昭『昭和精神史』文藝春秋、平成四年）。この言葉に、戦後世代が太宗を占める日本人において、すでに、「知識人の主体の放棄、戦時国家権力への屈従、血ぬられた戦争協力を不可避にまねく精神の動向」というようなネガティブな思いはないにしても、〈日本への回帰〉と一般には見られた晩年の三島の変容ぶりに解きがたい別のアポリアを遺《のこ》している。日沼がアポリアと言った〈日本への回帰〉を三島は『文化防衛論』（昭和四三年）のなかで論明している。〈日本への回帰〉を咀嚼《そしゃく》して、「日本文化の再帰性」に普遍化していると私は見る。三島は、昭和一〇年代のいっときの思想上の問題、文学上の現象を日本文化の特質の一つに位置づけ、昇華しているのだ。三島自身の〈日本への回帰〉も同様に昇華していると私にはおもえる。三島は、日本文化の三つの特質の一つとして再帰性を挙げ（他の二つは全体性と主体性）、「文化の再帰性とは、文化がただ『見られる』ものではなくて、『見る』者として見返してくる、という認識に他ならない」と述べている。

日本人にとっての日本文化とは、源氏物語が何度でも現代の我々の主体に再帰して、その連続性を確認させ、新しい創造の母胎となりうるように、ものとしてのそれ自体の美学的評価をのりこえて、連続性と再帰性を喚起する。これこそが伝統と呼ぶところのものであり、文化の再帰性とは、文化がただ「見られる」ものではなくて、「見る」者として見返してくる、という認識に他ならない。

「ただ『見られる』ものではなくて『見る』者として見返してくる、という認識」とはどういうことなのだろう。三島のいう「見る」とはどういうことなのだろう。日本の文化が再帰するということは、その歴史、伝統も再帰するということだろう。それらは、「者」たちが築き、遺してきたものである。それらの「見られる」者たちも「見る」者として見返してくるのだ。それが「再帰性」なのだ。雑誌に掲載された「文化防衛論」よりさきに、昭和四〇年一一月から四三年六月にかけて『批評』に連載された「太陽と鉄」に、「見る」の理解に資する比喩がある。

ここに一個の健《すこ》やかな林檎《りんご》が存在している。そこで林檎の中心で、果肉に閉じこめられた芯《しん》は、蒼白な闇に盲《めし》い、身を慄《ふる》わせて焦躁《しょうそう》し、自分がまっとうな林檎であることを何とかわが目で確かめたいと望んでいる。林檎は確かに存在している筈《はず》であるが、芯にとっては、まだその存在は不十分に思われ、言葉がそれを保証しないならば、目が保証する他はないと思っている。事実、芯にとって確実な存在様態とは、存在し、且《かつ》、見ることなのだ。しかしこの矛盾を解決する方法は一つしかない。外からナイフが深く入れられて、林檎が割《さ》かれ、芯が光の中に、すなわち半分に切られてころがった林檎の赤い表皮と同等に享《う》ける光りの中に、さらされることなのだ。そのとき、果して一個の林檎として存在しつづけることができるだろうか。すでに切られた林檎の存在は断片に堕《だ》し、林檎の芯は、見るために存在を犠牲に供したのである。

三島のなかで、自身の〈日本への回帰〉は「日本文化の再帰性」という、存在と認識の問題に還元されていたのだ。その三島は、「言葉がそれ（存在）を保証しないならば、目（認識）が保証する他はない」地点に立っていた。つまり言葉だけの文学の領域にとどまれなくなっていたのだ。「目が保証する」には、林檎に、「外からナイフが深く入れられて」、「半分に切られ」、「光の中に、さらされる」しかない。「林檎」を「自分の肉体」と置きかえれば何を言おうとしていたか自明だろう。三島はこの一〇年以上前に、ヴァトーの「シテール島の巡礼」について論じた中で林檎について語っていた。

セザンヌの描いた林檎は、普遍的な林檎になり、林檎のイデエに達する。ところがワットオの描いたロココの風俗は、林檎のような確乎たる物象ではなかった。彼の林檎を創り出さなければならぬ。ワットオの林檎は、不可視の林檎だった。

実際この画家の、黄昏の光に照らし出された可視の完全な小世界は、見えない核心にむかって微妙に構成されているように感じられる。

（『小説家の休暇』昭和三〇年）

時を経てこの作家のうちで絵画論の、「見えない核心にむかって微妙に構成されているように感じられる」「不可視の林檎」は、晩年の哲学的思想論の「中心で、果肉に閉じこめられ」、「蒼白な闇に盲《めし》い、身を慄わせて焦躁し、自分がまっとうな林檎であることを何とかわが目で確かめたいと望んでいる」「芯」を持つ存在と認識がせめぎあう「林檎」に変容、昇華していたのだ。

❖〝蓮田善明〟から見返されることになった三島

〝蓮田善明〟を見ていた〝三島由紀夫〟は、日本文化の「連続性」と「再帰性」によって、今度はぎゃくに、〝蓮田善明〟から見返されることになった。三島のうちで、「〝蓮田善明〟への回帰」は必然となり、善明と同様に身を処すことが〝命課〟されたのだ。「見る」と「見返」す、という関係性は次の説明を合わせるとすんなり胸に刻まれるだろう。

民衆詩はみやびに参加することにより、帝王の御製の山頂から一トつづきの裾野につらなることにより、国の文化伝統をただ「見る」だけでなく、創ることによって参加し、且つその文化的連続性から「見返」されるという栄光を与えられる。

その主宰者たる現天皇は、あたかも伊勢神宮の式年造営のように、今上であらせられると共に原初の天皇なのであった。

大嘗会《だいじょうえ》と新嘗祭《にいなめさい》の秘義は、このことをよく伝えている。

（『文化防衛論』）

「民衆詩はみやびに参加することにより」、「国の文化伝統をただ『見る』だけでなく」、「文化的連続性から『見返』されるという栄光を与えられる」のだ。第二章で引いたが、保田與重郎は、「私は（三島が『文化防衛論』で取りあげている）これ（大嘗会）が一番大事やと前から思ってきた」と言っている。「日本文化とは、源氏物語が何度でも現代の我々の主体に再帰して、その連続性を確認させ、新しい創造の母胎となりうるように、ものとしてのそれ自体の美学的評価をのりこえて、連続性と再帰性を喚起する」のだ。三島は日本文化を、第一に、国民精神が透かし見られる透明度の高い一つの形（フォルム）を持った結晶体であり芸術だけでなく行動も含む、と規定している。そして第二に、日本文化はオリジナルとコピーの弁別を持たないとした。その例として伊勢神宮の二〇年毎の式年遷宮を挙げ、「いつも新たに建てられた伊勢神宮がオリジナルなのであって、オリジナルはその時点においてコピーにオリジナルの生命を託して滅びてゆき、コピー自体がオリジナルになるのである」と述べ、歌道における「本歌取り」もそうであり、「このような文化概念は、各代の天皇が、正に天皇その方であって、天照大神とオリジナルとコピーの関係にはない」、これが皇統の特質と見合っていると説いている。このように『文化防衛論』で昇華された天皇についての思想の萌芽が昭和三九年に語られていた。口述筆記なのでわかりやすい。「皇室で一番大切なのはお祭りだ」との発言は重要である。

天皇制というものは、制度上の問題でもなく、皇居だけの問題でもない。日本人の奥底の血の中にあるもので、しかもみんな気付いていないものだと思います。

だからどんな過激なことをいっている人でも、その心の奥をどんどん掘りかえしていくと、日本人の天皇との結びつき、つまり天皇制というものの考えがひそんでいると思います。

我々は殆んど無意識のうちに暮していますけど、心の奥底で、天皇制と国民は連ながっているのだと思います。それを形に表わしたのが皇室なんです。

ですから皇室で一番大切なのはお祭りだと思います。〝お祭り〟を皇室がずっと維持していただく、これが一番大切なことです。

歴代の天皇が心をこめて守って来られた日本のお祭りを、将来にわたって守っていただきたいと思います。

（「三島由紀夫先生を訪ねて」『済寧』昭和三九年一〇月号）

❖保田より蓮田に「結縁《けちえん》」

松本徹は三島をめぐる保田與重郎と蓮田善明について、「蓮田と保田とは、はっきり異なった立場に立って」おり、蓮田が、「自らが『信従』したところのもの」である『古今集』を通じて、「三島が、保田ではなく、蓮田に『結縁《けちえん》』した」としている。

蓮田と保田とは、はっきり異なった立場に立っていたのである。繰り返して云うが、蓮田は徹底した古典主義者であり、普遍的で公の、正統的秩序を第一とかかげていたのである。頽廃を口にしたが、それとても「みやび」「風雅」といった正統に繫《つな》がるものであった。

それに対して保田は浪曼主義者であり、独創を尊び、敗北とデカダンス、そしてイロニーを熱心に語った。すなわち、「あめつちをうごかす」ことを夢想しながらも、早々に断念したところに立っていたのである。そして無秩序のなかに我が身を浮かべていた。だから万葉でも新古今でも、いっこうかまわなかった。その事情は、保田が採り上げた古典の類を見れば明らかであろう。そこに潔癖な一貫性はない。

だから二人を隔てる距離は意外に大きい。保田が敗戦という事態に耐え、やりすごすことができたのに対して、蓮田にはできなかったのも、このところと無縁ではなかろう。自らが「信従」したところのものに殉ずるよりほか、蓮田には道がなかったのである。三島が、保田ではなく、蓮田に「結縁《けちえん》」したのも、まさしくこのゆえであろう。

（「古今和歌集の絆　蓮田善明と三島由紀夫」）

大久保典夫が蓮田を保田と比較して三島とのかかわりを述べた論攷《ろんこう》を引く。松本同様、「もともと、三島由紀夫は保田與重郎よりも蓮田善明に近く、三島自身、蓮田との結縁をつよく感じていたと信じている」と言っている。

戦後、保田與重郎は、日本浪曼派の運動を回顧して、「私らは、一挙にマルクス主義と、アメリカニズムを打倒するというたてまえのものだったと、今も言える」（『現代畸人伝』）といったが何度もいうように、この場合の「一挙に」という言葉に、実に重い意味が込められているので、つまり保田氏らは、日本の近代の突端にいて「近代」そのものの（わが身もろともの）爆砕をはかったといえるだろう。

何によってか。もちろん、日本の古典の顕彰を通してなのので、この場合、保田氏に「すでに頽廃する以外に更生法のない現代の皮相」への対症療法として、日本の古典を語ることが現実的に有効であると思えたわけでない。

むしろ、保田氏は、すでに後戻り不可能な喪失のふかさを知悉《ちしつ》していればこそ、不可能への情熱に賭けたといえるので、ここにすぐれたロマン主義者保田與重郎の、彼が好んで用いた「イロニー」という名の逆説があったのである。

蓮田善明の文学は、戦争による日本の国土と人心の荒廃におよそ蚕食《さんしょく》されることを知らぬ超現実の絶対理念を志向した文学だった。彼はおそらく他者というものを知らなかったし、もちろん彼の内部にも他者の棲《す》んでいた形跡はない、といっていい。

その点、純日本製の「絹」にあこがれつつも、自己の内部に「明察」者という他者の棲んでいるのを知悉していて、最後までそれを追い払えずにいた三島由紀夫と決定的に違うのだが、三島はむしろ純粋の武人であったそういう蓮田善明にあこがれていたのかもしれない。

わたしは、もともと、三島由紀夫は保田與重郎よりも蓮田善明に近く、三島自身、蓮田との結縁をつよく感じていたと信じている。このことは、三島が晩年に書いた小高根氏の『蓮田善明とその死』の序文を読んでも知れるし、わたし自身『批評』同人として比較的近くにいて、晩年、彼が蓮田善明の全集を出したがっていたのを、その切実な気持ちを漠然と推察していたのだ。

（「『日本浪曼派における古典』保田與重郎と蓮田善明」）

❖「如何に死すべきか」と「凶《まが》ごと」

大久保は蓮田と三島の類似性について、「三島氏の『轍』をみると『共に起って義のために共に死のうと呼びかけているが、ここにはあきらかに蓮田善明につながる『死は文化である』という思想があるはずで、それはそのまま二人の天皇観につながっていよう」と述べている。

小高根氏によると蓮田善明も三島におとらぬ早熟の才能で、すでに十五歳のとき「『如何に死すべきか』で想定した結論から、逆にこれから生きてゆく軌跡を帰納しようという徹底した悟達ぶり」を示しているという。

これは同年で「凶《まが》ごと」という夭折願望の詩を書いた三島由紀夫と驚くほど似ているが、たしかに二人の間に「早熟の天才の感応」があったことは事実で、三十八歳の蓮田が十七歳の三島氏におのれの十七歳を回想したように晩年の三島由紀夫も蓮田の享年に近づいてはじめて蓮田の憂国の至情を共有したのだろう。

三島由紀夫の割腹自殺を「諫死《かんし》」と呼び、それを彼の師といっていい蓮田善明の死と結びつけて考えたのはおそらくわたしが最初であろうが、そのことについて大著『蓮田善明とその死』の著者小高根二郎が「新潮」昭和四十六年二月号の「善明と由紀夫の黙契」という文章で詳細に触れている。

小高根氏は氏の著書に寄せた三島由紀夫の序文から、三島もまた死は文化であるという思想を実践したとみているわけで、これはおそらくこれまで誰も言わなかったすぐれた洞察だろう。

三島氏の「檄」をみると「共に起って義のために共に死」のうと呼びかけているが、ここにはあきらかに蓮田善明につながる「死は文化である」という思想があるはずで、それはそのまま二人の天皇観につながっていよう。三島氏の菊（文）と刀（武）の栄誉が最終的に帰一する根源が天皇であるという美的天皇制の理念においては、いっさいの日本人のくらしの営みが閉めだされてしまうので、それに忠誠を誓えば、あらゆる生者の営みは否定されざるを得ないだろう。

（「日本浪曼派と狂気 保田與重郎と三島由紀夫」）

一五歳の蓮田は肋膜炎で一年休学し、死に瀕しながら、「如何に死すべきか」を書いた。一五歳の三島は自家中毒に苦しみ、父親の横暴に苦しみながら、「凶《まが》ごと」という夭折願望の詩を書いた。

わたしは夕な夕な
窓に立ち椿事を待った、
凶変のだう悪な砂塵が
夜の虹のやうな町並の

むかふからおしよせてくるのを。

この詩は、「三島由紀夫の主潮音がかくされている」（江藤淳）と評されている。大久保はこうも述べている。

実は、戦争時代、蓮田善明くらい時局に相渉《あいわた》りながら結晶度のたかい批評作品を生んだ文学者はいないのである。（略）天翔《あまかけ》る詩魂の表白といっていい蓮田の文章は、戦争の廃墟のなかで花開いているといえる。この点が、敗戦直後の真夏の廃墟を「故郷」とした三島文学と共通するので、彼等においては現実は空無であり、超現実の絶対理念だけが唯一の価値だった。

（「『文藝文化』の位置—與重郎・善明・由紀夫—」『復刻版『文藝文化』別冊付録』昭和四六年）

❖保田與重郎と蓮田善明の究極の違い

大久保は『昭和文学史の構想と分析』に、「『はげしい右翼イデオローグの汚名を着た』と三島が形容した蓮田善明の文学」の一項をもうけて、「保田與重郎と蓮田善明の究極の違いを、ふたりの古典観に帰着するもの」と見立て、蓮田の古典とは、「超現実の絶対理念」で、これは、「三島由紀夫と非常によく似ている」、ゆえに、「三島は『文藝文化』の蓮田善明の直系と考えたほうがいい」と結論づけている。

わたしは、保田與重郎と蓮田善明の究極の違いを、ふたりの古典観に帰着するものと考えている。保田にとって、古典とは、彼の故郷の大和桜井にまつわる〈風景と歴史〉であったが、蓮田においては、超現実の絶対理念なので、その点、フィクションを信じられた（というより、信じようとした）三島由紀夫と非常によく似ている。

三島由紀夫は晩年保田與重郎について、その言語にたいする危機感のなさを批判していたが、屈折のおおい初期の保田の文章は、まさに言語にたいする危機意識の結晶ともいうべきもので、保田においてかかる危機感の支えがなくなるのは、彼の「故郷」と文学が癒着《ゆちゃく》した「後鳥羽院」以後のことだろう。

わたしは、保田與重郎の戦争末期の文章の荒廃理由の一斑《いっぱん》を、民衆不在の死の美学にみているが、戦後の保田與重郎の復活で立証されるように、もともと日本浪曼派は、逆説的な意味でヒューマニズムの文学だった。そこが三島由紀夫との決定的な相違点だといっていい。

三島にまったく欠けていたのは〈風景〉なので、三島における文化概念は、民衆の暮らしの歴史を裾野としていなかった。むしろ、三島は、「死は文化である」といった蓮田善明に近かろう。

保田與重郎の「日本の橋」にも、人間の営みの集積のような彼の生国の風景への共感があり、「風景と歴史」などのエッセイには、風景が土着の暮らしの歴史として捉《とら》えられているのをみるが、これこそ日本浪曼派の文学の本質だったといっていい。

三島由紀夫を日本浪曼派の影響下に文学的出発をしたと考えるのはかならずしも間違いではな

いが、日本浪曼派を保田與重郎の美学に代表させて考えれば、そこにかなりの径庭があるのであって、やはり三島は「文藝文化」（昭和十三年七月創刊）の蓮田善明の直系と考えたほうがいい。

（『昭和文学史の構想と分析』）

松本徹は、「三島と蓮田の言っていることの間には、ほとんど径庭《けいてい》が認められない」と言い切っている。

三島と蓮田の言っていることの間には、ほとんど径庭《けいてい》が認められない。二人ともに文学は、自然そのもの、また作者自身の自然的感情なり体験を語るものでなく、世界をおおっている文化秩序にあずかるところに、成立するものだ、という基本的態度を、わが国の王朝文化を踏まえて、徹底的に貫いているのである。

（「日本浪曼派と戦後」）

清水文雄は、三島の最期は、「蓮田善明の影響がある」、「思想の帰結が死といえるのではないでしょうか」と語っている。

最期は、三島君の才能を高く評価していた蓮田善明の影響があると思います。蓮田は敗戦の年の八月、マレー半島ジョホールバル連隊本部の前庭で白昼、自決しているのです。とにかく大きな問題を投げかけたように思います。

しかし、簡単には結論できません。思想の帰結が死といえるのではないでしょうか。その死の意味を考えるのが生き残ったわれわれの責任であると思います。

（『潮』昭和四六年二月号）

松本と大久保の論、そして清水の言葉から、『コギト』（昭和七年〜一九年）、『日本浪曼派』（昭和一〇年〜一三年）、『文藝文化』（昭和一三年〜一九年）、『四季』（間を置きながら戦前から戦後にかけて）などを拠点とした日本浪曼派の運動にかかわった作家たちに近接していた三島の文学的〝出自〟がくっきり見えてくる。

❖「死ぬ時が恵まれていた」

三島の自裁は保田に『天の時雨』という悲痛な哀哭《あいこく》の詩を書かせた。これはまさに〝誄《るい》〟である。三島への弔歌である。三島は最後まで、保田から享《う》けたものは何も無かった、との態度をとり続けた。しかし保田が三島に及ぼしたものも尋常でなかったと思われる。前章にそれを書いた。三島はみずからに重大な影響を及ぼしたものを韜晦《とうかい》する作家であることを忘れてはいけない。

三島はかつて小高根二郎への昭和三四（一九五九）年八月七日付のハガキで、蓮田の自決について言及していた。それは『果樹園』に蓮田についての連載が始まってすぐのことだった。

蓮田善明氏の自決に関する御一文を読み、感佩《かんぱい》に堪《た》えず、一筆御礼を申し述べたくなりました。

しかし小生としては、氏の思想がかかる行動に直結したことは、さして謎とは思えませぬ。それより、直結しなかったら、そのほうがふしぎだと思います

それから九年を経て、昭和四三年一一月一八日付の小高根にあてた手紙で、自らを蓮田と引き比べて慨嘆《がいたん》していた。

この御作品（註・『果樹園』での「蓮田善明とその死」の連載）のおかげで、戦後二十数年を隔てて、蓮田氏と小生との結縁《けちえん》が確かめられ固められた気がいたしました。

御文章を通じて蓮田氏の声が小生に語りかけて来ました。蓮田氏と同年にいたり、なおべんべんと生きているのが恥ずかしくなりました。

今では小生は、嘘もかくしもなく、蓮田氏の立派な最期を羨《うらや》むほかに、なす術《すべ》を知りません。

しかし蓮田氏も現在の小生と同じ、苦いものを胸中に蓄えて生きていたとは思いたくありません。

時代に憤っていても氏はもう一つ、信ずべき時代の像があったのでした。そしてその信ずべき像のほうへのめり込んで行けたのでした。

右の手紙の一月前、一〇月二一日の新宿騒乱事件で自衛隊が出動しなかったことに三島は深く失望していた。「信ずべき時代の像」を喪ったのだ。そして三島は、本章冒頭に引いたように、ちょう

どこの「四十三年の秋ごろ」、「或る雑誌の会合の席で」、「誰にともなく、蓮田には死ぬ時が恵まれていた」と独り言《ひとご》ちていた。栗山理一と池田勉が、晩年の三島に蓮田のエモーションが乗り移っていたと語っている。三島は、「かなり激した口調で、蓮田のことにふれて、『私の唯一の心のよりどころは蓮田さんであって、いまは何ら迷うところもためらうこともない』というような意味のこと」や、「私も蓮田さんのあのころの年齢に達したということ」も言っていたという。

栗山　これは前に書いたことがあるんですが、蓮田が死んで二十五回忌にあたるというので、知友が集まって会を開いたことがあるんです。三島が自決した一年ほど前のことですが、そのとき三島は少し遅れてやってきました。挨拶をしてくれといったら、かなり激した口調で、蓮田のことに触れて、「私の唯一の心のよりどころは蓮田さんであって、いまは何ら迷うところもためらうこともない」というような意味のことをいったんです。そのとき、僕はちょっと虚をつかれたようで、三島の真意がよく分からなかったんです。

池田　三島君が、蓮田の二十五回忌に出席したときに、いま栗山の話したようなことをいったのと同時に、私も蓮田さんのあのころの年齢に達したということをいってたな。蓮田は四十二歳で亡くなっておりますがね。

（『雅《みやび》を希求した壮烈な詩精神』蓮田善明　その生涯の熱情）

この蓮田の二五回忌（昭和四四年一〇月）での興味深いエピソードが『蓮田善明全集』のパンフレットにある。三島が神谷忠孝から、「日本浪曼派を保田與重郎中心だけで考察するのは片手落ちで、死の美学を説きながら生き延びた保田與重郎と死んだ蓮田善明の両方を視野に入れるべきだ」と話しかけられたとき、「三島由紀夫がきらりと光る眼で私（神谷）を招き、盃に酒をついでくれながら、私の意見に賛成してくれた」という。戦後を生きた保田に、それをいさぎよしとせず逝った蓮田を比肩した神谷の言は、三島の心につよく響いたのだろう。中河与一は、蓮田のこの二五回忌が盛会であったことを伝えている。

私は三島君が自決した前年、即ち四十四年の秋、中央線沿線の普茶料理屋で善明さんの追悼会があった時出席して、彼が諏訪時代に教えた学生たちがみな立派な紳士となり、三島君などと一緒に大勢出席しているのを見て善明さんの深い影響力に驚いた。（「魂の高まり」）

自己と同学同輩先輩にも厳しい蓮田だったが、生徒にはやさしかったのだろう。諏訪中学時代の教え子たちは蓮田先生の想い出を懐かしく語っている。三島は彼らに接して、楯の会の隊員たちを率いるようになった自分も蓮田と同じ位置にいると感じていただろう。

❖「蓮田さんは知識人に怒っていたんだ」

昭和四四年一一月の徳大寺公英《きんひで》との対談では、蓮田の二五回忌でと同様、「蓮田さんの死んだ年齢に近づいて、その気持ちが分かるようになってきた。蓮田さんは知識人に怒っていたんだ」と語っていた。蓮田から享けた〝啓示〟にようやく気づいたのだ。

蓮田さんはおとなしい国文学者だった。何を思ったのか戦争中ラディカルになった。終戦を出征先の南方で迎えたが、終戦の詔勅を持った宮さまが来る二日前に、通敵行為のあった連隊長を殺して自決した。終戦後その気持ちがいっこうに分からなかった。

その蓮田さんが死んだ年齢に近づいて、「英霊の聲《こえ》」を書いた頃に、その気持ちが分かるようになってきた。蓮田さんは知識人に怒っていたんだ。私も知識人を許せなくなった。そのうち蓮田さんの評伝を書きたい。

「私も知識人を許せなくなった」と語った同時期、「私は日本の戦後の偽善にあきあきしていた」言い、「知識人とは、あらゆるconformity（同調性）に疑問を抱いて、むしろ危険な生き方をするべき者ではないかと考え」、退嬰的な知識人たちとの訣別を静かに宣していた。

私は日本の戦後の偽善にあきあきしていた。私は決して平和主義を偽善だとは言わないが、日本の平和憲法が左右双方からの政治的口実に使われた結果、日本ほど、平和主義が偽善の代名詞になった国はないと信じている。

この国でもっとも危険のない、人に尊敬される生き方は、やや左翼で、平和主義者で、暴力否定論者であることであった。それ自体としては、別に非難すべきことではない。しかし、こうして知識人のconformity（同調性）が極まるにつれ、私は知識人とは、あらゆるconformityに疑問を抱いて、むしろ危険な生き方をするべき者ではないかと考えた。

お前は知識人として、言論による運動をすればよいではないか、と或る人は言うであろう。しかし私は文士として、日本ではあらゆる言葉が軽くなり、プラスチックの大理石のように半透明の贋物《にせ》になり、一つの概念が別の概念を隠すために用いられ、どこへでも逃げ隠れのできるアリバイとして使われるようになったのを、いやというほど見てきた。

私は文学というものが、戦いや責任と一切無縁な世界だと信ずる者だ。これは日本文学のうち、優雅の伝統を特に私が愛するからであろう。行動のための言葉がすべて汚れてしまったとすれば、もう一つの日本の伝統、尚武《しょうぶ》とサムライの伝統を復活するには、言葉なしで、無口で、あらゆる誤解を甘受して行動しなければならぬ。Self-justification（自己正当化）は卑しい、というサムライ的な考えが、私のなかにはもともとひそんでいた。経済的繁栄と共に、日本人の大半は商人になり、武士は衰え死んでいた。自分の信念を守るために命を賭けるという考えは、old-fashioned（時代おくれ）になっていた。

思想は身の安全を保護してくれるお守りのようなものになっていた。思想を守るには命を賭けねばならぬ、ということに知識人たちがやっと気付いたのは、（気付いたところですでに遅かったが）、自分たちの大人しい追随者だと思っていた学生たちが俄《にわ》かに怖ろしい暴力をふるって立向って来てからであった。

（「〈楯の会〉のこと」昭和四四年一一月）

三島は徳大寺に、「蓮田さんの評伝を書きたい」と言ったが、表立った評伝は書かれなかった。しかしその想いは『蓮田善明とその死』の「序」に結晶している。そしてこれまで『日本文学小史』を見てきたことから分かるように、評伝に代わるものとして、蓮田への秘かなオマージュとしてこれが書かれたと思いなされるのだ。三島は、その『蓮田善明とその死』（昭和四五年三月）の「序」に、「予はかかる時代の人は若くして死なねばならないのではないかと思う。（略）然《そ》うして死ぬことが今日の自分の文化だと知っている」（「大津皇子論」）と蓮田の書いた数行は、「今も私の心にこびりついて離れない」と書いた。それに続けて、「死ぬことが文化だ、という考えの、或る時代の青年の心を襲った稲妻のような美しさから、今日なお私が逃れることができないのは、多分、自分がそのようにして『文化』を創る人間になり得なかったという千年の憾《うら》みに拠《よ》る」と記した。そして蓮田の怒りが「分かってきた」、「日本の知識人に対する怒りだった」、「最大の『内部の敵』に対する怒りだった」と述べた。

私はまず氏が何に対してあんなに怒っていたかがわかつてきた。あれは日本の知識人に対する怒りだった。最大の「内部の敵」に対する怒りだった。

戦時中も現在も日本近代知識人の性格がほとんど不変なのは愕《おどろ》くべきことであり、その怯懦《きょうだ》、その冷笑、その客観主義、その根なし草的な共通心情、その不誠実、その事大主義、その抵抗の身ぶり、その独善、その非行動性、その多弁、その食言、それらが戦時における偽善に修飾されたとき、どのような腐敗を放ち、どのように文化の本質を毒したか、蓮田氏はつぶさに見て、自分の少年のような非妥協のやさしさがとらえた文化のために、憤《いきどお》りにかられていたのである。

❖「蓮田善明は、おれに日本のあとをたのむといって出征したんだよ」

三島は同書が上梓された自裁の年の三月、蓮田善明は自分に日本を託したのだと村松剛に語っていた。

蓮田善明は、おれに日本のあとをたのむといって出征したんだよ。三月に会った折に、三島はしんみりとした口調でそういっていた。

蓮田善明のはなしはそれ以前にもよく三島から聞いていたので、「日本のあとをたのむ」といったという彼のことばも、このときは深くは気にとめなかった。

（村松剛『三島由紀夫の世界』新潮社、平成二年）

同年三月五日付で清水文雄にあてた手紙では、「小高根さんの『蓮田善明とその死』ももうすぐ出ますね。これが若い人たちにどういう風に迎えられるか、甚《はなは》だたのしみです。『危機を前にしなくては文学に集中できない』という性癖は、多分、蓮田さんから受け継いだものではないかと思います」と心情を述べていた。四月末に山本舜勝宅を『蓮田善明とその死』を持参して訪問し、「私の今日はこの本によって決まりました」と言った。『新潮』の編集者だった小島喜久江（筆名千加子）は、「原稿渡しの最後の（面会）日となった十月の締切日」の蓮田にまつわる三島とのエピソードを描いている。それは昼食を三島邸で一緒に摂ってから他の編集者と去ろうとしたときだった。

玄関から門に到る白い敷石の上に、三島さんと私の二人だけが佇《たたず》むしばらくの間があった。そのわずかな時間をねらっていた、とでもいう風に、私の真正面に立ち、静かに、しかし、ひたと迫る口調で切り出した。

「このごろになって、ようやく蓮田善明の気持ちが分かってきたよ。善明が何を言わんとしていたのかって。善明は、当時のインテリ、知識人に、本当に絶望していたんだ」

黒と白にはっきり分かたれた大きな強い目が、まともに私の方に向けられているかに見え、だが、私を通り越して天に注がれている。天にある善明の霊に訴えんとしているようでもある。

（小島千加子『三島由紀夫と檀一雄』構想社、昭和五五年）

三島はこの日、蓮田と交流していた一〇代に親しくしていた東邸を訪れ、文彦の霊前で最後の別れをしていた。自決一週間前の古林尚との対談で三島は、蓮田から感情教育を受けたと語っていた。

ぼくの経歴は、まず戦争中は『文藝文化』という雑誌と非常に関係が深かったんです。これは蓮田善明が主宰者で、ぼくは蓮田善明に思想的影響といいますか、感情教育を受けているんですね。自己形成は、ませていたからでしょうが、十五、六のときにすんじゃった。すくなくとも十九までに完了したと思います。

このインタビューで、「(『蓮田善明とその死』を読み)何度か涙がこぼれそうになりました」と語っていた。が、実際は、「こぼれそう」ではなく、何度も泪《なみだ》したのだろう。

ぼくは蓮田善明さんという人は好きだな。この間も小高根二郎さんの「蓮田善明とその死」を読んでいて、何度か涙がこぼれそうになりましたよ。ほんとにいいなァ

三島が「死ぬ時が恵まれていた」と言った蓮田は戦地で自決し、生きながらえた保田は公職追放となり、それが解けても見向きされず、ともに〝事象の地平線〟の彼方に往ってしまった。三島は、蓮田についてはすなおに讃仰し、保田との関係性は最後まで否定した。蓮田についていえば、それはスパッと死に就いたからだろう。三島はこの一点を第一に蓮田を讃したのだろう。蓮田夫人は三島の死後、三島夫人が、「熊本の人は嫌いです」と言ったことを同郷人から聞いて深く傷ついていたという。それは夫善明のことだと解したからだ(熊本近代文学研究会『熊本の文学・第3』審美社、平成八年)。三島夫人には、自分の夫も「熊本の人」を追って、〝事象の地平線〟の向こうに、光もなにも抜け出せない漆黒の彼岸へ、引き込まれて往ってしまったと思いなされたのだろう。ブラックホールの超重力で三島の魄《たましい》は引き延ばされているのだろうか。魄はそこを通過し、まったく別の時空間に抜け出しているのだろうか。それを確かめるすべは、わが身をブラックホールに投じ、〝事象の地平線〟の彼岸を渡るしかない。日輪を瞼の裏に赫奕《かくやく》と昇らせるしかないだろう。

おわりに

死は生の埒外にあるのではない。生をうけるとともに死もうけている。その生は死をもって完結する。この生々しいありさまを〝三島由紀夫〟という稀有の生命体をとおして本書に描いてみた。前作『死の貌　三島由紀夫の真実』（文学通信にて増補版刊行を計画中）には、三島由紀夫氏本人、親族、近しい関係者、国家により秘された、これまで光があたらず見えていなかったことごとを描いた。本書には、昭和一〇年代に風靡した『日本浪曼派』、『文藝文化』の文芸思潮が、ちょうど一〇代を生きていた三島少年を包み擁していたさまを、これにも十全な光があたるように描いた。両書を一体として〝三島由紀夫〟を感得いただければとおもう。

元文藝春秋編集者の故東真史氏、白百合女子大学教授の井上隆史氏、神風連記念館の笹原恵子氏、（山鹿）素行会代表・みことのり普及の会副会長・東京教育懇話会元会長の佐藤健二氏、GHQにより発禁にされた七千冊の邦書を蒐集されている澤龍氏、岐阜女子大学教授の助川幸逸郎氏、元大映プロデューサーの髙橋淳一氏、元「文學界」編集長の寺田英視氏、熊本市で病院を経営されている蓮田太二御夫妻、元電通アメリカ社長・現NPO「子どもに笑顔」理事長の松島恵之氏、作家・文芸評論家で東海大学で教鞭をとられている三輪太郎氏、YC&AC・日本外国特派員協会の元ゼネラルマネージャーでJリーグ元経営諮問委員の依田成史氏をはじめさまざまな方々にご協力・ご声援をいただいた。そして父と弟夫妻にも。こころより感謝を申しあげる。

平成三〇年九月一日　　筆者　識

三島由紀夫は一〇代をどう生きたか

あの結末をもたらしたものへ

2018（平成30）年11月25日　第1版第1刷発行

ISBN978-4-909658-02-9 C0095

著　者　西法太郎（にし・ほうたろう）

昭和31（1956）年長野県生まれ。東大法学部卒。総合商社勤務を経て文筆業に入る。
著作に、『死の貌　三島由紀夫の真実』（論創社、2017年）。おもな寄稿に、「文藝春秋」（潮っ気にあふれた若者たちの魂よ）（三島由紀夫わが姉の純愛と壮絶自決現場）、「週刊新潮」（新資料発掘—歴史に埋もれた「三島由紀夫」裁判記録）（「影の軍隊」元機関長が語る「自衛隊」秘史）、「新潮45」（「A級戦犯靖国合祀」松平永芳の孤独）、「表現者」（三島由紀夫の処女作「花ざかりの森」肉筆原稿）（三島由紀夫—聖セバスチァンのポーズに籠めたもの）、「週刊ポスト」（歴史発掘スクープ 三島由紀夫「処女作」幻の生原稿独占入手）（三島由紀夫「封印された全裸像」）、『三島由紀夫研究⑱』鼎書房（MAKING OF 「花ざかりの森」）、「JAPANISM」（ノーベル賞受賞を巡る二人の作家のエピソード 川端康成と三島由紀夫『眠れる美女』へのこだわり）などがある。

発行所　株式会社 文学通信

〒115-0045　東京都北区赤羽1-19-7-508
電話 03-5939-9027 Fax 03-5939-9094 メール info@bungaku-report.com ウェブ http://bungaku-report.com

発行人　岡田圭介
編　集　岡田圭介
装　丁　岡田圭介
組　版　岡田圭介
印刷・製本　モリモト印刷

■ご意見・ご感想は以下から送ることも出来ます（QRコードをスマホで読み取ってください）。

※乱丁・落丁本はお取り替えいたしますので、ご一報下さい。書影は自由にお使い下さい。

文学通信　2018年の刊行図書

■ 2018.12 月刊行予定

白戸満喜子『紙が語る幕末出版史　『開版指針』から解き明かす』

ISBN978-4-909658-05-0

A5 判・上製・438 頁　定価 : 本体 9,500 円（税別）

■ 2018.12 月刊行予定

海津一朗『新 神風と悪党の世紀　神国日本の舞台裏』

日本史史料研究会ブックス 002

ISBN978-4-909658-07-4

新書判・並製・256 頁

定価 : 本体 1,200 円（税別）

■ 2018.12 月刊行予定

染谷智幸・畑中千晶編『全訳　男色大鑑〈武士編〉』

ISBN978-4-909658-03-6

四六判・並製・192 頁　定価 : 本体 1,800 円（税別）

■ 2018.11 月刊行

西脇　康編著『新徴組の真実にせまる　最後の組士が証言する清河八郎・浪士組・新選組・新徴組』

日本史史料研究会ブックス 001

ISBN978-4-909658-06-7

新書判・並製・306 頁　定価 : 本体 1,300 円（税別）

■ 2018.07 月刊

古田尚行『国語の授業の作り方　はじめての授業マニュアル』

ISBN978-4-909658-01-2

A5 判・並製・320 頁　定価 : 本体 2,700 円（税別）

■ 2018.06 月刊

前田雅之『なぜ古典を勉強するのか　近代を古典で読み解くために』

ISBN978-4-909658-00-5

四六判・上製・336 頁　定価 : 本体 3,200 円（税別）